ENTRE TABULEIROS, BALCÕES E FOGÕES

Rafaela Basso

ENTRE TABULEIROS, BALCÕES E FOGÕES

Um estudo sobre a alimentação de rua na cidade de São Paulo (1765-1834)

alameda

Grafia atualizada segundo o Acordo Ortográfico da Língua Portuguesa de 1990, que entrou em vigor no Brasil em 2009.

Edição: Haroldo Ceravolo Sereza e Joana Monteleone
Projeto gráfico, diagramação e capa: Maria Beatriz de Paula Machado
Assistente acadêmica: Tamara Santos
Revisão: Joana Monteleone
Imagem da capa: Jean-Baptiste Debret. Palácio do Governo em São Paulo, 1827. Aquarela, 11 x 21 cm. Coleção Aluízio Roberto de Araújo e Ana Helena Americano de Araújo, São Paulo, Brasil.

CIP-BRASIL. CATALOGAÇÃO NA PUBLICAÇÃO
SINDICATO NACIONAL DOS EDITORES DE LIVROS, RJ

B323e

Basso, Rafaela
Entre tabuleiros, balcões e fogões : um estudo sobre a alimentação de rua na cidade de São Paulo (1765-1834) / Rafaela Basso. - 1. ed. - São Paulo : Alameda, 2022.
402 p. ; 21 cm.

Inclui bibliografia e índice
ISBN 978-65-5966-087-2

1. Alimentos - Aspectos sociais - História. 2. Alimentos - Consumo - História - Brasil. 3. Hábitos alimentares - História - Séc. XVIII - São Paulo (SP). 4. Hábitos alimentares - História - Séc. XIX - São Paulo (SP). I. Título.

22-75632 CDD: 641.3098161
CDU: 612.3(815.6)

ALAMEDA CASA EDITORIAL
Rua 13 de Maio, 353 – Bela Vista
CEP 01327-000 – São Paulo, SP
Tel. (11) 3012-2403
www.alamedaeditorial.com.br

Para Vicente, com amor

Sumário

Prefácio

Wanessa Asfora Nadler

Há algum tempo que Rafaela Basso tem nos auxiliado a compreender melhor a história de São Paulo através da perspectiva alimentar. Sim, porque *Entre tabuleiros, balcões e fogões: Um estudo sobre a alimentação de rua na cidade de São Paulo (1765-1834)*, bem como seu livro anterior *A cultura alimentar paulista: uma civilização do milho? (1650-1750)*[1], não podem ser circunscritos apenas à esfera da história e historiografia da alimentação. Tratam-se, ao invés disso, de estudos sobre sociedades – paulista e paulistana – que se revelam essencialmente engendradas em um sistema econômico no qual os circuitos de produção e consumo de alimentos exercem papel fundamental na sua configuração sociopolítica e expressão cultural. Apontar a complexidade da relação entre alimentação, economia, sociedade e cultura é a marca do trabalho de pesquisa de Rafaela Basso.

Em *Entre tabuleiros, balcões e fogões: Um estudo sobre a alimentação de rua na cidade de São Paulo (1765-1834)*, mais especificamente, tal marca evidencia ecos de um alinhamento historiográfico com a chamada Escola dos Annales, em

1 Rafaela Basso, *A cultura alimentar paulista: uma civilização do milho? (1650-1750)*, São Paulo: Alameda, 2014.

especial na vertente de inspiração braudeliana. Isso porque o livro assenta-se em, ao menos, duas premissas herdeiras daquela tradição historiográfica francesa: o reconhecimento de que a alimentação é um fenômeno total para o qual convergem (e de onde partem, dialeticamente) aspectos de diferentes dimensões da existência humana, e a necessidade de posicionar tal fenômeno em uma duração que extrapole o tempo curto a fim de melhor compreendê-lo.

Extrapolar o tempo curto, parece-me importante dizer, é algo por si só digno de nota nos tempos que correm. Em 2014, os historiadores Jo Guild e David Armitage escolheram abrir *The History Manifesto* com a seguinte frase de impacto: "um espectro está assombrando nossos tempos: o espectro da curta duração".[2] O manifesto pretende alertar os colegas historiadores, mas também o público-geral, acerca das limitações que análises históricas concentradas em intervalos temporais cada vez mais exíguos podem acarretar. A tendência verificada no mundo anglo-saxão, centro de observação do *Manifesto*, pode não corresponder exatamente à realidade brasileira; no entanto, e apesar das críticas que recebeu esse texto,[3] é indiscutível que vivemos em tempos de miopia histórica e que a capacidade de posicionar fenômenos e problemas em espaços e tem-

2 Jo Guild; David Armitage, *The History Manifesto*, Cambridge University Press, 2014, p. 1. Disponível em: https://www.cambridge.org/core/what-we-publish/open-access/the-history-manifesto#. Traduzido para o português em 2018 com o título *Manifesto pela História* (Editora Autêntica).

3 Em especial, o dossiê "La longue durée en debat" publicado pela revista Annales em 2015 (*Annales. Histoire, Sciences Sociales*, Paris, v. 2, n. 70, 2015).

pos mais alargados é condição primeira para favorecer análises mais acuradas de problemáticas da existência humana em sociedade. Impedir a perda dessa capacidade é, dentre outras coisas, ofício do historiador. E como fazê-lo? Estudando e escrevendo uma história reconhecidamente enganchada no *continuum* temporal que amarra passado e presente (e por que não futuro), e conscientemente recortada desse fluxo temporal para fins de pesquisa – mas nem por isso, menos rigorosa e crítica do ponto de vista da racionalidade científica.

Ainda que Rafaela Basso tenha ajustado suas lentes para um intervalo temporal que não chega a cem anos, ou seja o livro não se quer uma obra de síntese (muito pelo contrário, centra-se em um período específico e pouco estudado), a análise da alimentação de rua na cidade de São Paulo não perde de vista o vai e vem no tempo. Com isso, o espaço fluído da rua, *locus* das relações complexas que caracterizam a comida que por ali passa e que ali é consumida entre 1765 e 1834, não surge diante do leitor como algo descolado do passado, mas sim como um contíguo de espaços inseridos no longo processo de formação e transformação da cidade de São Paulo desde os primeiros tempos da história colonial. A cidade é capturada como em uma fotografia panorâmica permitindo ao leitor observar detalhes sem perder de vista o todo. Dessa forma, o livro oferece ao leitor, justamente, aquilo de que falava acima: o exercício de analisar criticamente problemáticas históricas no âmbito de uma perspectiva temporal alargada. E isso é, sem positivamente, uma qualidade a ser destacada.

Outro desdobramento das "premissas braudelianas" é a costura entre uma tipologia variada de fontes (documentos governamentais, inventários, correspondências, narrativas de viagens, crônicas, memórias, dentre outros) com uma rica bibliografia oriunda de áreas distintas dos Estudos Históricos, algo que, usualmente, se encontra em trabalhos que assumem a alimentação como fenômeno totalizante. No livro, a costura é feita de forma equilibrada procurando apreender no diálogo dali resultante aquilo que é fundamental para a compreensão da alimentação de rua. Não se trata de comida de rua, mas de alimentação de rua, a um só tempo categoria e objeto de estudo, como faz questão de frisar a autora. Essa opção, amplamente discutida no primeiro capítulo do livro, revela a complexidade dessa categoria-objeto que não pode ser reduzida apenas àquilo que se vende e que se come nas ruas (comida), até porque, como nos mostra a autora, as fontes nem sempre nos permitem conhecer esses itens. A categoria alimentação de rua é mais plausível, pois abarca desde aspectos dos circuitos de abastecimento até as dinâmicas sociais em volta da cadeia alimentar que atende a cidade de São Paulo. A consciência dessa limitação faz com que a obra abrigue nas reflexões que propõe abordagens advindas da história econômica e social, e não só da história cultural, como tendencialmente se tem observado nos últimos anos na historiografia da alimentação produzida no Brasil e no exterior.[4]

---

4 Peter Scholliers, Twenty-five years of Studying un Phénomène Social Total. *Food, Culture and Society*, p. 449-471, v.10, n.3, 2007; Wanessa Asfora; Gregorio Saldarriaga, A decade of research in Ibero-America, *Food&History*, v. 10, p. 205-213, 2013; ____, Recent Trends in Food History Research in Ibero-America:

Reforça-se, assim, o alinhamento braudeliano (ou até, para sermos mais precisos, o alinhamento com a primeira e a segunda geração dos Annales)[5] que ao inovar propondo a incorporação de aspectos culturais para uma compreensão mais abrangente dos fenômenos alimentares, não deixou de levar em conta, com igual peso, componentes de outras ordens, como a econômica e a social. No livro, as referências a gêneros alimentícios e preparações culinárias aparecem inseridas em uma perspectiva mais ampla que desenha algo que se poderia chamar de panorama alimentar da cidade de São Paulo. Esse panorama complexo compõem-se de espaços de abastecimento citadino (mercado, vendas, armazéns), orquestrados pela oferta e demanda por alimentos necessários à subsistência dos habitantes da cidade, mas também para saciar outras necessidades, como a construção de vínculos de sociabilidade e a marcação de pertenças culturais a grupos diversos dentro e fora de casa em uma cidade em transformação (ou por que não dizer, de identidades). Está ali presente também, embora de forma menos evidenciada, a outra ponta da cadeia, ou seja, a produção agrícola de pequeno e grande porte, seus agentes e suas dinâmicas.

2014-2016, *Food&History,* v.13, p. 285 - 290, 2016; ____, Food History Research in Ibero-America 2016-2019, *Food&History,* v. 18, p. 191-201, 2020.

5 Fernand Braudel. Vie matérielle et comportments biologiques. Annales E. S. C. , v. 16, n. 3, p. 545-549, 1961; ____, Alimentations et categories de l'alimentation. Annales E. S. C. , v. 16, n. 4, p. 723-728, 1961; Maurice Aymard. Pour l'histoire de l'alimentation: quelques remarques de méthode. Annales E. S. C., v. 30, n. 2-3, p. 431-442, 1975.

Impossível seria tratar de tal panorama apenas a partir de uma perspectiva culturalista.

Essa opção teórico-metodológica, a meu ver acertada, além de revelar outra grande qualidade da pesquisa de Rafaela Basso, é também uma contribuição ao campo da História da Alimentação no Brasil. O exercício de reflexão proposto exemplifica a maturidade desse campo de estudos no país. Um campo que, cada vez mais, põe em prática a investigação histórica séria e profunda de problemáticas variadas que vão muito além de questões relacionadas à culinária e à gastronomia. Não que estas sejam questões menores; muito pelo contrário! O grande volume de trabalhos nelas debruçados revela o esforço necessário e justificável dos últimos 20/30 anos (pelo menos) em reabilitar dimensões (e produções) da vida humana injustamente deixadas de lado pelos historiadores e outros pesquisadores das Humanidades. Tenho a impressão que essa é uma etapa cumprida com sucesso. Ninguém mais parece duvidar que comida é cultura (fazendo aqui uma provocativa alusão às palavras do título de uma das obra de Massimo Montanari,[6] provavelmente o historiador da alimentação mais lido e referenciado no Brasil) e que, portanto, a gastronomia e a culinária são expressões legítimas de dinâmicas culturais que merecem ser estudadas com erudição. Contudo, é preciso ampliar, diversificar e arejar o campo com outras abordagens para problemáticas e objetos velhos ou novos. São elas que, sem dúvida, permitirão leituras mais rigorosas dos panoramas alimentares complexos

6 Massimo Montanari. *Comida como cultura*. São Paulo: Senac, 2008 (1ª edição: 2005).

do passado e do presente. Afinal, não é assim mesmo que produção científica caminha? Ora, nessa caminhada, no âmbito dos estudos históricos da alimentação e da cidade de São Paulo, o livro de Rafaela Basso é certamente um exemplo a ser considerado, pensado e debatido.

Introdução

"Nenhuma cidade alimenta a si mesma", podemos nos referenciar à frase de Richard Graham – tão importante para a construção do presente trabalho – a fim de lembrar que nenhuma pesquisa se constrói sozinha, com o trabalho de um único pesquisador. Muito pelo contrário, para que este trabalho seja realizado, é necessária a ação de toda uma rede de pessoas, que contribuem, seja com uma orientação cuidadosa, através de uma leitura atenta e crítica do texto, seja com seu conhecimento, debatendo ideias ou soluções para as encruzilhadas que a tessitura do texto nos leva, ou mesmo, cedendo tempo e paciência para ouvir nossas dores e anseios porvindouros.

Tal como o ofício do historiador, esse trabalho de agradecer depende de um amplo esforço de rememoração, que é seletivo e, por vezes, acaba deixando muitas pessoas importantes de lado. E, a 'escolha' aqui realizada foram das pessoas que diretamente marcaram muitas páginas deste trabalho, seja pela convivência, seja pelo apoio cotidiano ou pelas contribuições acadêmicas. Apesar disso, foram muitos os que me acompanharam nesses quase cinco anos de jornada e, mesmo não estando aqui citados, certamente contribuíram com o desenvolvimento desta pesquisa. De antemão, me desculpo por essas ausências.

O presente trabalho foi realizado com apoio da Coordenação de Aperfeiçoamento de Pessoal de Nível Superior - Brasil (CAPES), portanto, gostaria de agradecer a Agência que, por dois anos concedeu apoio financeiro, indispensável para a realização deste trabalho.

À professora Leila Algranti, por me acompanhar nessa longa jornada – de mais de 17 anos – de estudos de história da alimentação. Seu trabalho de orientação dedicada e atenciosa foi responsável pela minha excelente formação acadêmica enquanto historiadora, a qual levo também para meu trabalho na Universidade Estadual de Campinas. Sou muito grata pelas nossas conversas e discussões teóricas, pela sua compreensão e sensibilidade nas horas de desgaste físico e emocional e, acima de tudo, por sempre acreditar e me encorajar, tornando este trabalho possível.

Gostaria de agradecer aos membros da banca examinadora de qualificação do meu doutorado, professores Aldair Carlos Rodrigues e Josianne Cerasoli, que tiveram uma leitura cuidadosa e atenta do trabalho e sugeriram novos olhares sobre a cidade de São Paulo, bem como sobre a sociedade colonial e de início do Império. Obrigada pelas sugestões bibliográficas, que muito contribuíram para a finalização do presente trabalho, e por apontarem as limitações e encaminhamentos possíveis para a tese, que originou este livro. Além disso, sou grata a ambos professores por estarem generosamente dispostos a ajudar, com textos ou apontamentos valiosos.

Agradeço a todos os funcionários do Arquivo Central da Unicamp pelo carinho e por compartilharem comigo essa jornada de trabalho tão desafiadora e estimulante: Aline Rodrigues da Silva, Andressa Piconi, Cassia Coghi, Cirlene Domingues, Janaina Andiara Jose Aparecido Calderaro, Jose Ednilson Pinto, Leonardo Schimidt, Luiza Bragion Moretti, Maria Amelia Viaes, Maria Aparecida Forti, Paulo Dionysio Pinto, Rodrigo Lizardi, Rosemeire de Oliveira Veglia, Telma Murari e Vera Lúcia dos Santos.

Dirijo agradecimentos aos colegas dos arquivos e bibliotecas onde realizei minha pesquisa. Em São Paulo, o Arquivo Público do Estado, o Arquivo Histórico Municipal – Washington Luís, a Cátedra Jaime Cortesão-USP e o Instituto Histórico e Geográfico; em Campinas, o Arquivo Edgard Leuenroth, e as bibliotecas da Unicamp: a do Instituto de Filosofia e Ciências Humanas, do Centro de Memória da Unicamp e a Biblioteca de Obras Raras, e, por fim, ao Centro de Ciências Letras e Artes de Campinas; todas instituições, cujos funcionários gentilmente me ajudaram, procurando documentos, livros e periódicos, auxiliando no uso de instrumentos de pesquisa e, quando possível, disponibilizando e digitalizando documentos para consulta.

Foram muitos os professores, colegas de profissão e de Pós-Graduação que me ajudaram nesta longa jornada. São essas pessoas que animaram a minha esperança na profissão e na área acadêmica, em uma era onde o produtivismo compromete a solidariedade e a colaboração entre os colegas de profissão.

Primeiramente, agradeço aos membros que aceitaram compor a banca examinadora da tese que originou este livro. À Wanessa Asfora, à qual este trabalho mantém uma imensa dívida, agradeço de maneira especial, pela generosidade intelectual, pelas indicações teóricas sobre história da alimentação, por me engajar cada vez mais em uma área tão rica de estudos, mostrando suas potencialidades e me encorajando a enfrentar as dificuldades de um campo de estudos novo na historiografia brasileira.

Agradeço à Maria Aparecida Borrego, sempre disposta a ajudar com seu imenso conhecimento sobre história de São Paulo colonial e que, desde o primeiro momento, compartilhou os resultados de seu projeto, "Espaço Doméstico e Cultura Material em São Paulo (séculos XVIII e XIX)." A disponibilização do banco de dados dos inventários foi de uma imensa ajuda para a análise aqui desenvolvida. À Denise Soares de Moura, que me atendeu com prontidão quando precisei, por ter sido uma grande interlocutora neste livro, agradeço pelos seus trabalhos sobre a cidade de São Paulo, com os quais esta pesquisa mantém um constante diálogo.

Neste sentido, agradeço ao professor Carlos de Almeida Bacellar, por também ter aceitado fazer parte da banca de avaliação do presente trabalho, por sua prontidão em aceitar responder algumas questões sobre a minha pesquisa, mesmo quando estas ainda estavam pouco definidas. Por fim, à João Luiz Máximo, registro minha gratidão por ter sido um grande interlocutor, seja nas páginas que aqui se seguem, seja nos congressos e eventos, nos quais compartilhamos as mesmas mesas.

À professora Vânia Carneiro de Carvalho pela confiança e pela imensa contribuição feita pelo seu curso, Cultura Material e Espaço Doméstico, ministrado no

Programa de Pós-Graduação da Universidade de São Paulo em 2015, o qual me permitiu pensar as práticas alimentares de uma nova maneira, como instrumento de interação social e de produção de valores.

À Carlos Alberto Dória pelas ideias e textos compartilhados já há alguns anos. Suas reflexões são muito instigantes, ao me tirar do lugar comum, mostrando como a alimentação pode ser um objeto "bom para ser pensado".

À professora Beatriz Piccolotto Siqueira Bueno pela generosidade de me receber tão bem na FAU e me indicar para uma oficina de cartografia histórica, que de fato foi de grande ajuda para entender algumas mudanças arquitetônicas na área central da cidade no período de nossa pesquisa.

Aos amigos e colegas que os estudos de alimentação me deram e, diga-se de passagem, não foram poucos: Myriam Melchior, Talitha Ferreira, Tainá Guimarães, Paula Carvalho. Obrigada pela troca de ideias sobre nossos temas afins. Em especial, agradeço à Adriana Salay, Joana Pellerano e Maria Henriqueta Minasse que, não apenas de maneira coletiva, mas individualmente, contribuíram para minha formação acadêmica e pessoal. Nossos almoços, cafés, viagens e conversas extrapolaram a dimensão do Atlântico e ficaram marcadas em mim, me ajudando a crescer muito nesses últimos anos.

Aos colegas de profissão José Hermes Pereira, Rita Francisco, Rogério Ricciluca Félix, Luciana da Silva e Renata Munhoz que gentilmente cederam seu tempo e *expertise* para me ajudar, seja digitalizando ou disponibilizando um livro difícil de encontrar, seja transcrevendo ou traduzindo um documento de época, lendo meus textos com muita atenção e cuidado, todos vocês contribuíram para a realização desta pesquisa.

À Ana Rita Suassuna, uma amizade surgida do amor pela comida, agradeço por me mostrar a riqueza e o poderoso significado da cozinha brasileira, ou melhor, da cultura do nosso país. Sua generosidade e insaciável sede pelo conhecimento são grandes inspirações para mim. É uma imensa honra poder ter a oportunidade de trabalhar com você, aprendi – e ainda aprendo – muito a cada conversa.

Aos amigos Valdir Bertoldi Jr, Gabriela Carvalho, Aline Aguiari agradeço por compartilharem comigo os momentos tristes e felizes de vida, pelo companheirismo ao longo desses anos. À Gabriela Soares Paiva pela amizade recente, mas já tão sólida e sincera, meu agradecimento pela cumplicidade e pelos sábios conselhos sobre a vida. À Geisa Aguiari, irmã que escolhi para a vida, pela amizade incondicional, por estar sempre disposta a ouvir, agradeço pelo amor sempre presente.

À Norma França e Aires da Silveira, família que eu ganhei ao longo da vida, pelo apoio e pela disposição em ajudar nas mais diferentes etapas de minha trajetória.

Aos meus pais, Sonia e Wladimir Basso pelo apoio irrestrito e incondicional com que pude contar e, sobretudo, por acreditarem em meu trabalho e aceitarem as minhas opções. Obrigada mãe, por me ensinar a ser perseverante e ter espirito crítico e a não desistir dos meus sonhos e anseios, mesmos quando eles parecessem distantes de serem alcançados. Obrigada pai, por me mostrar o significado do comer e beber desde cedo e estimular o amor pela comida.

E, finalmente ao Vinicius França da Silveira, companheiro – no mais amplo sentido do termo – que acompanhou todas as etapas da tessitura deste trabalho: leu e discutiu comigo os problemas e conceitos, doando parte considerável do seu tempo para me ajudar, o qual também estava sendo dedicado à elaboração de sua tese. Sua generosidade e apontamentos críticos são a maior prova de amor que uma pessoa pode receber de outra em um momento tão conturbado como é esse da elaboração de uma pesquisa acadêmica. Por fim, agradeço a sua paciência, por suportar as dores físicas e emocionais deste momento comigo.

1. Alimentação na cidade de São Paulo: percursos históricos e historiográficos (1765 - 1834)

As relações entre alimentação de rua e cidade na historiografia sobre São Paulo

A alimentação será utilizada nesse trabalho para decifrar a cidade de São Paulo através de uma perspectiva até então pouco explorada entre os historiadores que se dedicaram ao seu estudo. Por se tratar de um fenômeno total e universal, envolvendo múltiplas perspectivas que a configuram, sejam estas econômicas, culturais, sociais e até mesmo ambientais, a alimentação pode contribuir muito para esmiuçar as mudanças que se processaram nesse universo de estudo.

Tendo isso em vista, a primeira parte deste capítulo será dedicada a analisar como a historiografia que abordou a cidade de São Paulo nos trouxe subsídios para entendermos a forma pela qual a dinamização econômica e social vivida por esta localidade conformou e foi conformada pelas práticas relativas à alimentação de rua. Em seguida, nos dedicaremos a analisar a rede de produção e circulação de alimentos e bebidas responsável por abastecer o mercado paulistano. Não podemos nos esquecer das palavras do historiador Richard Graham ao afirmar que toda cidade, para se sustentar, depende "de uma grande quantidade de gente de fora para plantar ou cultivar alimentos, sobretudo para transportá-los, bem como de intermediários para comprá-los e revendê-los aos consumidores."[1] A partir dessa percepção, na segunda parte do capítulo, nos empenharemos em mostrar como a rede produtiva montada nos arredores da cidade foi fundamental para atender a demanda de um mercado que crescia em consequência das transformações econômicas e urbanas. Tal rede teve, inclusive, um papel importante na dinâmica que interligava São Paulo a outras localidades desde o segundo século da colonialização.

Isso significa que, a partir de um estudo focado nos diferentes ramos da alimentação de rua paulistana, podemos aprofundar nossa compreensão sobre a dinâmica socioeconômica daquela cidade e sua interligação com outras capitanias, inclusive com as redes de comércio atlântico. A historiografia que se debruçou sobre a sociedade de São Paulo das décadas finais do século XVIII e das primeiras do século seguinte tem elegido diferentes maneiras para adentrar aquela realidade. Uma ampla variedade de trabalhos pode ser vista, desde os que se preocupam em estudar um panorama diverso de atividades produtivas, até aqueles que se ocupam do cotidiano como espaço de conflitos e resistências.

---

1 Richard Graham. *Alimentar a cidade: das vendedoras de rua à reforma liberal (Salvador, 1780-1860).* São Paulo: Companhia das Letras, 2013, p. 19.

Nesse contexto, ao passo que permanências são detectadas, muitas são as renovações encontradas nesta área. O enfoque específico da história da alimentação, por sua vez, apesar das potencialidades para o estudo do passado, ainda é pouco explorado pelos historiadores que se debruçaram sobre a sociedade do Planalto de Piratininga.[2] Em relação ao período colonial e do início do Império, esse número é ainda menor.[3] Todavia, nota-se que o tema da ali-

---

2 Podemos citar nesse sentido alguns autores que, se não focaram na alimentação paulistana como objeto de estudo propriamente dito, utilizaram-na enquanto veículo/meio para pensar aspectos da vida dos moradores da cidade de São Paulo em períodos posteriores ao nosso trabalho. É o caso dos seguintes trabalhos: *Denise Bernuzzi de Sant'Anna*. "Transformações das intolerâncias alimentares em São Paulo, 1850-1920". *História: Questões e Debates*. N. 42, p. 81-93, 2005; João Luiz Máximo da Silva, *Cozinha modelo:o impacto do gás e da eletricidade na casa paulistana. 1870-1930*. São Paulo: Edusp, 2008 e *Alimentação de rua na cidade de São Paulo (1828-1900)*. Tese de Doutorado. FFLCH-USP, São Paulo, 2008; Joana Monteleone. *Sabores urbanos: alimentação, sociabilidade e consumo: São Paulo, 1828-1910*. Dissertação de Mestrado. FFLCH-USP, São Paulo, 2008; Jaime Rodrigues. *Alimentação, vida material e privacidade: uma história social de trabalhadores em São Paulo nas décadas de 1920 a 1950*. São Paulo: Alameda, 2011 e Janine Helfst Leicht Collaço. *Sabores e memórias: cozinha italiana e construção identitária em São Paulo*. Tese de Doutorado. FFLCH-USP, São Paulo, 2009.

3 Sobre este recorte temporal, ressalto aqui meu próprio trabalho desenvolvido sobre as práticas alimentares dos paulistas e o papel do milho ocupado nas mesmas entre os séculos XVII e XVIII, publicado sob o título, *A cultura alimentar paulista: uma civilização do milho? (1650-1750)*. São Paulo: Alameda, 2014, bem como o artigo de Leila Mezan Algranti, "À mesa com os pau-

mentação não deixa de estar presente em vários trabalhos, os quais visam analisar especialmente as transformações da cidade no período em questão. Ainda assim, vale notar que tal tema aparece subordinado às discussões ligadas à escravidão, às mulheres, à demografia ou à economia.[4]

Se esse é o cenário de investigação científica para as práticas alimentares de um modo geral, o que dizer daquelas que têm espaço próprio para ocorrer, como as relativas à rua? A respeito deste objeto, o desafio é ainda maior se lembrarmos, como vimos na *Introdução* do presente estudo, que as características fluídas e efêmeras de tais práticas deixam o historiador diante de um trabalho muito oneroso, especialmente no que se refere à busca de vestígios inscritos na documentação histórica.

listas", no qual a autora discute os fatores que contribuíram para a constituição dos hábitos alimentares dos paulistas nos primeiros séculos de sua formação. "À mesa com os paulistas: saberes e práticas culinárias (séculos XVI-XIX)". *Anais do XXVI Simpósio Nacional de História – ANPUH*, São Paulo, julho 2011.

4 Isso sem contar os trabalhos que lançaram mão da temática do abastecimento alimentar paulistano para pensar a realidade aqui estudada: Alcir Lenharo. *As tropas da moderação (o abastecimento da Corte na formação política do Brasil 1808-1842)*. Rio de Janeiro: Secretaria Municipal de Cultura, Turismo e Esportes, Departamento Geral de Documentação e Informação Cultural, 1993; Denise Soares de Moura. "Relações de poder e interesses no comércio da carne na cidade de São Paulo (1765-1822)" *in* Denise Aparecida Soares de Moura, Margarida Maria de Carvalho, Maria-Aparecida Lopes. *Consumo e abastecimento na história*. São Paulo: Alameda, 2011; Ilana Blaj. *A trama das tensões:o processo de mercantilização de São Paulo colonial (1681-1721)*. São Paulo: Humanitas/Fapesp, 2002.

No que concerne à historiografia sobre São Paulo, a não ser pela exceção de João Luiz Máximo da Silva, nenhum outro autor dedicou uma obra em específico ao estudo do tema.[5] No trabalho, *Alimentação de rua na cidade de São Paulo (1828-1900)*, o autor nos oferece uma excelente análise sobre as diversas modalidades de alimentação desenvolvidas nos espaços públicos da capital paulista. Embora o foco central de sua tese seja a comida de rua, ele não deixa de discutir as relações estabelecidas entre comércio e consumo, abordando a atuação dos diversos agentes históricos envolvidos com esta atividade. A despeito do período contemplado seja os anos entre 1828 e 1900, é notório que a maioria dos casos abordados pelo autor diz respeito à segunda metade do século XIX. Tal escolha tem uma razão de ser para a construção do argumento central da tese, cujo objetivo é entender a relação estabelecida entre a constituição de uma cozinha de rua e as mudanças vividas pelo núcleo paulistano. De acordo com João Luiz Máximo da Silva, as renovações urbanas tiveram repercussão direta na multiplicação de novas modalidades de comércio de alimentos, tais como restaurantes, cafés, confeitarias, e no surgimento de hábitos alimentares importados e industrializados.[6]

A associação entre alimentação e vida urbana é, portanto, fundamental na definição desse campo de estudos. Sua constituição tem uma clara ligação com uma historiografia preocupada com o conceito de modernidade em relação à vida e à sociabilidade nos tempos modernos.[7]

5 João Luiz Máximo da Silva. *op. cit.*, 2008a.

6 *Idem*, p. 14.

7 Melissa Calaresu; Danielle Van Den Heuvel. *op. cit.*, p. 4.

Para o caso de São Paulo, trata-se de ponto essencial para entendermos a pouca – ou quase nenhuma incidência – de estudos sobre este objeto no período que abarca a colônia e o início do Império.

Observa-se que, para o período em estudo, a historiografia sobre a cidade de São Paulo tratou-a, por muito tempo, como um núcleo pacato, ausente de traços de urbanidade, os quais só viriam a aparecer após a segunda metade do século XIX. O surgimento dessas ideias tem origem nos clássicos estudos sobre São Paulo colonial, os quais nos apresentam uma região isolada, estagnada do ponto de vista econômico-social e demográfico.[8] Já na área de estudos sobre cidades, Amilcar Torrão Filho mostrou, no passado, a repetição das mesmas tópicas, acrescentando outros pontos próprios deste campo de pesquisa: a ideia de que falta-

8 Se nos reportarmos à historiografia 'paulística', por exemplo, que vigorou como tendência dominante ao longo das três primeiras décadas do século XX, ou à tradição historiográfica das décadas de 1950 e 1960, estaremos diante de outra realidade: uma São Paulo isolada, estagnada, do ponto de vista econômico-social, especialmente, se comparada às outras regiões da América Portuguesa. Dentre os autores que se inseriram nessas duas correntes e defenderam a imagem de São Paulo como uma cidade pobre e despovoada podemos citar, respectivamente, Affonso de Taunay e Ernani Silva Bruno. Embora pertençam a gerações de historiadores diferentes, na obra de ambos há a consolidação de algumas ideias acerca da dinâmica sociocultural da cidade e também dos hábitos alimentares dos paulistas. Ver: Affonso de Taunay. *História da cidade de São Paulo*. Brasília: Senado Federal, 2004. p.249; Ernani Silva Bruno. *História e tradições da cidade de São Paulo: arraial dos sertanistas (1554-1828)* São Paulo. Hucitec. 1984, p. 255.

ria em São Paulo, tal como em outras cidades da América Portuguesa, qualquer indício de racionalidade urbana. De acordo com o autor, os trabalhos sobre a capital paulista privilegiavam "(...) quase sempre, o processo de formação da grande metrópole; até meados do século XIX, coincidindo com o ciclo do café e a transformação da província de São Paulo no centro econômico do país, é como se não houvesse uma história urbana a ser contada."[9]

Não por acaso, nesta tradição de estudos, as imagens de pobreza e falta de dinamismo urbano de São Paulo relacionavam-se à uma leitura de matriz estrutural, pautada em esquemas pré-concebidos que também marcaram presença em alguns estudos clássicos sobre a sociedade colonial. Deve-se chamar atenção para o fato de que certos trabalhos, dedicados à urbanização da cidade de São Paulo, tiveram como pano de fundo uma preocupação com a evolução das técnicas construtivas e dos melhoramentos urbanos, seja nos traçados das ruas ou nas edificações, como se outros elementos, inclusive os próprios sujeitos sociais, não tivessem um papel decisivo na formação das cidades. Outra questão importante a se destacar é que, em tais estudos, as transformações ocorridas na cidade de São Paulo, dignas de destaque, seriam aquelas que vieram no encalço do desenvolvimento da agricultura cafeeira.[10]

9 Amilcar Torrão Filho. *Paradigma do caos ou cidade da conversão? A cidade colonial na América Portuguesa e o caso de São Paulo na administração do Morgado de Mateus.* São Paulo: Annablume, 2007, p. 19.

10 Aroldo de Azevedo. "São Paulo: da vila quinhentista à metrópole regional". *Boletim Paulista de Geografia*. n. 39, p. 12-46,

Não raro, os representantes desta tradição historiográfica se voltaram para o estudo da história das cidades brasileiras, visando encontrar a presença de elementos modernizadores na sua constituição e, diga-se de passagem, não é à toa que devotaram pouca atenção à cidade piratingana dos primeiros tempos de colonização.

A tomar por esta perspectiva, a própria cidade em seus primórdios se mostrava como objeto controverso, uma vez que ela só apresentaria características dignas de estudo a partir do século XIX. Apesar dessas visões, muitos trabalhos foram produzidos posteriormente buscando demonstrar a formação e a evolução das cidades sob outras perspectivas.

Nesse sentido, destacam-se os estudos de Nestor Goulart Reis Filho, autor que, desde o final dos anos 50, se empenhou em demostrar que a criação das cidades luso-brasileiras não foi obra do mero acaso, mas sim fruto de um planejamento pensado e articulado com diferentes interesses em jogo, como nos mostra Beatriz Piccolotto Siqueira Bueno, em um importante balanço historiográfico acerca da história da urbanização no Brasil colônia. De acordo com a autora, para Nestor Reis, as cidades e vilas do Brasil:

1961; Alice Canabrava. "Uma economia em decadência: os níveis de riqueza na capitania de São Paulo.1765-1767". *Revista Brasileira de Economia*.vol. 26, p. 96-123, 1972. Benedito Lima de Toledo. *São Paulo: três cidades em um século*. 2ª ed. São Paulo: Duas Cidades, 1983; Elisabeth Anne Kuznesof. *Household economy and urban development. São Paulo 1765 to 1836*. Boulder: London, 1986; Richard Morse. "São Paulo: raízes oitocenstistas da metrópole". *Anais do Museu Paulista*. vol. 14, p. 453-487, 1950; *De comunidade a metrópole: biografia de São Paulo*. São Paulo: Comissão do IV Centenário da Cidade de São Paulo, 1954.

> tinham uma natureza específica e integravam-se a um sistema urbano internacional, cumprindo papéis de acordo com os contextos; a política de colonização do Brasil não se deu ao sabor das circunstâncias, havendo claras mudanças de direção entre os dois séculos iniciais e o século XVIII; políticas e projetos de gestão do território e das vilas e cidades oscilaram ao sabor dos interesses em jogo; de acordo com as variáveis em questão, as escolhas de projeto implicaram em maior ou menor grau de elaboração e controle por parte da Coroa portuguesa; havia diversos atores envolvidos no processo social de formação de uma rede urbana no Brasil, com interesses convergentes e divergentes.[11]

A despeito de muitos estudos recentes já terem colocado em xeque as ideias sobre o passado das cidades brasileiras desprovidas de dinamismo, vida econômica ou mesmo pessoas, não há como negligenciarmos a influência

11 Beatriz Piccolotto Siqueira Bueno. "Introdução". *Anais do Museu Paulista*. vol. 20, p. 11-40, 2012, p. 18. Sobre o caso específico de São Paulo, a autora mostra que muitos estudos recentes podem ser relacionados ao campo da história urbana paulistana no período colonial, entre os quais ela cita, por exemplo, Paulo Garcez Marins. *Através da Rótula. Sociedade e arquitetura urbana no Brasil, séculos XVII a XX*. São Paulo: Humanitas, 2001, José Carlos Vilardaga. *São Paulo na órbita do Império dos Felipes:conexões castelhanas de uma vila da América Portuguesa durante a União Ibérica (1580-1640)*. Tese de Doutorado. FFLCH-USP, São Paulo, 2010, além do seu trabalho: *Aspectos do mercado imobiliário em perspectiva histórica. São Paulo, 1809-1950*. São Paulo: Edusp, 2016.

que os autores conhecidos como *intérpretes do Brasil* tiveram para a perpetuação de certas imagens sobre o fenômeno urbano em tempos recuados. Dentre esses autores, destacaremos aqui Sérgio Buarque de Holanda,[12] devido à influência de suas ideias na historiografia sobre São Paulo, corroboradas ou refutadas, por outros estudos subsequentes.

Tal autor teria sido um dos principais responsáveis por criar uma das interpretações das cidades coloniais que encontrou muita ressonância nos estudos sobre o tema. Embora ele não tenha dedicado um trabalho específico ao assunto, é em seu ensaio seminal "O ladrilhador e o semeador", presente em *Raízes do Brasil*, que ele elabora a concepção da cidade colonial como espaço da desordem.[13]

O tema surge em sua obra ligado à sua indagação sobre os caminhos que o regime democrático estava tomando no Brasil. Conforme afirmou Sérgio Buarque de Holanda, os problemas que o país vivia no início do século XX tinham relação com a persistência do ruralismo na formação da nossa estrutura social. Ai pode ser encontrado um dos argumentos mais marcantes da produção historiográfica sobre as cidades: a dependência da cidade

12 Além dos estudos de Sérgio Buarque de Holanda, que citaremos ao longo deste capítulo, podemos destacar os trabalhos de Gilberto Freyre. *Casa grande e senzala.* 21ª ed. Rio de Janeiro/ Brasília: Livraria José Olympio Editora, 1981; *Sobrados e mocambos: decadência do patriarcado rural e desenvolvimento urbano.* 14ª ed. São Paulo: Global, 2003 e Florestan Fernandes. *Mudanças sociais no Brasil: aspectos do desenvolvimento da sociedade brasileira.* 3ª ed. São Paulo, Rio de Janeiro: Difel, 1979.

13 Sérgio Buarque de Holanda. *Raízes do Brasil*. 26ª ed. São Paulo: Companhia das Letras, 1995.

colonial em relação às propriedades agrárias. Esse caráter eminentemente rural de nossa formação explicar-se-ia pelo projeto de colonização português empreendido em solo americano, cujo padrão se caracterizaria pela autossuficiência das propriedades rurais e pela quase inexistência de uma vida urbana.[14]

Não seria forçoso pensar que a cidade de São Paulo – exemplo recorrente ao longo deste texto de Sérgio Buarque de Holanda – pode ser entendida como um arquétipo do urbanismo português instaurado no Novo Mundo. Embora é importante ressaltar que, anos mais tarde, no texto "Movimentos da população em São Paulo no século XVIII", o autor tenha procurado amenizar um pouco o tom dessa interpretação sobre a cidade colonial, mais ainda em relação à São Paulo:

> Sabemos hoje que a famosa auto-suficiência das propriedades rurais no Brasil colônia não passa, em geral, de pobre figura retórica. Em São Paulo, especialmente, nada há que a ela se assemelhe. E se pode acontecer que algum sítio da roça tenha como dar o in-

14 A propósito disso, o início da ocupação luso americana teria acontecido sem nenhuma preocupação urbanística, bem diferente do modelo posto em prática na América pelos espanhóis, o qual teria se pautado na construção de núcleos urbanos ordenados e racionais. A escolha das metáforas para representar as diferenças entre os modelos de ocupação é bastante significativa. O ladrilhador, no caso o colono espanhol, possuía um projeto urbanístico para as suas cidades, diferentemente dos portugueses que atuaram como semeadores, empreendendo a ocupação do território de maneira espontânea.

> dispensável aqui à manutenção dos que nele vivem, isso nunca seria perfeitamente exato senão nos anos de boa ou sofrível colheita.[15]

Novamente, São Paulo se destaca na produção de Sérgio Buarque de Holanda. Por conta disso, cabe destacar o papel deste autor na consolidação, ou mesmo questionamento,[16] de várias imagens cristalizadas sobre a capital piratiningana, em que sublinhamos as seguintes tópicas: a monotonia do seu núcleo urbano, a precariedade da vida material, a mobilidade advinda das expedições ao sertão e a economia de subsistência.[17]

---

15 Sérgio Buarque de Holanda. "Movimentos da população em São Paulo no século XVIII". *Revista do Instituto de Estudos Brasileiros*. n. 1, p. 54-111, 1966, p. 89.

16 Sobre o questionamento, é de suma importância a ideia de Sérgio Buarque de Holanda sobre os movimentos da economia paulista, cujo crescimento ele não encara com uma visão linear. Como aponta Denise Soares de Moura, o autor mostra que, entre o final do século XVIII e o início do XIX, "o movimento da economia da capitania não foi de evolução progressiva da agro exportação, mas de retração desse setor e de expansão mais segura do abastecimento interno e do comércio de cabotagem." Denise Soares de Moura. "De uma freguesia serra acima à costa atlântica: produção e comércio da aguardente na cidade de São Paulo (1765-1822)" *Topoi*, vol. 13, n. 24, p. 73-93, 2012, p. 79.

17 Entre as principais obras do autor responsáveis pela consolidação de algumas visões sobre a história de São Paulo e o modo de vida dos paulistas, estão *Monções* e *Caminhos e Fronteiras*. Na primeira, através da análise das expedições fluviais – frequentes a partir do segundo século de existência de São Paulo –, o autor mostra como a ação colonizadora entre os paulistas realizou-se por um processo de contínua adaptação à cultura e ao ambiente

Segundo Sérgio Buarque de Holanda, a constante mobilidade com o sertão parece ter contribuído, e muito, para o acanhamento daquele núcleo citadino, fato que perduraria até pelo menos meados do século XIX, quando uma série de transformações, em função da economia cafeeira em expansão, começou a dar-lhe novas feições. Essas são apenas algumas das tópicas recorrentes nos estudos sobre São Paulo e, se não são em Sérgio Buarque de Holanda que elas têm origem, ao menos é com os trabalhos dele que se consagrariam enquanto visões tradicionais sobre o modo de vida próprio dos paulistas.

A ideia das páginas que se seguem será mostrar que, embora algumas dessas imagens tenham permanecido como visões cristalizadas sobre a vida dos paulistas, já faz algum tempo que os historiadores vêm tentando matizá-las. Assim, estabeleceremos um diálogo não apenas com trabalhos sobre São Paulo colonial, como também com aqueles que acreditamos filiarem-se à outra tradição de estudos, focados em compreender as dinâmicas de organização do espaço urbano paulistano e que operam suas análises através de marcos temporais um pouco mais alargados. A história da cidade de São Paulo, enquanto objeto de estudo *per se*, tem sido tema de uma bibliografia vasta que congrega várias áreas de conhecimento para muito

dos antigos naturais da terra. Já na segunda, seguindo essa mesma linha, Sérgio Buarque de Holanda destaca as trocas culturais realizadas no âmbito dos saberes europeus com os dos indígenas em terras paulistas, por meio do estudo da vida material daqueles indivíduos. Sérgio Buarque de Holanda. *Monções*. 3ª ed. São Paulo: Editora Brasiliense, 1990 e *Caminhos e fronteiras*. 3ª ed. São Paulo: Companhia das Letras, 1994.

além da História. No artigo, "A cidade como História", as autoras Marisa Varanda Teixeira Carpintéro e Josianne Cerasoli trazem uma balanço historiográfico crítico sobre os trabalhos produzidos nas áreas de história e arquitetura, privilegiando algumas temáticas relacionadas às cidades que são de nosso interesse. Em função do que foi produzido no campo da história, elas apresentam um mapeamento das pesquisas sobre questões urbanas, analisando "criticamente os paradigmas e aportes explicativos do campo da história empregados nos estudos sobre cidades."[18] Ou seja, o artigo é uma ótima referência sobre a produção acadêmica da área, pois apresenta, desde estudos que operam através de uma concepção evolutivo-linear para adentrar a história da urbanização paulistana, até abordagens mais recentes que elegeram o espaço urbano como foco de sua análise, lançando luz sobre atores e dinâmicas até então pouco trabalhados.

Apesar de serem dois campos de atuação distintos – pelas problemáticas ou mesmo metodologias que abordam – isso não impede que, em certos momentos, o campo da historiografia colonial e das cidades dialoguem entre

18 Marisa Varanda Teixeira Carpintéro; Josianne Cerasoli. "A cidade como História." *História: Questões & Debates*, n. 50, p. 61-101, 2009, p. 63 Em relação aos estudos sobre as cidades brasileiras em tempos mais recuados, temos que destacar o balanço historiográfico, apresentado por Beatriz Piccolotto Siqueira Bueno na introdução do Dossiê Caminhos da história da urbanização no Brasil-Colônia, em que ela expõe um vasto levantamento dos estudos recentes elaborados no campo da história urbana, que abarcam o período colonial. Beatriz Piccolotto Siqueira Bueno. *op. cit.*, 2012.

si, influenciando-se. Desta forma, se objetivamos estudar as relações estabelecidas entre alimentação e vida urbana, o diálogo com historiadores apresentados logo em seguida se faz imprescindível, já que em seus trabalhos, é possível encontrar referências não só às transformações que permitiram o surgimento de novas práticas alimentares, mas também dados que demonstram como a alimentação teria contribuído para a dinamização da cidade.

Isso significa que na análise dessas obras não perdemos de vista o duplo objetivo do nosso trabalho, que consiste em estudar tanto as transformações da cidade, como também da própria alimentação urbana. Em relação à essa última empreitada, vários fatores são fundamentais para entendermos a sua constituição, dentre os quais podemos destacar os agentes, os espaços e os contextos. Esses últimos se referem aos elementos que transitam ao redor da alimentação, ou seja, todas as implicações econômicas, sociais e culturais que se coadunam na produção de seu sentido e contribuem para um entendimento mais completo do problema a ser perseguido. São para esses pontos que voltaremos nossa atenção nas páginas seguintes.

Uma das primeiras obras, que nos permite pensar as relações estabelecidas entre alimentação e vida urbana, é a de Maria Odila da Silva Dias: *Quotidiano e poder em São Paulo no século XIX*. Nela, a autora, trabalhando sob a perspectiva da história vista de baixo, realiza um estudo pioneiro a respeito das relações femininas tecidas em torno do pequeno comércio na capital oitocentista. Não obstante o foco de seu estudo ser o cotidiano das mulheres pobres – livres, forras ou escravizadas –, Maria Odila, ao reconstituir suas experiências nos espaços públicos, nos permite pensar de outra forma a movimentação nas ruas paulistanas, mostrando algumas práticas fundamentais na conformação daquele espaço.

Ao focar sua atenção nas estratégias de sobrevivência de mulheres que viviam nas fímbrias do sistema econômico, Maria Odila da Silva Dias acaba descortinando a importância do comércio de alimentos para a dinamização vivida pela capital na passagem do século XVIII para o XIX. Para ela, a urbanização foi responsável pelo surgimento de uma economia de retaguarda, baseada no comércio ambulante de alimentos. Embora tal setor não fosse muito rentável, ele não deixou de ter um papel importante na urbanização da cidade. As mulheres que exerciam as atividades, mesmo vivendo à margem do sistema colonial, como apontou a autora, souberam se aproveitar das brechas presentes no mesmo. Essa microeconomia cumpria "uma função social importante na cidade, pois redistribuía os gêneros alimentícios, a preços mais baratos do que o permitiam os armazéns e vendas estabelecidos."[19]

O fato de muitas mulheres conseguirem viver de 'suas agências' aponta para as possibilidades abertas por este setor, nos permitindo ver uma cidade dinâmica, distante de um núcleo pacato, pobre e despovoado.[20] Além

19 Maria Odila da Silva Dias. *Quotidiano e poder em São Paulo no século XIX*. São Paulo: Brasiliense, 1984, p. 76. Como veremos adiante, em uma economia mercantil, como era a de São Paulo no período em questão, o excesso das taxações fazia com que muitos produtos alcançassem preços altíssimos no mercado interno, ficando inaccessíveis à maioria da população.

20 Deve-se ressaltar que um dos trabalhos pioneiros em questionar a estagnação socioeconômica da urbe paulistana foi *A cidade de São Paulo: povoamento e população*, publicado em 1973, por Maria

de suprirem as necessidades alimentares de uma grande massa de trabalhadores urbanos, as atividades relacionadas com a alimentação garantiam oportunidades econômicas e de ascensão social para tais vendedoras. Nesse sentido, o trabalho de Maria Odila, ao focar nos contextos e nos agentes ligados à alimentação de rua, traz, portanto, uma excelente contribuição para nosso livro.

Contemporâneo à obra de Maria Odila da Silva Dias, podemos destacar a importância do livro de Janice Theodoro da Silva, *São Paulo, 1554-1880: discurso ideológico e organização espacial,* para pensarmos as relações entre as transformações do tecido urbano e o alargamento de uma vasta rede de atividades comerciais e de abastecimento. Na verdade, a autora é uma das primeiras a rever as teses consagradas sobre a história da urbanização de São

Luiza Marcílio. Nele, a historiadora lançou mão da demografia histórica para estudar a dinâmica da população, bem como da cidade de São Paulo, entre a segunda metade do século XVIIII e a primeira metade da centúria seguinte. Utilizando como fontes documentais os recenseamentos e registros paroquiais, ela buscou se opor à tese que defende uma estagnação, a qual teria ocorrido no território paulistano até a ascensão da lavoura do café, tanto do ponto de vista populacional, quanto econômico. A análise destes documentos permitiu à autora demonstrar que o século XVIII foi marcado por um crescimento demográfico contínuo. Isso porque a cidade se apresentava como um importante pólo comercial, atraindo indivíduos de diversas procedências, inclusive reinóis, que para lá convergiam em busca de trabalho e enriquecimento, como se poderá ver posteriormente. A despeito de Maria Luiza Marcílio constatar essa dinâmica para o núcleo urbano, ela também revelou a importância das adjacências do famoso 'triângulo' paulistano. *A cidade de São Paulo: povoamento e população 1750-1850*. São Paulo: Edusp, 1974.

Paulo. Já no começo do livro, Janice Theodoro direciona seu estudo contra uma historiografia marcada por esquemas explicativos estruturais.[21] Para tanto, ela reposiciona as balizas cronológicas comumente utilizadas, voltando-se para o setecentismo. Segundo a autora,

> as transformações econômico-sociais ocorridas ao longo do século XVIII criaram condições para que a cidade de São Paulo pudesse defrontar-se com as questões especificamente urbanas. São Paulo não era apenas mais um posto avançado a serviço dos interesses portugueses. Para além desse papel inicial, havia-se estruturado um sistema econômico próprio, ainda que precário.[22]

Estabelecendo, na época, um novo olhar para uma fonte muito visitada pelos historiadores da colônia, as *Atas da Câmara Municipal*, a autora acompanha a atuação de diversos discursos na configuração do espaço urbano, bem como sua relação com o projeto colonizador da metrópole. Os esforços que envolviam a montagem de uma rede de infraestrutura na cidade, na qual estavam incluídos o abastecimento alimentar, são vistos como indicativos de uma concepção de urbanidade já presente em São Paulo.

De acordo com a autora, o final do século XVIII é um momento extremamente importante para a história desta cidade. Tal como outros representantes da historiografia colonial vieram depois chamar atenção, Janice Theodoro

21 Janice Theodoro da Silva. São Paulo, 1554-1880: discurso ideológico e organização espacial. São Paulo: Moderna, 1984, p. 9.

22 *Idem*, p. 108.

identifica um crescente processo de mercantilização do núcleo de Piratininga. A estruturação de uma rede comercial é inferida a partir das constantes ações da Câmara, visando estabelecer a conservação de suas estradas e pontes. A função da cidade como um entreposto de redistribuição foi se tornando mais intensa ao longo do período estudado. Em função disso, importa destacar que a crescente circulação de mercadorias em direção à cidade indica a existência de certo dinamismo urbano que, embora diferente dos padrões posteriores, não deixou de trazer, de acordo com nossa perspectiva, novidades em termos de práticas alimentares, como veremos ao longo deste livro.

Outra historiadora, que trouxe contribuições para o estudo tanto da sociedade quanto de alimentação paulistana, é Ilana Blaj. Na sua tese de doutorado, *A trama das tensões – o processo de mercantilização de São Paulo colonial* (1995), ela desenvolveu um trabalho pioneiro sobre o dinamismo interno da vila de São Paulo, em fins do século XVII e início do XVIII, ao questionar a ideia tão recorrente de pobreza e precariedade econômica de São Paulo. Através de uma leitura a contrapelo da documentação da Câmara Municipal, Ilana Blaj mostrou como as tensões ocorridas em torno do abastecimento de gêneros alimentícios – os reclamos contra a carestia ou mesmo contra a falta de víveres – eram indicativas de toda uma produção de alimentos que não estava voltada apenas para a subsistência local.[23] A partir

23 Um ano antes da publicação da tese de Ilana Blaj, não podemos deixar de mencionar, houve o lançamento do livro de *Negros da terra*, de John Manuel Monteiro. Nele, o autor apresenta uma reavaliação das ideias sobre a economia paulista, como também sobre o papel que o indígena assumia nesta sociedade. De acor-

disso, Ilana Blaj faz um trabalho de revisão historiográfica ao mostrar como a região vivia, já desde meados dos seiscentos, a experiência de uma agricultura voltada para o comércio. De acordo com suas palavras:

---

do com o historiador, as expedições rumo ao sertão no século XVII possibilitavam o acesso à mão de obra indígena, fundamental para a lavoura de alimentos. Entretanto, os cativos eram levados ao planalto, visando não só a produção, mas também o transporte de excedentes agrícolas para outras partes da colônia. Portanto, a ideia de que a agricultura da região não se restringiria à mera subsistência, embora trabalhada para um período anterior ao recorte de nosso trabalho, nos ajudou a dimensionar melhor a dinâmica envolvida desde a produção e circulação até o consumo dos gêneros alimentícios. John Manuel Monteiro. *Negros da terra: índios e bandeirantes nas origens de São Paulo*. São Paulo: Companhia das Letras, 1994. Pioneiros em suas análises, tanto o trabalho de John Monteiro, como o de Ilana Blaj e de Maria Luiza Marcílio, possibilitaram o surgimento de uma perspectiva de estudos renovada sobre o passado colonial paulistano. Entre tais estudos, que seguiram os caminhos trilhados por esses autores, podemos citar: os de Milena Fernandes Maranho, *A opulência relativizada: níveis de vida em São Paulo do século XVII (1648-1682)*. Bauru: EDUSC, 2010 e *O moinho e o engenho*: São Paulo e Pernambuco em diferentes contextos *e atribuições no Império Colonial Português 1580-1720*. Tese de doutorado. FFLCH-USP, São Paulo, 2006; o de Marcelo Bressanin. *A cidade entre as colinas: o olhar ilustrado e as paisagens urbanas paulistas, 1765-1822*. Dissertação de Mestrado. IFCH-UNICAMP, Campinas, 2002; o de Ana Paula Médicci. *Entre a "decadência" e o "florescimento": a capitania de São Paulo na interpretação de memorialistas e autoridades públicas (1782-1822)*. Dissertação de Mestrado.FFLCH-USP, São Paulo, 2005; bem como o de Renato de Mattos. *Política, administração e negócios: a capitania de São Paulo e sua inserção nas relações mercantis do Império português, 1780/1808*. Dissertação de Mestrado. FFLCH-USP, São Paulo, 2009.

> a mercantilização crescente da vila paulistana e de seu termo, a preocupação com a conservação dos caminhos, a incorporação dos bairros, a concessão de monopólios de comércio são indicativos de toda uma dinâmica interna que denota também o desenvolvimento de um padrão de consumo por parte da população local.[24]

É interessante perceber que, mesmo abarcando um período anterior ao da nossa pesquisa, as contribuições de sua obra nos são de extrema relevância, pois apontam para a existência de uma dinâmica socioeconômica na urbe paulistana. Tal dinâmica teria repercutido em uma circulação maior de mercadorias e pessoas pelos diferentes espaços da cidade, processo que afetaria a alimentação, como veremos a seguir. Desta forma, Ilana Blaj, ao estudar a organização do abastecimento citadino, por meio de fontes seriais, não deixa de lançar mão de uma abordagem muito recorrente no âmbito da história da alimentação.

Nesse contexto, a historiadora aponta a integração das atividades produtivas dos bairros rurais com o comércio do núcleo mais urbanizado. Era o produto dessas atividades que as autoridades locais se empenhavam, a despeito de uma série de outros interesses, em fazer chegar ao mercado da cidade, tendo em vista garantir à população paulistana uma provisão alimentar segura e a preços justos.

Seguindo as trilhas abertas por Ilana Blaj, Denise Soares de Moura também tangencia o problema da alimentação em sua tese de doutorado, *Sociedade movediça:*

24 Ilana Blaj. *op. cit,*. p. 182.

economia, cultura e relações sociais em São Paulo (1808-1850), defendida em 2002.[25] Buscando desmistificar a ideia de que a região seria um núcleo pacato e introvertido até meados do século XIX, Denise Soares de Moura mostra, em diálogo com outros autores já citados, que a dinamização remontaria ao século XVII, intensificando-se a partir da segunda metade do século seguinte, e estaria intimamente relacionada com a mercantilização da economia de abastecimento, responsável por integrá-la ao circuito comercial inter-capitanias.[26]

Segundo esta historiadora, para entender tal vitalidade econômica, era necessário atentar-se aos dois ramos da atividade mercantil pungentes na cidade. De um lado, ao comércio de gêneros 'graúdos', ligado não só à venda dos gêneros alimentícios e criações locais, mas também à revenda de produtos trazidos de fora. De outro, às atividades que ela denominou como "economia dos trocados", baseada no comércio de pequena monta, no qual os alimentos teriam uma importância capital. Tal ramo de atividade seria responsável:

> Pela geração de recursos monetários que se concentravam no bolso dos aventais das quitandeiras, na algibeira dos pequenos plantadores, criadores e artífices dos negócios de tropas, nas gavetas das estalagens, pousadas

25 Denise Soares de Moura. *Sociedade movediça: economia, cultura e relações sociais em São Paulo (1808-1850)*. São Paulo: Editora da Unesp, 2005.

26 *Idem* p. 38.

> e vendas, nos cantos sigilosos das moradias de senhores e senhoras de pastos.[27]

Nesse contexto, a historiadora destaca a importância desse setor para a intensificação da vida econômica e social de São Paulo, inserindo, desta forma, a alimentação como um dos componentes de sua dinamização. De acordo com Denise Soares de Moura, esse fenômeno deve ser buscado na intensa movimentação das ruas, bem como,

> no funcionamento de uma microeconomia de retaguarda ao transporte e ao comércio de açúcar, dos alimentos e ao negócio com animais. Desconsiderar tais questões faz com que a capital seja vista apenas como vila abandonada e abatida, paralisada econômica e socialmente, principalmente quando comparada a outros municípios da própria capitania e as capitais de outras províncias.[28]

Assim como Ilana Blaj, embora Denise Soares de Moura não esteja trabalhando diretamente com história da alimentação, sua pesquisa não deixa de dialogar com uma abordagem muito recorrente neste campo, que se encontra atrelada às questões econômicas, notadamente àquelas referentes à produção e distribuição alimentar. Ou seja, sua análise elucida como as transformações, neste perímetro, têm relação com o surgimento de novas modalidades de comércio, ligadas à alimentação de rua.

27 *Ibidem* p. 46.

28 *Loc. cit.*

Outro trabalho, que nos trouxe aportes para pensarmos a problemática de nossa pesquisa, é *Paradigma do caos ou cidade da conversão? A cidade colonial na América Portuguesa e o caso de São Paulo na administração do Morgado de Mateus* de Amilcar Torrão Filho.[29] Fruto de um mestrado, defendido em 2004, essa obra objetivou rever algumas visões, ainda cristalizadas na historiografia, sobre a cidade colonial, a partir do caso de São Paulo.[30] Para ele, muitas dessas imagens usadas para descrever a sociedade do planalto têm relação com o uso de padrões do urbanismo oitocentista, cujo traço marcante é a defesa da existência de uma grande ruptura entre a cidade colonial e o surgimento da metrópole.[31] De acordo com Amilcar Torrão, os

29 Amilcar Torrão Filho. *op. cit.*

30 Entre as visões, ele destaca: "a pobreza da vila, depois cidade, a dispersão da população, o bandeirismo, o isolamento do núcleo piratingano, o que teria favorecido o aparecimento de uma cultura própria, a inexistência de um planejamento, ou melhor, de uma racionalidade urbana na política colonial portuguesa, a 'espontaneidade na formação da cidade". *Idem* p. 18.

31 Deve-se ressaltar que, além de Amilcar Torrão, outra autora que permite questionar o uso de padrões de análise pré-determinados para o estudo da cidade paulistana é Ana Edite Montoia em sua dissertação de mestrado: *Espaço urbano e política: São Paulo no século XIX*, defendida em 1990, na UNICAMP. Neste trabalho, ela levantou as representações construídas *sobre* e *na* cidade de São Paulo no período do Oitocentos, contextualizando-as num âmbito de elaboração de um projeto político moderno para as cidades brasileiras. Desta forma, Ana Edite Montoia apresenta a questão da urbanidade em outros termos, propondo uma leitura onde a "(...) constituição do espaço urbano não supõe um tempo linear, nem a cronologia ou a estatística ainda se converteram

autores que compartilham deste mesmo viés de pesquisa tendem a analisar a cidade apenas em termos do que ela se tornaria posteriormente "de maneira teleológica e anacrônica, o que reforça os estereótipos da "vila medíocre", miserável e sem importância (...)."[32]

Ao contrário dessa interpretação, o historiador acredita que teria perdurado, por muito tempo na cidade, a convivência entre estas duas categorias – velho/novo – que, de maneira metafórica, poderiam remeter à relação entre o modo de vida agrário e urbano, respectivamente. Segundo sua perspectiva, buscar no período colonial uma suprema-

em paradigmas de explicação histórica." *Cidade e política: São Paulo no século XIX*. Dissertação de Mestrado. IFCH-UNICAMP, Campinas,1990. Como o foco de sua análise não é a busca de "paradigmas definidores da urbanidade", típicos do XIX, ela não se preocupa em estudar a edificação da malha urbana, muito menos as transformações do meio em seus aspectos técnicos e materiais, mas sim a cidade como palco da formação política moderna. Em linhas gerais, a autora acaba trazendo subsídios para pensarmos o surgimento do próprio conceito de urbano para a capital paulistana e como ele foi gestado. Não só o seu trabalho, como o de Amilcar Torrão, insere-se no contexto de produção acadêmica vinculada ao surgimento de grupos de pesquisa e linhas de pós-graduação, cujo objetivo maior tem sido apresentar novas abordagens para o estudo das cidades. Tais abordagens são discutidas nos trabalhos de Maria Stella Bresciani, "Permanência e ruptura nos estudos da cidade." *in* Ana Fernandes Marco Aurélio de Filgueiras Gomes (org.). *Cidade e história: modernização das cidades brasileiras nos séculos XIX e XX*. Salvador: FAU-UFBA, 1992, p.11-26. e "As sete portas da cidade". *Espaço & Debates*. vol. 34, p.10-15, 1991, além do já citado artigo de Marisa Varanda Teixeira Carpintéro e Josianne Cerasoli.

32 Amilcar Torrão Filho. *op. cit.*, p. 19.

cia do rural sobre o urbano seria uma atitude equivocada, já que a própria separação entre esses dois espaços, tal como conhecemos hoje, seria um fenômeno posterior.[33]

Com base nisso, Amilcar Torrão aborda as conexões comerciais entre a área central da cidade e os seus arredores, bem como questiona o negligenciamento dessa questão por parte da historiografia sobre a urbanização. Esse argumento é de extrema importância para nossa pesquisa, pois endossa, ao ser influenciado pela historiografia já citada sobre a mercantilização de São Paulo, as potencialidades do circuito comercial desenvolvido entre a capital e seus arredores, responsável pelo estabelecimento, na cidade, de uma elite comerciante muito atuante. É importante ressaltar que, através da discussão de aspectos relativos à organização espacial, política e econômica de São Paulo, o autor nos permite pensar que a capital paulistana já tinha condições que permitiam o surgimento de novos hábitos alimentares, ligados, por exemplo, à uma ideia de sociabilidade, muito antes do cenário de efervescência da segunda metade do século XIX. Além disso, seu trabalho permite pensar a história da cidade de São Paulo sob outros termos, despindo-nos dos modelos prévios, pautados, muitas vezes, em leituras macroeconômicas do passado e que pouco contribuíram para o estudo das formas de produção e consumo de alimentos nas ruas da capital paulistana.

Já Maria Aparecida Borrego, em *A teia mercantil: negócios e poder em São Paulo colonial (1711-1765)*, em sua tese de doutorado de 2006, traz um estudo que, através da

33 *Idem* p. 239.

perspectiva de suas atividades comerciais e dos agentes nelas envolvidos, desvela o surgimento de novas formas de produção e consumo de alimentos em São Paulo. Ao reconstruir a trajetória dos homens de negócio, a autora demonstra, por meio de uma nova perspectiva de análise, como São Paulo se apresentava no setecentismo enquanto um importante pólo cada vez mais integrado aos circuitos comerciais do Atlântico Sul.

Em virtude disso, Maria Aparecida Borrego elucida a importância da produção e distribuição de mantimentos para a cidade. Trata-se, portanto, de mais um estudo que fornece subsídios para pensarmos a temática desenvolvida neste livro. Embora sua pesquisa dirija-se às atividades dos comerciantes de grosso trato – participantes do comércio transatlântico, exportando gêneros locais e importando produtos e manufaturas europeias – ela não se esquece, assim como Denise Soares de Moura, do pequeno comércio de alimentos, chamando atenção para o papel desempenhado por este setor no suprimento da população. Ainda neste sentido, segundo Maria Aparecida Borrego, tal economia de abastecimento esteve pautada, especialmente,

> na produção de alimentos para o consumo doméstico e para o mercado interno. E, mesmo após o crescimento da produção comercial de açúcar e café, a produção de gêneros comestíveis permaneceu como parte fundamental da economia, também associada a novas safras de exportação.[34]

34 Maria Aparecida Borrego. *A teia mercantil: negócios e poder em São Paulo colonial (1711-1765)*. São Paulo: Alameda, 2010., p. 225.

Desta forma, a análise de Maria Aparecida Borrego, ao tratar das atividades ligadas ao abastecimento alimentar, nos traz subsídios para pensarmos como este ramo de comércio pode ter se tornado uma atividade importante no universo urbano estudado, diversificando-se no mesmo ritmo da urbanização à qual, certamente, permaneceu ligado.

O extenso fluxo de pessoas e cargas nas ruas de São Paulo, mostrada pela historiadora, certamente criou as bases para o surgimento de novas formas de produção e consumo nos espaços públicos paulistanos, da mesma forma que o aumento da disponibilidade de serviços relacionados à alimentação de rua fazia circular mais pessoas e capitais na cidade. Ainda sobre as novas práticas de consumo, Maria Aparecida Borrego mostra que a cidade de São Paulo vivenciou a ascensão de um grupo social formado, particularmente, por indivíduos vindos do Reino, os quais se envolveram nas mais diversas lides do comércio e, como se verá adiante, foram responsáveis por uma série de transformações no universo alimentar paulistano.

Por fim, gostaríamos de mencionar nosso primeiro esforço em desenvolver um trabalho sobre a alimentação de São Paulo, com a pesquisa de mestrado de 2012: *A cultura alimentar paulista: uma civilização do milho? (1650-1750)*, publicada em livro dois anos depois. Nela, investigamos os hábitos alimentares dos habitantes do Planalto do Piratininga, no período compreendido entre a segunda metade do século XVII e a primeira do XVIII.[35] Para realizarmos tal tarefa, lançamos mão de uma abordagem muito recorrente no campo de pesquisa sobre alimenta-

35 Rafaela Basso. *op. cit.* 2014a.

ção, que é o estudo de um produto específico, centrando nossa atenção no milho. A partir de uma análise dos hábitos e técnicas envolvidos nos usos e processamentos deste produto, a ideia foi aprofundar nosso conhecimento em torno dos significados econômicos e culturais da chamada "civilização do milho" paulista, nos dizeres de Sérgio Buarque de Holanda.

Para tanto, foi estabelecido um estudo comparativo, tanto do ponto de vista econômico, quanto cultural, com outras espécies alimentares – cultivadas, comercializadas e consumidas na região –, entre as quais destacam-se, particularmente, o trigo e a mandioca. Pela análise da produção e do consumo de todos esses produtos conseguimos ver, através de uma nova perspectiva, São Paulo e sua dinâmica socioeconômica. A presença dos alimentos, por exemplo, no processo de mercantilização da econômia da região, demonstrou que, desde antes da ascensão da lavoura de cana de açúcar, São Paulo já estava se tornando um importante centro abastecedor na economia colonial.

Já no que tange à alimentação, tal trabalho ofereceu dados importantes para questionarmos as imagens de monotonia e pobreza construídas sobre este objeto, mostrando que havia muitas proximidades entre as bases alimentares dos paulistas com aquelas presentes nas demais partes da América Portuguesa. Não podemos deixar de considerar a contribuição dessas ideias para abordarmos, agora, o surgimento de novas formas de produção e consumo nas ruas da capital paulistana.

Como foi possível observar nas páginas acima, buscamos estabelecer um debate com diferentes trabalhos que tiveram como principal objeto de investigação a realidade de São Paulo, entre os séculos XVIII e XIX. Apesar deles partirem de problemáticas diferentes, a principal contribuição para o presente livro foi apresentar as transformações de São Paulo a partir de sua própria dinâmica socioeconômica. Ao procederem desta forma, estes estudos acabam por colocar em xeque algumas tópicas que marcaram a produção historiográfica no passado, entre as quais destacam-se a ideia de monotonia econômica e social. O peso exercido pelas muitas imagens cristalizadas sobre os debates formulados a respeito da cidade explica o motivo pelo qual, grande parte daqueles que abordaram em seus estudos a urbanização paulistana, as transformações do seu espaço público ou mesmo a emergência de novos hábitos alimentares, escolheram trabalhar com o período da segunda metade do século XIX.[36]

O fato de existirem poucos estudos centrados na alimentação paulistana enquanto objeto de investigação *per se*, não nos impediu de utilizarmos uma série de trabalhos, que abordaram tal fenômeno – mesmo de forma transversal – e contribuíram para a elaboração deste livro, seja focando nas questões relativas ao abastecimento urbano, seja nos agentes ou mesmo nos espaços de produção alimentar daquele tempo.

Por sua vez, a existência de uma perspectiva renovada de pequisas sobre a economia e a sociedade de São

36 Como exemplos, podemos citar os trabalhos de Denise Sant'Anna."Transformações das intolerâncias alimentares em São Paulo". *op. cit.*; Heloisa Barbuy. *A cidade-exposição. op. cit.*; Fraya Frehse. *O tempo das ruas na São Paulo de fins do Império*. São Paulo: Edusp, 2005 e o de Joana Monteleone. *Sabores urbanos. op. cit.*

Paulo não necessariamente pôs em xeque algumas imagens cristalizadas sobre sua alimentação e, não raro, esta ainda aparece, tal como mostrou Leila Mezan Algranti, associada à uma ideia de carência de recursos, escassez ou falta de diversidade alimentar.[37] No entanto, é importante salientar que nossa dissertação de mestrado procurou colocar em pauta essa discussão, mostrando que a alimentação paulista, no período colonial, pouco diferia daquela encontrada em outras regiões da América Lusa, sendo marcada por uma diversidade de produtos e práticas alimentares.[38]

A remanescência de qualquer dessas imagens compromete uma pesquisa que tenha a alimentação enquanto objeto, em especial, aquelas que almejam analisá-la em seus diferentes âmbitos espaciais, bem como suas transformações e permanências, tal como este livro buscou fazer. Seu estudo requer, portanto, a existência de certa

37 Leila Mezan Algranti. "À mesa com os paulistas." *op. cit.* p. 1.

38 A propósito disso, nossa dissertação indicou, por exemplo, que a mandioca: "parece nunca ter deixado de ser consumida entre os paulistas, o que nos permitiu concluir que não havia tanta diferença entre as bases alimentares dos paulistas e o restante dos moradores das demais partes da América Portuguesa. Outro aspecto que emergiu do exame das fontes históricas e que nos permite afirmar que a dieta básica dos paulistas pouco diferia daquela das demais regiões, foram os vestígios que apontaram para o consumo de trigo entre a população paulista. Através da análise das transações comerciais, no âmbito interno da vila, inferimos que até os menos abastados, em certas ocasiões, podiam fugir de sua dieta ordinária, consumindo o trigo, alimento que eles nem sempre tinham condições de comer cotidianamente". Rafaela Basso. *op. cit.* 2014a, p. 198.

dinâmica sobre o espaço urbano ao qual ela se vincula. Partindo dessa premissa, seria impossível estudá-la sem questionar uma visão de São Paulo monótona e pobre, sem gente nas ruas. Cabe perguntar agora: "Como é possível pensar em alimentação de rua, num contexto onde a própria concepção de rua parece, muitas vezes, se mostrar quimérica?" Não podemos esquecer que este é um objeto definido por uma relação de espacialidade, se não com o lócus da rua, ao menos com o espaço da cidade, no qual se incluem largos, praças e mercados, os quais apareceram neste trabalho não como cenários, mas como lugares onde se estruturam as ações dos grupos sociais envolvidos com os fenômenos alimentares.

A alimentação de rua só se legitima enquanto objeto, se olharmos para São Paulo desta maneira, trilhando os caminhos apontados pelas várias pesquisas acima apresentadas e, ao mesmo tempo, propondo uma nova perspectiva de análise. Tendo em vista sua natureza totalizante, a alimentação traz uma grande contribuição para o estudo da realidade paulistana, pois abarca várias facetas, sejam de natureza econômica, social ou cultural.

Tendo isso em vista, pretendemos, a partir de agora, compreender as mudanças pelas quais a cidade de São Paulo passou, entre fins do período colonial e início do Império, e sua relação com a alimentação. Ao abrirmos o leque da multilplicidade de manifestações presentes na alimentação, poderemos mostrar a própria dinamização da cidade de São Paulo sob este outro viés análitico. Nesse caso, abordaremos as redes de produção e circulação onde este objeto se circunscreve, acompanhando o trânsito rotineiro de pessoas e produtos pela cidade e seus arredores.

Produção e comercialização de gêneros alimentícios na cidade e seus arredores

Como foi possível observar na discussão acima, por meio de diferentes abordagens, vários pesquisadores têm mostrado que, desde antes da ascensão da lavoura de cana de açúcar, São Paulo já estava se tornando um importante centro abastecedor na economia da América Portuguesa. Já no século XVIII, a região:

> (...) não só deixou de ser simples área de fronteira e de passagem das tropas de abastecimento que impulsionavam a povoação do Rio de Janeiro e Minas Gerais, como inseriu-se cada vez mais nas redes de comércio interno à América portuguesa e tornou-se área de enraizamento de interesses ligados à produção e comércio de gêneros agrícolas e de gado.[39]

É para este contexto que dedicaremos nossa atenção e estudaremos as redes de produção montadas com o objetivo de suprir uma das necessidades mais básicas dos paulistanos: sua alimentação.[40] Isto porque os gêneros alimentícios produzidos nestes locais – nos quais es-

39 Ana Paula Médicci. *op. cit.*, p. 162.

40 Apesar do foco deste capítulo ser a rede produtiva destinada ao mercado urbano de São Paulo, não deixaremos de fazer, vez ou outra, referência às produções que extrapolavam aquele contexto, atingindo o comércio interprovincial e além dele. A produção e circulação de mercadorias para fora da cidade apontam para o crescimento econômico da região, que tinha

tão incluídas as bebidas – abasteciam diferentes setores do núcleo urbano, tanto o comércio ambulante, como aquele com espaço fixo para realização. À medida que sistematizamos as informações expressas na documentação de caráter administrativo, elas nos deixaram entrever dois momentos de desenvolvimento econômico e social da cidade e seu entorno. O primeiro envolve as décadas finais do século XVIII e a primeira do oitocentos, em que observamos o investimento na diversificação das pautas de produção e o alargamento de uma vasta rede de atividades comerciais na região. O segundo, por sua vez, tem a chegada da Corte portuguesa como um marco, compreendendo a transformação de São Paulo em um centro comercial de convergência de toda a província. Tal processo conduziu a um considerável aumento da sua população e garantiu à cidade uma nova dinâmica econômica e social.

Apesar de a historiografia renovada sobre São Paulo mostrar a presença deste dinamismo para um período bem anterior ao governo de D. Luís de Sousa Botelho Mourão, não podemos negligenciar o impacto de suas reformas na melhoria do tecido econômico e social desta cidade. Não por acaso, muitos autores que discutem as transformações na sociedade e na economia paulista adotaram o ano de 1765 como baliza cronológica inicial de trabalho, pois seria, a partir desta data, que a região se inseriu dentro de uma rede mais ampla do Império português.

Assim, antes de superestimar ou subestimar as atividades desenvolvidas pelo Morgado de Mateus à frente

---

amplo efeito sobre o padrão de consumo alimentar paulistano no final do século XVIII e início do XIX.

da capitania, ou mesmo dos governos que o sucederam, é necessário contextualizá-las dentro de uma política de manutenção e expansão dos domínios coloniais, preconizada pela metrópole. Em tal política, o núcleo paulistano ocuparia um lugar estratégico, pois já vivia, desde meados dos seiscentos, a experiência de uma agricultura voltada para o comércio.

A concentração de riquezas vinda do processo de mercantilização, já referenciada por Ilana Blaj, teria possibilitado que uma parcela da população, a partir da segunda metade do século XVIII, pudesse ter capital suficiente para investir no aumento da produção comercializável, especialmente, nos gêneros de exportação. Como nos mostra Pablo Mont-Serrath, a virada econômica, ocorrida a partir do governo do Morgado de Mateus, não teria sido a passagem de economia miserável para uma economia abastada. De fato, a grande mudança foi a passagem de uma economia voltada ao abastecimento interno para uma direcionada ao mercado externo.[41]

No entanto, para entender a integração da capitania nas redes de comércio atlântico, é necessário lembrar que, desde meados do setecentismo, a Coroa portuguesa vinha passando por problemas de ordem estrutural e econômica, como a diminuição da arrecadação fiscal, além da dificuldade de manter seus domínios no além-mar. O ano de 1750 marca o fim do reinado de D. João V e o rei que lhe sucedeu, D. José I, tinha em suas mãos uma grande

41 Pablo Oller Mont Serrath. *Dilemas e conflitos na São Paulo restaurada: formação e consolidação da agricultura exportadora.* (1765-1802). Dissertação de Mestrado. FFLCH-USP, São Paulo, 2007, p. 93.

responsabilidade: empreender um conjunto de reformas necessárias para modernizar o estado português.[42] Na verdade, a crise agravou-se com o declínio da mineração brasileira a partir de 1762. Fato este que exigiu a busca por novas fontes de rendimento, as quais deveriam ser encontradas na agricultura e nas possibilidades do comércio exterior. Nesse contexto, residiria o interesse da Coroa em empreender a restauração da capitania de São Paulo, já tão clamada pelos seus moradores.[43]

O restabelecimento de sua autonomia política objetivava promover uma diversificação das pautas de produção da região através do investimento em gêneros exportáveis, como o açúcar e outros produtos locais. Percebe-se que o Morgado de Mateus relacionava a mudança da lógica produtiva de São Paulo – voltada até aquele momento ao mercado interno – ao melhoramento de toda a rede de infraestrutura da capitania, na qual ele incluía melhorias, inclusive, no porto de Santos. De acordo com o capitão general, a integração com este porto contribuiria para animar economicamente as atividades produtivas, facilitando o seu escoamento para o mercado externo.[44]

42 Para tanto, convocou Sebastião José de Carvalho e Melo – o Marques de Pombal – que, enquanto seu principal ministro, teve a tarefa de pôr em prática uma série de medidas para fortalecer o estado e a economia portuguesa, sem deixar de lado os princípios da Ilustração, os quais circulavam por diversos estados absolutistas na época.

43 Lucas Jannoni Soares. *Presença dos homens livres pobres na sociedade colonial da América portuguesa – São Paulo (1765-1775).* Dissertação de Mestrado. FFLCH-USP, São Paulo, 2005,. p. 86.

44 Além disso, a Coroa vinha sofrendo localmente, há muito tempo, com problemas de evasão ou mesmo sonegação fiscal. A concen-

Não podemos esquecer que o Morgado de Mateus teve tempo de sobra para avaliar os benefícios de articular as atividades da capitania com esta cidade portuária, já que permaneceu por lá durante quase dois anos, antes de tomar a posse de seu cargo na capital. Foi ainda em Santos, que Dom Luís pôs em prática seu primeiro grande projeto enquanto governador: estabelecer o recenseamento da população.[45] Tal iniciativa ligava-se a um esforço maior da Coroa para conhecer não só as potencialidades econômicas disponíveis em seus territórios, como também os recursos humanos e militares que poderiam ser úteis na defesa de suas possessões no continente americano, especialmente, na região do centro-sul do continente.[46]

A destarte dos esforços do governo de Morgado de Mateus para fomentar a produção de gêneros exportáveis na capitania, no governo que o sucedeu – o de Martim Lopes Lobo de Saldanha – ainda é possível visualizar a preocupação das autoridades metropolitanas com esta questão. Já em seus primeiros dias, enquanto governador, ele recebeu uma correspondência do Marquês de Pombal, na qual este conclama a necessidade de se promover um aumento progressivo da produção, buscando gerar novas fontes de riqueza:

---

tração da saída dos gêneros por este local, que só foi levada a cabo por governos posteriores, evitaria ações deste tipo, contribuindo para a organização do sistema tributário da capitania.

45 Heloisa Liberalli Bellotto. *Autoridade e conflito no Brasil colonial: o governo do Morgado de Mateus em São Paulo (1765-1775)*. São Paulo: Conselho Estadual de Artes e Ciências Humanas, 1979, p. 88.

46 Carlos de Almeida Bacellar. "Para conhecer os súditos d'El Rey. As listas nominativas de habitantes nas terras do Brasil". *Revista Estudos Amazônicos*. vol. 9, n.1, p. 32-57, 2013, p. 32.

> Tanto o comércio interior como exterior dessa Capitania e navegação de longo curso, ou de Porto a Porto se não estão algum tanto abatidos é certo que são suscetíveis de algum aumento. Para se conseguir este fim é necessário promover e animar a agricultura e comércio interior ainda nos ramos mais miúdos, porque dai procede a maior produção do pais, e com ... navegação das sumacas que levam as produções da terra se com [....] tudo aos vizinhos se aumentarão muito as rendas do estado.[47]

Embora o governo anterior tenha se empenhado em averiguar as possibilidades para o desenvolvimento dos gêneros de exportação, é possível perceber, na análise deste documento, a tomada de consciência do Marquês de Pombal sobre a importância dos gêneros de subsistência para a melhoria da arrecadação da Coroa. Tal como a documentação nos mostra, sua política de fomento econômico preconizava ainda a concessão de privilégios de exclusividade para um grupo de comerciantes. Este grupo, ao atuar na capital, deveria investir, em contrapartida, recursos para promover as transformações no setor produtivo local, o que de fato ocorreu com o aumento da circulação das mercadorias estrangeiras e nacionais.[48]

47 "Correspondência de Martim Lopes Lobo de Saldanha (1774-1781)."*Documentos interessantes para a história e costumes de São Paulo.* vol. 43, p. 17-18.

48 Conforme observamos na análise da correspondência administrativa, os projetos para a região buscavam explorar as potencialidades de sua estrutura produtiva e comercial, através do cultivo de uma maior variedade dos gêneros de subsistência.

Dentro de uma política de integração da capitania nas redes de comércio atlântico, mereceu destaque, no horizonte de preocupações dos governadores, o melhoramento das estradas para o escoamento dos mantimentos e dos derivados da indústria da cana. Em especial, daquelas que perpassavam a cidade de São Paulo que, à época, vinha se tornando o centro de um amplo sistema produtivo, incluindo o planalto e o litoral. Ao que tudo indica, o cuidado com caminhos terrestres tinha um papel fundamental no desenvolvimento econômico da cidade. Como nos mostra Marcelo Bressanin, em 1765, sua jurisdição municipal já se estendia por um longo território que compreendia uma distância de até 78 km do núcleo urbanizado. De acordo com o autor, nessa área "espalhavam-se as paróquias ou freguesias da Sé, de Atibaia, de Juqueri, de Santo Amaro, de Cotia, e de Guarulhos, às quais estavam vinculadas pelo menos uma *companhia de ordenanças* – com exceção das freguesias de Santo Amaro e da Cidade (Paróquia da Sé)."[49]

Em 20 de novembro de 1798, por exemplo, o juiz e os vereadores da cidade de São Paulo receberam uma correspondência de Sua Majestade ordenando que as autoridades locais estabelecessem medidas para aumentar a riqueza produzida pelas terras: "Em primeiro lugar, a sua majestade ordena que se promova geralmente a agricultura com especialidade as produções mais próprias deste pais que ou são de primeira necessidade para a subsistência dos moradores ou tem uma infalível exportação para fora como a farinha de mandioca, gomas, arroz, café e algodão." *Registro Geral da Câmara Municipal de São Paulo*. São Paulo: Typographia Piratininga, vol. 12, 1920, p. 260.

49 Marcelo Bressanin. *op. cit.*, p. 80.

Ao longo dessa extensão territorial concentravam-se sítios e chácaras que direcionavam para o núcleo urbano não só os produtos de subsistência, mas também aqueles voltados ao comércio com outras províncias ou mesmo para o exterior. Embora nos remeteremos, ao longo deste trabalho, ao espaço urbano como local que congregava a área central da cidade, envolvendo, principalmente, a paroquia da Sé, não se pode esquecer que, no período em questão, a separação entre esse espaço e a área rural do chamado termo ainda não era tão rígida.

E isso, cabe notar, não apenas em São Paulo. Como nos mostra Louisa S. Hobermam, laços de diversas naturezas deixavam os habitantes do continente americano em um constante trânsito entre esses dois espaços. Não apenas os fazendeiros e senhores de engenho, com suas casas no campo e no meio urbano, como também "fornecedores de alimentos, animais e forragem, eram visitantes diários ou semanais da cidade. Pequenos mercadores, mascates, tropeiros e barqueiros, estudantes, oficiais públicos e clérigos todos se moviam um para outro em ritmo sazonal ou profissional."[50]

Em linhas gerais, a existência de uma relação dinâmica entre a área central e os bairros dispersos ao seu redor justifica a preocupação da Câmara com a manutenção desses caminhos, potencializada, a partir do início do século XIX, na medida em que a capitania demonstrava

---

50 Louisa S. Hoberman. "Conclusion" *in* Louisa Schell Hoberman; Susan Migden Socolow (ed) *Cities & society in colonial Latin America*. 3ª ed. Albuquerque: University of New Mexico, 1990, p. 327 *apud in* Amilcar Torrão Filho. *op. cit.*, p. 239.

indícios de intensificação de suas atividades econômicas por meio da comercialização de mantimentos, animais, açúcar e seus derivados, que percorriam um longo trajeto por via terrestre, quando não marítima, para chegar aos locais de destino.

A documentação dos *Maços de População*, referente ao período de nossa pesquisa, por exemplo, aponta para a dinamização, não só na área central da cidade, como também nos seus arredores, especialmente na passagem para o século XIX. As informações disponíveis neste corpo documental – tais como a ocupação de alguns habitantes arrolados no censo, o volume e a destinação dos gêneros comestíveis – nos forneceram pistas sobre a circulação de mercadorias, bem como as potencialidades de rendimento proporcionadas pelas unidades produtivas presentes nas diferentes configurações espaciais da cidade.

Não podemos esquecer que esses documentos estão associados com *Mapas de Exportação de São Paulo*, os quais trazem informações importantes sobre o destino e o valor dos produtos no comércio interno e aqueles que serviam para o comércio com outras províncias.[51] Para avaliar a

51 O conjunto documental dos *Mapas de Importação e Exportação de São Paulo* pode ser encontrado em duas coleções diferentes do Arquivo do Estado de São Paulo. Primeiramente, há alguns documentos avulsos sobre a cidade de São Paulo no fundo dos *Maços de População.* (1765-1834). Disponíveis *on-line* em: http://www.arquivoestado.sp.gov.br/viver/recenseando.php. Acesso 25/06/2016. Esse conjunto congrega alguns Mapas feitos entre 1798-1821. Além disso, eles integram, de maneira avulsa, a coleção denominada *Passaportes, requerimento, entradas e saídas das embarcações*. Cabe notar que esta coleção contempla um maior

relação entre a produção e a venda dos gêneros agrícolas, assim como seu papel no abastecimento urbano, analisamos os dados censitários dos *Maços* e também as informações esparsas presentes nos *Mapas*, abrangendo o período entre 1765 e 1834.[52] É importante destacar que, quanto a estes dois conjuntos documentais, não houve informações sobre as atividades produtivas para todos os anos estudados, pois, como nos chamou atenção Carlos de Almeida Bacellar, apesar das advertências enviadas pelas autoridades metropolitanas,

> os erros e falhas eram recorrentes. A simples consulta à longa série de listas nominativas

número de documentos em relação aos presentes nos *Maços*, ela diz respeito a um intervalo menor de tempo (1818-1821) e se restringe ao movimento no porto de Santos e não à cidade de São Paulo especificamente. Neste primeiro capítulo, faremos referência aos *Mapas de Exportação*, enquanto no último abordaremos, em maior medida, os de Importação, com o intuito de analisarmos as mudanças no consumo alimentar paulista.

52 A historiadora Leila Mezan Agranti, analisando alguns aspectos das práticas alimentares na cidade do Rio de Janeiro, no período dos vice-reis, oferece elementos para uma reflexão sobre o tipo de fontes documentais possíveis de serem utilizadas, bem como suas perspectivas de abordagem para a compreensão de como se organizava o abastecimento alimentar da cidade e que permitem reconstruir o que compunha a dieta básica dos habitantes, ou seja, o que potencialmente se comia naqueles tempos, e nesse sentido, foram de fundamental importância em nossas investigações. "Alimentação e cultura material no Rio de Janeiro dos vice-reis: diversidade de fontes e possibilidades de abordagens". *Vária História*. Belo Horizonte, vol. 32, n. 58, p. 21-51, 2016. p. 24.

> da Capitania de São Paulo permite detectar os problemas. Uma das deficiências mais facilmente observáveis é a diferença de qualidade entre as listas de cada companhia de ordenança de uma mesma vila. Embora levantadas sob a supervisão do capitão mor, as discrepâncias são notáveis.[53]

Feitas tais ressalvas, o caráter informativo desse conjunto é fundamental. Tomando-o como base, podemos afirmar que os esforços direcionados à melhoria do processo produtivo da capitania redundaram no aumento da agricultura desenvolvida nos entornos da cidade, isso sem contar, na ampliação de uma vasta rede de distribuição daí gerada, a qual ía muito além do mercado paulistano, atingindo outras regiões brasileiras ou mesmo estrangeiras. Apesar disso, nas páginas que se seguem, iremos nos centrar na análise das principais produções voltadas para abastecer o mercado da cidade de São Paulo e que marcavam presença nas diferentes modalidades de comércio de rua: a aguardente e os gêneros alimentares de primeira necessidade como o milho, o feijão, a farinha de mandioca e o arroz.

A amostragem consistiu na escolha de quatro recenseamentos, para os quais devotamos uma maior atenção, que são os de 1798, 1804, 1816 e 1822. A escolha dessas datas não foi arbitrária e o principal critério foi a qualidade dos dados fornecidos pelos recenseadores. Não podemos esquecer que as informações sobre as atividades econômicas desenvolvidas pelo domicílio só aparecem, de maneira sistemática na documentação, a partir dos anos finais

53 Carlos de Almeida Bacellar. *op. cit.*, p. 15-16.

da última década do setecentismo, quando elas se tornaram itens obrigatórios a serem informados para as autoridades. Primeiramente, nos remeteremos à produção do açúcar e seus derivados, particularmente a aguardente – artigo de consumo corrente na dieta urbana – para, em seguida, nos atermos aos mantimentos básicos destinados ao mercado paulistano.

Produção agrícola, subsistência urbana

Como veremos no decorrer das próximas páginas, era dos arredores da cidade que provinha a maior parte dos produtos constituintes da dieta básica de seus habitantes, a qual, no período, compunha-se de milho, arroz, feijão, farinhas, aguardente e carnes de boi e de porco.[54]

54 Em vários trabalhos de Leila Mezan Algranti visualizamos que o estudo da dieta cotidiana dos colonos da América Portuguesa está no centro de seu interesse e a leitura de tais trabalhos nos permitiu apreender procedimentos metodológicos importantes para reconstruirmos algumas práticas alimentares dos habitantes de São Paulo. Especialmente se levarmos em conta a ideia defendida por esta historiadora e que também trabalhamos em nossa citada dissertação de mestrado de que não havia tanta diferença entre as bases alimentares dos paulistas e o restante dos moradores das demais localidades. Entre alguns destes trabalhos, citamos: Leila Mezan Algranti. "Refeições festivas e cotidianas em Portugal no século XVIII: as religiosas do convento de Nosso Senhora dos Remédios (Braga)". *in* Marta Mega de Andrade; Lise Fernanda Sedrez;William de Souza Martins. (org.) *Corpo: sujeito e objeto*. Rio de Janeiro: Ponteio Edições, 2012; "Dias gordos e dias magros: calendário religioso e práticas alimentares católicas em São Paulo e Rio de Janeiro (séculos XVIII e XIX)". *in* Bruno Feitler; Evergton

Isso significa que qualquer transformação econômica que afetava os processos de produção e distribuição alimentares na cidade tinha influência nesse âmbito. A aguardente, como observaremos, era um produto consumido por representantes de todas as classes sociais, especialmente entre os mais humildes.[55] É interessante perceber que, em nossa pesquisa nos *Maços*, grande parte dos indícios encontrados sobre o cultivo da cana de açúcar, ao longo da época que aqui privilegiamos, estava relacionada à indústria desta bebida.

Alguns fatores podem ser elencados para explicar tal fato. Em primeiro lugar, a indústria da aguardente

Sales Souza. (org.) *A Igreja no Brasil: normas e práticas durante a vigência das Constituições Primeiras do Arcebispado da Bahia*. São Paulo: Editora Unifesp, 2011. Leila Mezan Algranti. "A botica colonial: apontamentos sobre saúde e alimentação na América portuguesa (séculos XVI-XVIII)". Texto submetido e aceito para integrar a coletânea Mesas Luso-Brasileiras" que reúne alguns dos trabalhos apresentados no III Colóquio Luso-Brasileiro de História e Culturas da Alimentação, ocorrido na Faculdade de Letras da Universidade de Coimbra, em 2015 (no prelo, texto cedido pela autora).

55 Como nos mostra ainda Leila Mezan Algranti, o consumo generalizado pode ser explicado por vários motivos. Segundo a historiadora: "É claro que devia ser apreciada pelos efeitos próprios das bebidas espirituosas, mas não se pode ignorar o nível calórico existente nas bebidas alcoólicas e a importância que esse fator devia assumir em dietas pobres e insatisfatórias, como era a dos escravos." "Aguardente de cana e outras aguardentes: por uma história da produção e do consumo de licores na América portuguesa". *in* Renato Pinto Venâncio; Henrique Carneiro. Álcool e drogas na história do *Brasil*. São Paulo: Alameda; Belo Horizonte: Editora PucMinas, 2005, p. 85.

era bem menos dispendiosa do que a do açúcar, pois requeria instalações mais simples e menos investimento em tecnologia. Isso se adequava, como nos mostra Denise Soares de Moura, às possibilidades das unidades produtivas das freguesias de São Paulo, menos extensas territorialmente e com uma disponibilidade menor de mão de obra escravizada, se comparadas àquelas presentes nas fazendas do afamado quadrilátero do açúcar, na qual se incluíam as regiões de Sorocaba, Piracicaba, Mogi Guaçu e Jundiaí.[56]

Ao envolver menor investimento de capital, a produção de aguardente se apresentava como uma atividade atraente, em termos de custos e benefícios, para os agricultores que circundavam o núcleo paulistano. Não podemos esquecer que, em comparação ao açúcar, a cachaça recebia menos taxações para chegar ao mercado citadino. Incidia sobre ela apenas o imposto do subsídio literário, cuja cobrança era feita de maneira irregular e não envolvia um valor muito alto, variando entre 140 a 160 réis sobre cada canada vendida. O açúcar, por sua vez, por começar a se firmar como principal gênero de exportação no período, além de ter seu valor onerado pelos impostos, também sofria com as flutuações dos preços do mercado europeu, apresentando-se como um gênero de luxo para a maioria da população de São Paulo.[57]

56 Denise Soares de Moura. *op. cit.*, 2012 p. 91.

57 Embora reconheçamos que parte considerável do açúcar produzido em São Paulo destinava-se às outras regiões da América Portuguesa, inclusive ao ultramar, não é possível negligenciar a existência, mesmo que diminuta, de um comércio em esfera

Por outro lado, a aguardente – bebida muito popular na época – era, como veremos adiante, muito apreciada pelos paulistanos, tendo um amplo e seguro mercado consumidor não só dentro, como fora dos limites da cidade. O memorialista Francisco de Assis Vieira Bueno, comparando-a com o vinho, foi enfático ao afirmar o apreço que essa bebida possuía entre as gentes de São Paulo: "O vinho era bom e barato, mas a mor parte das gentes gostava mais da branca, sobretudo da caninha do Ó, apreciada até por muitos graúdos."[58]

Tais fatores explicam o porquê da aguardente ter se adequado bem à realidade produtiva em questão e ter seu consumo generalizado entre os homens de várias condições sociais na cidade de outrora. A partir da década de 1790, foi possível observar sua produção nas freguesias de Nossa Senhora do Ó e Santana, onde se concentrava a maior parte das propriedades agrícolas do município. Tal realidade se estendeu por todo o período analisado, com destaque, para a produção da primeira localidade. Por conta disso, embora nos remeteremos, eventualmente, a outros bairros da cidade, achamos interessante concentrar uma análise na produção feita na Freguesia do Ó.

Assim, no ano de 1798, por exemplo, observamos que, entre os 132 fogos recenseados nesta localidade, 85 declararam exercer atividades produtivas relacionadas à aguardente, o que contabilizava quase 65% do total da-

local, voltado para atender à demanda do consumo doméstico dos habitantes da região, como veremos nos capítulos seguintes.

58 Francisco de Assis Vieira Bueno. "A cidade de São Paulo." *Revista do Centro de Ciências Letras e Artes de Campinas*, n. 3, 1903, p. 23.

queles domicílios. Pela análise dos dados, foi possível perceber que essa produção ganhou destaque entre os moradores dos arredores da cidade, sendo na verdade o único gênero, nesta documentação, sobre o qual temos indícios de uma orientação comercial na passagem do XVIII para o XIX. Ela pode ser apreendida pela própria descrição das quantidades e valores das canadas de aguardente 'vendidas na cidade'. Chama também atenção o fato desta produção ser a única arrolada com os valores monetários. Nesse ano, o cruzamento destas informações com aquelas fornecidas pelos *Mapas de Exportação* nos permite perceber que o total das 4000 canadas produzidas foi direcionado ao mercado citadino, onde abasteceria os locais especializados em vender alimentos e bebidas à população.[59]

Hipótese esta que confirmarmos pela baixa quantidade das canadas produzidas por cada fogo. Uma das poucas exceções foi Luís Siqueira, que declarou ter feito 100 canadas de aguardente em sua propriedade.[60] Além dessa produção, o agricultor afirmava ter colhido 80 alqueires de milho e 16 alqueires de feijão. Seu caso é um exemplo de como se organizou grande parte do setor produtivo dos arredores da cidade: a associação de uma pequena indústria doméstica de cana com o cultivo de gêneros de primeira necessidade.

Tal convivência, como os depoimentos dos viajantes da época podem indicar, se disseminou nas freguesias paulistanas onde seus moradores organizaram sua lida

59 *Mapas de Exportação dos produtos da cidade de São Paulo. in Maços de População* (1798). *op. cit.*

60 *Maços de População.* (1798) *op. cit.*, p. 5.

agrária através do sistema de rotação das culturas. Desta forma, relata Luiz D'Alincourt, em 1818, que os habitantes "cultivam a cana de açúcar para extraírem aguardente, o que forma o principal ramo do seu negócio, colhem café, mandioca, algodão, plantam milho, e legumes, quanto bastem para o consumo."[61] Tais práticas foram comuns em vários lugares da colônia portuguesa e não apenas em São Paulo. Maria Graham, por exemplo, traz indícios das atividades agrícolas observadas em sua viagem ao Brasil. Nas proximidades de São Paulo, ela observou:

> As canas de açúcar são plantadas aqui durante os meses de março, abril, maio e mesmo junho e julho. Nas filas entre elas plantam-se pés de milho e de feijão, cujo cultivo é favorável à cana de açúcar. O feijão é colhido primeiro, quando o solo é mondado, limpo e afrouxado em torno das raízes das canas, em seguida, é arrancado o milho, fazendo-se nova mondação e limpeza. Só depois disso o açúcar está bastante alto para ensombrar o terreno e evitar o nascimento de ervas más.[62]

O plantio da cana-de-açúcar, associado com um, dois ou mais gêneros alimentares, contribuiria para a otimização do espaço e para a economia dos produtores. Ainda

---

61 Luiz D'Alincourt. *Memória sobre a viagem do porto de Santos à cidade de Cuiabá*. (1818) Belo Horizonte; São Paulo; Itatiaia: Edusp, 1975, p. 44.

62 Maria Graham. Diário *de uma* viagem *ao* Brasil *e de uma estada nesse país durante parte dos anos 1821,1822 e 1823*. São Paulo: Companhia Editora Nacional, 1956, p. 314.

em relação ao investimento, os dados que dispomos sugerem que a fabricação desta bebida não envolvia uma grande aplicação de capital. Isto porque as propriedades, que dela se ocupavam, não possuíam muitos escravizados – uma média menor de 10 por domicílio – destacando-se apenas alguns casos, como o do Capitão Francisco Monteiro de Gouvêa que, na época deste recenseamento, declarou a posse de 41. Este número justifica a quantidade de 120 canadas feitas em sua fazenda.[63]

Apesar de a produção estar concentrada nos arredores da cidade, é significativo que alguns moradores da região central podiam ter, nos municípios vizinhos, engenhos que produziam aguardente e açúcar para exportação. Esse parece ter sido o caso de José Francisco Sales, o qual, no ano de 1802, declarou ter uma propriedade no distrito de São Carlos, onde fabricava açúcar e aguardente.[64] Ainda de acordo com os censos, no núcleo urbano de São Paulo, moravam muitas pessoas envolvidas nas atividades lucrativas da indústria do açúcar.[65]

Já no ano de 1804, por exemplo, a análise dos *Maços de População*, nos apontou uma diminuição dos domicílios que declararam abertamente produzir aguardente.[66] O que

63 Cabe notar que o tamanho de sua escravaria tinha a ver com o fato do capitão também exercer negócios com mineração, como ele declarou no censo daquele ano.

64 *Maços de População.* (1802) *op. cit.*, p. 2.

65 Na região mais central da cidade, também era frequente a presença de homens que viviam de "vender açúcar por comissão". *Idem*, p. 81.

66 Em um total de 163 fogos avaliados na freguesia do Ó, 59 declaravam exercer atividades relativas à esta indústria, o que corresponderia a 36 % do total. *Maços de População.*(1804) *op. cit.*

não necessariamente significa uma diminuição de seu volume produtivo, como se verá adiante. De antemão, chamou atenção que, neste período, a denominação "senhores de engenho" já aparecia na documentação, bem como agricultores, declarando "ter feito canadas de aguardente". Embora, em um primeiro momento, podemos nos precipitar e achar que esta diferença na denominação tem relação com uma possível especialização da produção dos primeiros em relação aos segundos – tal como acontecia nas grandes propriedades escravistas do interior da capitania –, esta suposição logo cai por terra ao nos atentarmos que os homens denominados senhores de engenho também produziam gêneros de subsistência ou vice-versa.

Diante desse quadro, cabe a pergunta: "No que consistiria tal diferença?" O volume da produção contribuiria para esta nomenclatura, o que, por si só, não justificaria a diferença, pois é possível perceber senhores de engenho com produções baixas, ao passo que os agricultores eventualmente apareciam com níveis altos. Uma provável explicação é que o senhor de engenho poderia ter em sua propriedade a tecnologia usada no processamento da aguardente, enquanto o agricultor precisaria moer a sua produção em engenhos de terceiros. À medida que sistematizávamos informações expressas neste corpo documental, elas deixavam transparecer outro dado que poderia influir nessa diferença: a disponibilidade de mão de obra.

Ao estabelecermos uma comparação com o período anterior, vislumbra-se um aumento significativo das canadas produzidas por domicílio, o que certamente estaria ligado ao aumento de sua demanda no mercado paulistano. No ano de 1804, a freguesia contava com 12 domicílios produzindo mais de 50 canadas de aguardente, praticamente o dobro da quantidade da nossa amostragem anterior. Dados extraídos desses documentos expõem o aumento do número de pessoas escravizadas nas unidades produtivas. Se no final dos setecentos, apenas 57% das pessoas envolvidas com a produção de cana relatam possuíam escravos, no ano de 1804 esse número subiu para mais de 80%. Isso sem contar, é claro, o aumento médio desta mão de obra por propriedade.

No entanto, tal quadro parece não ter repercutido na destinação direta desta produção para o mercado externo, pois, ao analisarmos o mapa de exportações da cidade no ano de 1803 – o mais próximo que temos deste período –, notamos que toda a aguardente foi absorvida no mercado local. Embora isso não quer dizer, como veremos mais adiante, que a partir dali esse produto não conseguisse atingir os circuitos mercantis mais distantes, como de fato ocorreu no transcurso do século XIX, como os *Mapas de Exportação* do porto de Santos indicam.[67]

Já os *Maços de População* de 1816 e 1822, por sua vez, apontam uma diminuição na quantidade de produtores da freguesia envolvidos no fabrico da aguardente. Na primeira data, do total de 128 fogos arrolados no recenseamento, apenas 21 (16%) declararam ter atividades relacionadas à produção desta bebida. Quanto à segunda,

67 Em setembro de 1819, por exemplo, encontramos saindo da província de São Paulo, via Porto de Santos, um alto volume de aguardente com destino à cidade de Lisboa, embora em virtude da falta de registros detalhados, não podemos saber exatamente, de que cidade provinha essa produção. *Mapa de Importação e exportação do porto de Santos. in Passaportes, requerimentos, entradas e saídas de embarcações.* Ordem 321 (1819) *op. cit.*

notamos uma queda ainda maior do número de pessoas envolvidas na produção. Dos 134 fogos recenseados, apenas 14 unidades declararam fabricar aguardente. Além disso, percebe-se uma diminuição no volume da produção, apesar de alguns indivíduos terem mantido em alta seus índices, como é o caso do já citado Luiz de Siqueira ou do capitão general e ex-governador, Antonio José da Franca e Horta, que declarou ter fabricado em 1816, 80 canadas de aguardente. Ao que tudo indica, a produção continuou alta apenas entre aqueles domicílios onde a posse de pessoas negras escravizadas permitiu um maior alcance do mercado. É interessante que, mesmo nestes casos, não havia especialização em apenas um gênero, pois tais indivíduos exerciam concomitantemente outras atividades, como foi o caso do capitão-general.

Ao analisarmos estes dados, podemos propor, tal como Denise Soares de Moura nos indicou, que a região dos arredores de São Paulo manteve, em termos gerais, entre o final do século XVIII e o início do XIX, uma indústria de aguardente em pequena escala, realizada em propriedades com baixo contingente de cativos, cuja produção era distribuída no mercado urbano. No entanto, no período em questão, também foi possível visualizar, nos *Maços de População*, a presença de uma crescente estratificação da produção, circunscrita nas mãos de alguns poucos proprietários. Tais indivíduos possuíam em suas fazendas uma quantidade significativa de pessoas escravizadas, os quais lhes permitiam aumentar e diversificar suas atividades e se inserir no circuito comercial interprovincial a partir de Santos.

Neste sentido, os dados extraídos dos *Maços* também nos mostram que a criação de animais vacuns e cavalares integrava uma ampla rede de abastecimento e era comum entre os fazendeiros das redondezas. Tais animais, além de serem destinados ao comércio na cidade de São Paulo, especialmente ao mercado das Casinhas, – sobre o qual falaremos mais adiante – eram utilizados na própria indústria do beneficiamento da cana, movimentando os equipamentos ou transportando os gêneros fabricados nos sítios e engenhos para os locais onde seriam vendidos.

Como veremos nos próximos capítulos, as potencialidades do mercado consumidor do núcleo urbano paulistano eram grandes. Resta mencionar que, nesse período, são recorrentes as menções, na documentação da Câmara Municipal, de aguardente vinda até mesmo de outras cidades para abastecê-lo.[68] Tal fato, para além de indicar problemas com a produção local, estaria ligado ao contexto inflacionário gerado pela comercialização desta bebida para fora da cidade, onde alcançava preços mais altos.

De acordo com Denise Soares de Moura, a produção das chácaras ao redor da cidade, muito além de abastecer o mercado local, poderia responder a "uma demanda pelo produto na parte sul do continente da América Portuguesa, estendendo-se até para os domínios hispânicos e para a Europa."[69] Isso se explica pelo fato de haver,

68 *Registro Geral da Câmara. op. cit.* vol. 13 p. 65; *Actas da Camara Municipal de São Paulo.* São Paulo: Typographia Piratininga, 1920, vol. 16. p. 459.

69 Denise Soares de Moura. *op. cit.* 2012, p. 75.

no período, uma clara separação entre aqueles responsáveis pela produção dos gêneros alimentícios e os indivíduos a cargo do seu comércio que, no caso da aguardente, eram conhecidos como negociantes-arrematadores.

Apesar do peso dado por alguns representantes da historiografia paulista à produção do açúcar e de seus derivados na integração da cidade de São Paulo a circuitos mercantis mais distantes,[70] parece que esta atividade nunca conseguiu depor o lugar ocupado pelos gêneros de primeira necessidade na estrutura produtiva da região, sobretudo, quando esta atingiu o mercado externo. Conforme nos mostram Francisco Vidal Luna e Herbert S. Klein,

> essa multiplicidade de cultivos foi uma característica comum a todas as zonas açucareiras da província. A monocultura – pelo menos para exportação – claramente não foi o padrão sequer para os grandes produtores escravistas de São Paulo, apesar de se caracterizarem como unidades de capital intensivo. Em nenhuma localidade de São Paulo encontramos as dominantes unidades monocultoras supostamente típicas das zonas açucareiras do Rio de Janeiro.[71]

Se essa foi uma realidade encontrada pelos autores até nas grandes propriedades monocultoras do interior da

70 Maria Theresa Petrone. *A lavoura canavieira em São Paulo. Expansão e declínio (1765-1888)*. São Paulo: Difusão Europeia do Livro, 1968.

71 Francisco Vidal Luna e Herbert Klein. *Evolução da sociedade escravista de* São Paulo de 1750 a 1850. São Paulo: Edusp, 2005, p. 67.

capitania, o que dizer daquela condizente aos pequenos e médios proprietários situados nas redondezas da capital? São numerosos os relatos de cronistas que a visitaram nas primeiras décadas do XIX e, que ao construírem imagens sobre a abundância dos gêneros alimentares, sugerem as potencialidades produtivas da região, tal como fez Gustavo Beyer, no ano de 1813:

> Os camponeses das proximidades da cidade tem por principal atividade a criação de galinhas e de porcos que em grande quantidade conduzem para a cidade. Abastecem o mercado também de uvas, ananases, pêssegos, goiabas, maças, peras, marmelos, e fruta do pinheiro da terra que assam e comem como castanhas. Legumes são produzidos com abundancia durante o ano todo: inhame, repolho, couve-flor, alcachofra, espinafre, aspargo, alface e muito agrião. Há batatas europeias, batata doce, ervilhas, melancias e toda espécie de feijões e cebolas e, além disso, encontram-se por pouco preço galinhas, gansos, pombas, marrecos e perus.[72]

72 Gustavo Beyer. *Viagem a São Paulo no verão de 1813*. 2ª ed. Campinas: PUC, Instituto de Ciências Humanas, 1992, p. 27 Auguste de Saint-Hilaire também chama atenção para a abundância das plantações nos arredores da cidade: "mesmo esta sendo uma das menos férteis de toda a província produz entretanto, em maior ou menor abundancia o arroz, o feijão, o milho, e a farinha de mandioca. Cultivam-se o chá, um pouco de café, de algodão e de fumo, além de diversos legumes e frutas. Faz-se também criação de bois, porcos, de burros, carneiros, e principalmente cavalos." Auguste de Saint-Hilaire. *Viagem a provín-*

Apesar desses relatos mostrarem a fertilidade e diversidade dos campos de Piratininga, podendo fornecer indícios do que os paulistanos potencialmente comiam, eles não são de muita ajuda se quisermos ter dados mais específicos sobre a orientação e/ou destino de certas produções. Isso porque muitas dessas lavouras, que os cronistas tiveram a oportunidade de vislumbrar circundando a cidade, podiam ser destinadas ao sustento da própria unidade doméstica, não estando voltadas para o comércio de abastecimento. Já os *Maços de População* nos permitiram visualizar a expansão de algumas lavouras presentes nos arredores da cidade, como as de milho, feijão e arroz, isso sem contar no aumento das criações de animais, todos artigos direcionados, mesmo que em pequena escala, para o núcleo urbano. Assim como aconteceu com as fábricas de aguardente, as atividades produtivas com a finalidade de abastecer o mercado citadino concentravam-se nos sítios localizados em Santana, Pirajuçara, Nossa Senhora da Penha e também na já citada Freguesia de Ó.

É importante dizer que, num primeiro momento, tais fontes possuem informações que pouco facilitaram nosso conhecimento sobre a orientação do cultivo das lavouras. No entanto, em alguns casos, pôde-se encontrar indícios de uma produção local que ultrapassava o mero nível do autoconsumo da unidade doméstica. Assim aconteceu com o agricultor Rafael Antônio Pereira que, no ano de 1804, colheu 150 alqueires de milho e 10 de feijão. Quanto ao destino dessas produções, observa-se que ele declarou

cia de São Paulo. Belo Horizonte. Itatiaia; São Paulo: Edusp, 1976 (publicado originalmente em 1851), p. 148.

ter vendido apenas 30 alqueires de milho no mercado, ficando todo o resto para o "gasto de sua casa."[73]

No entanto, informações como essa são exceções e não regra na documentação e, mesmo quando aparecem, podem ter um significado ambíguo, pois o temor em relação ao fisco poderia fazer com que os habitantes declarassem o destino de suas produções somente para o consumo próprio. Tal quadro faz com que as evidências documentais dos *Maços* sejam utilizadas cautelosamente pelos pesquisadores, mostrando as limitações de inferirmos a orientação comercial das lavouras apenas pelo detalhamento contido nessas descrições. Isto exige do historiador a utilização de outros detalhes, tais como o número de mão de obra escravizada encontrada nos sítios, o volume da produção declarada, além, é claro, de outras fontes documentais.

Se nos voltarmos novamente para o censo de 1804, por exemplo, veremos que, entre os 160 fogos listados, apenas 21 parecem não ter desenvolvido atividades ligadas à produção de gêneros de subsistência. No entanto, é importante dizer que, entre todos os produtores de alimentos, apenas dois especificaram a destinação para o comércio. Podemos supor que esse laconismo ligava-se aos interesses da Coroa em escrutinar as potencialidades, sobretudo, das produções agrícolas, as quais, como nos mostra Carlos de Almeida Bacellar, seriam essenciais para o:

> abastecimento das tropas, e também importantes para se avaliar as possibilidades de inserção desses gêneros no mercado atlântico, para além da cana-de-açúcar. Conhecer a

73 *Maços de População*. (1802) *op. cit.*, p. 2.

> produção e a distribuição dos gêneros agrícolas permitiria, em tese, estabelecer estratégias para melhor explorar o território colonial, que há décadas via o fulgor aurífero minguar. [74]

Ao notarmos, porém, que o aumento dos africanos escravizados nas propriedades ocorreu na mesma proporção de seu volume produtivo, podemos propor que, certamente, esses alimentos não estavam direcionados apenas ao sustento ordinário da unidade doméstica. A análise, por exemplo, dos fogos referentes à freguesia de Santana para o ano de 1804, deixou clara a associação entre a posse de mão de obra escravizada e um alto volume produtivo, o qual ligava-se ao abastecimento citadino, mas, cujo destino, a documentação não faz nenhuma menção. Esse parece ter sido o caso de Antonio Manoel de Camargo Pires, que aparece na documentação como agricultor. No presente levantamento, ele declarou ter colhido 260 alqueires de milho, 50 alqueires de feijão, 20 de arroz e 10 de amendoim, além de relacionar a posse de outra propriedade na freguesia da Conceição, onde criava animas.[75]

Em situação semelhante, nessa mesma freguesia, temos o capitão Manoel Ferraz de Araújo, cuja propriedade contava com 34 escravos, tendo sua produção descrita da seguinte forma: "Colheu 260 alqueires de milho, 80 de feijão, 25 alqueires de arroz, 70 de algodão. Fabricou 50 de farinha e 60 canadas de aguardente. Além de ter relacionado a presença de 16 animais cavalares, 12 muares e 4 ani-

74 Carlos de Almeida Bacellar. *op. cit.*, p. 26.

75 *Maços de População.* (1804) *op. cit.*, p. 1.

mais vacuns."[76] Por meio da análise deste volume, vemos que tal produção estava destinada ao mercado da cidade, principalmente se considerarmos o investimento que esses 'agricultores' precisaram fazer para adquirir a mão de obra africana, cujo custo era alto no período.

Chama atenção que, de todas as freguesias avaliadas, a de Nossa Senhora do Ó e de Santana destacavam-se pela quantidade de mão de obra escravizada empregada. Embora não possamos esquecer que, em nenhum momento durante o período compreendido por nossa pesquisa,– como nos lembram Francisco Vidal Luna e Herbert Klein–, esta mão de obra deixou de conviver com o trabalho livre familiar, ainda mais se considerarmos as propriedades de pequeno porte.[77]

Tal quadro foi potencializado após a chegada da Corte em 1808, a qual estimulou o aumento das atividades produtivas, particularmente entre os proprietários com recursos para a aquisição de um maior contingente de escravizados. Deve-se ressaltar que São Paulo fazia parte de uma rede estabelecida no centro-sul que se articulou, em termos de produção e distribuição, para atender as necessidades do mercado carioca.[78] Alcir Lenharo – em seu clássico estudo sobre

76 *Maços de População*. (1804) *op. cit.*, p. 14.

77 Francisco Vidal Luna e Herbert Klein. *op. cit.*, p. 395.

78 Vários estudos abordam as conexões mercantis estabelecidas entre as províncias brasileiras, especialmente o eixo centro-sul, no adentrar do século XIX. Podemos destacar, por exemplo, o trabalho de Kátia Matoso sobre as conexões entre Salvador e várias regiões costeiras, especialmente com o mercado do Rio de Janeiro: Kátia Maria de Queiróz Mattoso. *Bahia: a cidade do Salvador e seu mercado no século XIX*. São Paulo: Hucitec/ Prefeitura Municipal de Salvador, 1978. Há também o livro de

o surto de comércio de abastecimento ocorrido no Brasil na época da independência –, apesar de ter privilegiado o papel do Sul de Minas enquanto o principal núcleo produtor e fornecedor do mercado carioca, não deixou de relacionar a importância que regiões como Rio Grande do Sul, Santa Catarina e também São Paulo teriam tido naquele contexto.[79]

A articulação do setor produtivo de São Paulo explica o aumento e a especialização da produção realizada nas propriedades fornecedoras de gêneros de subsistência que, além de suprirem a demanda do núcleo paulistano, foram destinadas ao abastecimento da praça carioca e de outras regiões brasileiras, tais como os dados presentes nos Mapas de Exportação sobre a circulação interna de mercadorias nos indicaram.[80]

É nesse contexto que observamos o volume produtivo do general Feliciano José de Carvalho, o qual, além de senhor de engenho, trabalhava com mineração e criava animais. Nesse recenseamento, ele declarou ter colhido, em sua fazenda, 270 alqueires de milho, 27 de feijão, 17 de arroz, além de ter feito 87 alqueires de farinha de mandioca.

Helen Osório, fruto de sua tese de doutorado, sobre as conexões econômicas e sociais existentes entre os agentes mercantis das praças sulistas e o Rio de Janeiro. *O império português no sul da América: estancieiros, lavradores e comerciantes*. Porto Alegre: Editora da UFRGS, 2007. Isso, sem contar, é claro, o estudo já citado de Renato de Mattos sobre as conexões comerciais e políticas estabelecidas entre São Paulo e a praça carioca entre os anos de 1808 e 1822.

79 Alcir Lenharo. *op. cit.*, p. 20.

80 *Mapa de Importação e Exportação do porto de Santos*. Ordens 321-322, *op. cit.*

Sobre a quantidade de cativos, foi declarada a existência de 37, uma das maiores posses dos domicílios recenseados na freguesia de Nossa Senhora do Ó observados na época.[81]

Entretanto, não podemos esquecer que, em momento algum, essas grandes propriedades diminuíram a importância das pequenas unidades especializadas, as quais abasteciam a cidade e o mercado de outras regiões luso-americanas. De fato, notamos que a chegada da Corte impactou nas forças produtivas não só da cidade, mas da capitania como um todo, conforme uma correspondência do governador Antonio José da Franca e Horta nos dá a entender. Em janeiro de 1808, ele escreveu a todas as Câmaras que abarcavam a jurisdição da capitania, solicitando a ajuda dos seus habitantes para abastecer a população crescente instalada no Rio de Janeiro desde a chegada da Família Real. Frente a essa situação, o sobredito capitão ordenou, por exemplo, que:

> de todos os portos da Marinha saia o maior número de embarcações que for possível, como todos os viveres e efeitos que o país produzir e com os que de Serra Acima se lhe enviarem afim de que senão experimente naquela capital penúria alguma de mantimentos. Espero que V. Mercê como magistrado superior dessa Câmara haja de promover a expedição de tais remessas (...).[82]

81 *Maços de População.* (1809) *op. cit.*, p. 113.

82 "Correspondência oficial do capitão general Antonio José da Franca e Horta." *Documentos interessantes para a história e costumes de São Paulo* vol. 57. *op. cit.*, p. 231.

Os naturalistas bávaros Spix e Martius, ao narrarem os produtos nacionais comercializados e a sua circulação entre as províncias à época de suas visitas, em 1817, a São Paulo, trazem indícios de que a mercantilização da agricultura dos arredores da cidade já estava consolidada e direcionada para vários mercados da colônia, não se restringindo apenas à Corte:

> Para o Rio de Janeiro despacham-se muito milho e outros gêneros alimentícios para o consumo ali, para o Rio Grande do Sul, Montevideo, Buenos Aires vão açúcar e aguardente, para Pernambuco e Ceará e Maranhão sobretudo charque, carne seca ou salgada (paçoca) Goiás e Mato Grosso recebem de São Paulo além de produtos estrangeiros, também sal e ferro.[83]

É possível supor que, tal como aconteceu com a aguardente, as potencialidades abertas pela transferência da Corte para terras brasileiras fizeram com que a produção das áreas, em torno do núcleo paulistano, se voltasse também para atender as demandas de seu mercado consumidor, o qual passou a crescer vertiginosamente. Todavia, não podemos esquecer que a transformação do Rio de Janeiro em sede do governo metropolitano, bem como a abertura dos portos às nações amigas em 1810, reverberou no aumento da população em todo território português americano, fato que, como se poderá ver, também impactou em São Paulo, seja em seu crescimento demográfico ou econômico.

83 Carl Friedrich Von Martius e Johan Baptist Von Spix. *Viagem pelo Brasil.* Rio de Janeiro: Imprensa Nacional, 1938, p. 211.

Apesar de não termos realizado um estudo sistemático em termos quantitativos do crescimento populacional, o que se pode dizer, com base na análise dos dados, é que ele ocorreu de maneira considerável, especialmente a partir da primeira década do Oitocentos. Informação possível de ser confirmada ao recorrermos à historiografia que estudou o perfil demográfico da população paulistana.[84] O mesmo pode ser dito sobre as atividades econômicas, visíveis na análise de diferentes tipos de fontes que utilizamos, as quais elucidaram um desenvolvimento do mercado interno e o aumento da circulação interna de mercadorias.

É o que observamos, por exemplo, na documentação da Câmara Municipal. Podemos inferir a expansão da economia mercantil na preocupação com a preservação dos caminhos pelos quais entravam e saiam mercadorias da cidade. Além disso, ela nos fica acessível através da leitura de uma série de litígios presentes nas sessões da Câmara Municipal, provenientes da comercialização da produção

84 Além do estudo já citado de Maria Luiza Marcílio, podemos mencionar o trabalho de Elizabeth Kuznesof sobre o impacto das transformações da cidade tanto na organização doméstica, quanto nos padrões de casamento e de fertilidade dos seus moradores. Através de uma análise baseada em um estudo de amostragem dos censos populacionais da capital paulistana, a historiadora mostrou o crescimento dos fogos presentes em suas freguesias centrais. No ano de 1765, por exemplo, foram contabilizados 568 domicílios na área urbana; na segunda data de sua amostragem, 1802, esse número subiu para 1.069 e, no ano de 1836, foram arrolados, na documentação, 1.863 fogos, o que indicou um crescimento de mais de 88% na transição do século XVIII para o XIX. Elisabeth Anne Kuznesof. *op. cit.*, p. 97.

de gêneros alimentícios para outras regiões da colônia. Tal direcionamento acabou repercutindo na carestia, principalmente, dos gêneros de primeira necessidade. O que fez com que várias vezes, ao longo do período estudado, a municipalidade se reunisse para encontrar soluções para esse e outros problemas ligados ao abastecimento na cidade. Na sessão do dia 23/03/1819, por exemplo, os camaristas receberam um ofício do governo interino da capitania, estabelecendo medidas com o objetivo de solapar a ação dos atravessadores. De acordo com suas palavras, tais sujeitos mantinham o hábito de comprar os produtos antes de chegarem na cidade ou para:

> os revenderem com grandes lucros aqui ou para os mandarem fora da Capitania e devendo socorrer a um crime tão prejudicial ao bem público sempre digno de maior execração e por isso castigado com graves penas pela nossa legislação cumpre que vossas mercês deem todas as providencias que estiverem ao seu alcance para que haja abundancia de viveres na cidade evitando os monopólios e incumbindo aos almotaceis e oficiais de justiça a maior vigilância sobre este importante objeto, castigando os criminosos com penas das leis e fazendo com que os ditos oficiais de justiças postados nas estradas façam conduzir as provisões para o mercado público onde melhor se regularão os preços e só depois de ser o povo aprovisionado poderão permitir-se a saída para fora.[85]

85 *Registro Geral da Câmara. op. cit.* vol. 15, p. 422.

Os problemas de abastecimento da cidade – entre os quais destacam-se a falta de víveres, o inflacionamento dos preços e as ações dos atravessadores – compunham os principais assuntos das reuniões da Câmara de São Paulo e vemos que eles cresciam na mesma proporção que sua população. Não podemos esquecer que existiam, no perímetro urbano da cidade, poucas propriedades produtoras de alimentos, sendo frequentes indivíduos que ali moravam, mas que mantinham, nos seus arredores, chácaras para o cultivo de alimentos básicos. Esse foi o caso de Salvador Nardi de Noronha, homem de negócios, o qual tinha uma fazenda de criar gado e éguas no distrito de Minas de Paranapanema e possuía um sítio no subúrbio da cidade, onde plantava para o sustento de sua casa.[86]

No entanto, não eram todos os moradores, de fato, que tinham condições para manter uma propriedade agrícola com essa finalidade. A maior parte daqueles que residiam na região central, especialmente os de menor poder aquisitivo, obtinha seus alimentos, no comércio ambulante ou nas Casinhas, praças mercantis onde eram comercializadas a produção alimentar das chácaras e cidades vizinhas. Podemos afirmar que a construção deste mercado, feita ainda na época do Morgado de Mateus, objetivou, além de garantir certa regularidade no abastecimento da população, controlar os preços e os atravessadores, considerados os principais responsáveis pela carestia que assolava o universo estudado de tempos em tempos.[87]

---

86 *Maços de População*. (1804) *op. cit.*, p. 2.

87 Como veremos no 3º capítulo, a construção das Casinhas não evitou este último problema já que, na documentação da

Assim, a presença contínua dos atravessadores deve ser imputada à própria incapacidade das autoridades públicas em atender com eficácia as necessidades alimentares de uma grande parcela da população, particularmente em momentos de crise. Os atravessadores, por mais controversos que possam ter sido, cumpriam uma função na cadeia de distribuição de alimentos na cidade. Eles funcionavam, de acordo com João Luiz Máximo da Silva, como intermediários entre os agricultores e o comércio local e eram "justamente os grandes comerciantes que dispunham de capital para arrematar cargas antes que elas chegassem ao mercado."[88]

Devemos lembrar que, no nosso período de estudo, o capital gerado pelas produções da lavoura e criações de animais, direcionadas amplamente para o mercado interno e, em partes, para o mercado externo, foi responsável pelo aumento dos fluxos comerciais na cidade. Isso repercutiu em uma maior circulação de trabalhadores livres e escravizados em suas ruas, modificando a paisagem física e humana da capital e suas cercanias ao longo das últimas décadas antes da independência.

Conforme Denise Soares de Moura nos informa, tais atividades foram responsáveis pela mudança nos padrões de riqueza de um grupo de indivíduos, fazendo com que o espaço urbano se tornasse cada vez mais um local atrativo para o desenvolvimento de diferentes atividades eco-

Câmara, são frequentes as notícias de atravessadores atuando dentro deste mercado. *Registro Geral da Câmara*. *op. cit.* vol. 13, p. 249/ vol. 17, p. 161.

88 João Luiz Máximo da Silva. *op. cit.*, 2008a, p. 56.

nômicas.[89] Ainda segundo a autora, o aumento da circulação interna de mercadorias e pessoas:

> estimularam uma série de atividades de retaguarda às tropas como pastos de aluguel, estalagens, pousadas, ofícios como o de seleiro e todos aqueles voltados para indumentária dos tropeiros, e principalmente o comércio miúdo de alimentos das ruas, não só de quitandeiras mas também de criadores de capados, vendedores de carne e produtos da terra – todos os tipos de atividade boa parte devotados às pessoas de passagem.[90]

Vimos que, a partir da segunda metade do XVIII, os projetos postos em prática pelos governadores da capitania acarretaram o desenvolvimento de um extenso circuito comercial que, por sua vez, transformou a cidade de São Paulo em um ponto de passagem obrigatório dos cargueiros da indústria do açúcar e alimentos, que se dirigiam às diferentes regiões da América Portuguesa e, inclusive, ao próprio mercado atlântico.

Esse dinamismo econômico nos deixa diante de um contexto diferente daquele pintado por alguns trabalhos da historiografia clássica, cujo principal argumento era que a cidade esperou até a ascensão da lavoura cafeeira para experimentar transformações significativas em seu panorama econômico e social e, quiçá, nas suas práticas alimentares. De fato, como veremos com mais detalhes

89 Denise Soares de Moura. *op. cit.*, 2005, p. 44.

90 *Loc. Cit.*

adiante, o estudo a respeito do trânsito rotineiro de pessoas e alimentos pela trama urbana de São Paulo apontou para a existência de uma cidade dinâmica e já integrada ao circuito comercial inter-capitanias nas décadas finais do período colonial. E é para este cotidiano movimentado das ruas de São Paulo que iremos devotar nossa atenção a partir do capítulo a seguir.

2. O viver e o comer pelos becos, travessas e ruas na cidade

O significado de circular pelos espaços públicos paulistanos

O objetivo deste capítulo será, através de um percurso pelos documentos da época, nos aproximarmos das ruas de São Paulo do final do período colonial e início do Império, tendo em vista escrutinar as práticas de produção e consumo relativas à venda ambulante de alimentos. Antes de nos embrenharmos nessa tarefa é importante ressaltar que o termo ambulante, muito além de se referir à mobilidade do pequeno comércio a varejo, dirá respeito à capacidade de tal comércio de conseguir escapar dos mecanismos de controle do Estado. Assim, mesmo quando atuavam dentro das regras, os seus agentes estavam sempre na mira das autoridades, pois sua mobilidade abria brechas para eventuais desvios e contravenções.

Dito isso, dividimos este capítulo em dois momentos. No primeiro, nos dedicaremos a entender quem frequentava a rua e quais os significados que esse espaço adquiria no período em questão. Já na segunda parte, nos aproximaremos do comércio ambulante, mostrando quais eram as influências presentes na organização deste setor e quem eram os seus agentes. A partir disso, poderemos entender, ao menos em parte, as transformações presentes no meio urbano paulistano, visíveis, para nós, através do seu dinamismo e da intensidade de seus fluxos humanos e comerciais.

São muitas as fontes que nos permitem fazer esse ensejo. A documentação da Câmara Municipal, por exemplo, ao testemunhar os problemas da cidade, forneceu informações sobre as mais diversas atividades do dia a dia paulistano. Neste prisma, é importante lembrar que ela era o órgão responsável por garantir a organização e o bom funcionamento do espaço público, seja pela promulgação de leis ou pela realização de obras e serviços de infraestrutura.

Além disso, a municipalidade tinha como incumbência garantir o abastecimento dos citadinos, colocando em prática uma série de posturas regulamentadoras sobre o comércio de alimentos. A leitura seriada deste corpo documental nos permitiu perceber que, a partir da segunda metade do século XVIII, na medida em que ocorria a dinamização econômica e social de seu núcleo urbano, a Câmara de São Paulo foi incorporando, em suas atividades, medidas que pretendiam normatizar aquele espaço.

Se no capítulo precedente, falamos bastante dos arredores da cidade, que eram responsáveis por abastecê-la, a partir de agora nos deteremos no núcleo mais urbanizado, correspondente, em linhas gerais, à malha central, por onde circulavam as atividades de distribuição alimentar. Cabe lembrar que as fronteiras entre este espaço e o rural eram bem tênues, já que ambos estavam em constante interação e, não raro, o urbano aqui representado, segundo

Janice Theodoro, será aquele onde: "o gado, o pasto e as moradias se misturavam, dada a falta de demarcações."[1]

A despeito disso, ao longo do século XIX, esses limites foram ficando cada vez mais delimitados e a área do triângulo original foi se transformando, ganhando novas feições com a agregação de outras freguesias à já antiga Freguesia da Sé. Neste espaço estariam concentradas, de acordo com Nelson Nozes, "as atividades econômicas, políticas e sociais e culturais que a distinguiam enquanto capital da província."[2] Fato que explicaria o constante vai e vem de pessoas que por ali transitavam e obitinham seu ganha pão, tanto de maneira legal como ilegal.

Vários autores se dedicaram a estudar o cotidiano das ruas e a relação estabelecida pelos diferentes segmentos sociais com este meio. Neste contexto, não há como deixar de ressaltar o pioneirismo de Gilberto Freyre, com *Sobrados e Mucambos* de 1936. Embora nesta obra a preocupação central do autor fosse analisar, a partir dos tipos de habitação que dão nome ao livro, como a sociedade patriarcal reagiu

1 Janice Theodoro da Silva. *op. cit.*, p. 63.

2 De acordo com Nelson Nozes, a região "economicamente relevante do município restringia-se ao núcleo urbano denominado cidade, correspondente em linhas gerais à Freguesia da Sé. No decorrer do Oitocentos, neste embrião original, ao que se agregavam as freguesias de Santa Efigênia e Brás, e mais tardiamente a da Consolação concentravam-se as ações – coleta de impostos, feitura de obras e prestação de serviços públicos – do poder municipal, representado pela Câmara municipal." Nelson Nozes. "Vida econômica e finanças municipais da capital paulista na época imperial." *in* Paula Porta. (org.) *História da cidade de São Paulo: a cidade no Império*. São Paulo: Paz e Terra, 2004, v. 2.

ao advento da modernidade, a rua não deixa de ter um espaço em seu argumento. Em um contexto de mudança social, como teria sido o final do período colonial e o início do Império, a rua teria tido um papel decisivo, ao atuar como zona de contato entre grupos que até então estavam segregados pelos modos de habitação supracitados. É importante ressaltar que, assim como em *Casa Grande e Senzala*, Gilberto Freyre concebe essas habitações enquanto espaços simbólicos, os quais, através de suas estruturas internas, representariam a complexa organização da sociedade de outrora.

Alguns anos mais tarde, Roberto da DaMatta, influenciado pelas ideias de Gilberto Freyre, lançou mão da oposição *casa-rua* para estudar as especificidades da organização da vida social brasileira. De acordo com o autor, ao longo da história do Brasil, a rua – tal qual o espaço público de um modo geral – estaria em oposição ao universo doméstico, ao ser vista como um reduto de desclassificados sociais, potencialmente perigosos. Assim como Gilberto Freyre, para além da diferenciação física a que estes espaços podiam remeter, DaMatta os utiliza como conceitos, capazes de revelar os mecanismos sociológicos pelo qual a sociedade se organizou. E, o que mais nos interessa de seu argumento, é que a relação *casa-rua* denotaria esferas de ações diferenciadas, cada qual com seus códigos de condutas e relacionamentos próprios. Apesar disso, DaMatta mostra que a rua não existe desvinculada da casa e, por isso, defende que "a oposição entre esses dois espaços não é simplista e envolve aspectos bem complexos, já que estes espaços se reproduzem mutuamente (...)"[3]

3 Roberto Damatta. *A casa e rua: espaço, cidadania, mulher e morte no Brasil*. São Paulo: Brasiliense,1985,. p. 47.

Diante disso, apesar de notarmos a existência da separação entre esses dois espaços no nosso trabalho, não podemos esquecer que, em nenhum momento, estas oposições serão tratadas de maneira absolutas. Devemos levar em consideração, como adverte Fraya Freshe, que a realidade da sociedade escravista, a qual estudamos, nublaria as fronteiras entre a rua e a casa.[4]

Dessa maneira, as ideias de Gilberto Freyre e Roberto Damatta, ainda que com ressalvas, nos ajudaram a conceber a rua como um local propício de encontros e trocas entre diferentes grupos sociais, elucidadas aqui a partir de seu cotidiano alimentar. Para realizarmos tal tarefa, compreenderemos as ruas paulistanas através do conceito de zona de contato, cuja definição Mary Louis Pratt apresenta como um "espaço de encontros coloniais, no qual as pessoas geográfica e historicamente separadas entram em contato umas com as outras e estabelecem relações contínuas, geralmente associadas a circunstâncias de coerção, desigualdade radical e obstinada."[5]

Isso nos permitirá visualizar as ruas da capital como um local onde uma diversidade de pessoas – desde comerciantes de várias ascendências europeias até africanos e indígenas cativos, forros e livres – se utilizavam para angariar sua sobrevivência ou para suprimir a fome. É interessante perceber que o aumento nas atividades de comércio e serviços trouxe, em seu bojo, a necessidade de empregar em São Paulo um número cada vez maior de trabalhadores, sejam estes livres ou escravizados.

4 Fraya Frehse. *op. cit.*, p. 19.

5 Mary Louis Pratt. *Os olhos do império. Relatos de viagem e transculturação*. Bauru: EDUSC, 1999,. p. 31.

Segundo Maria Helena Machado, apesar de a presença africana remontar aos primórdios da sociedade paulista, esse quadro sofreu mudanças significativas a partir da segunda metade do XVIII, quando dois fatores atuaram de maneira decisiva para sua inserção na economia do planalto: a crise da produção aurífera, que ocasionou um verdadeiro refluxo da população livre e escravizada das zonas das minas para a capitania de São Paulo, e a mercantilização das atividades de abastecimento.[6]

Essa mão de obra passou a compor a heterogeneidade da população paulista e foi empregada, como vimos, em diferentes setores da economia da capital e de seus arredores, não só na agricultura, como também em atividades relacionadas ao universo urbano. Conforme nos lembra Maria Cristina Wissenbach, desde a época colonial, o emprego de cativos nas cidades luso-americanas atendeu:

> às necessidades variadas de senhores locais e às exigências de funcionamento dos mercados urbanos, oferecendo aos escravos, múltiplas ocupações. Acrescentando-se tais demandas ao menosprezo escravocrata reservado a todas as formas de trabalho manual, escravos e libertos, crioulos e negros africanos desempenhavam quase todas as funções das economias citadinas, das mais especializadas às menos qualificadas. Como carregadores, (...) lavadeiras, quitandeiras e

6 Maria Helena Machado. "Sendo cativo nas ruas: a escravidão urbana na Cidade de São Paulo". *in* Paula Porta. (org.) *op. cit.* vol. 2, p. 58.

> domésticas, artesãos, escravos e negros livres transitavam com extrema agilidade pelas ruas das cidades, chamando atenção por seus trejeitos, cores e sons, contrastando com a reclusão e hábitos disciplinados das famílias senhoriais.[7]

A realidade da escravidão urbana não deixou de atuar na conformação do espaço citadino, visto como um ambiente degradante e de conflitos iminentes. Assim, não é de se estranhar que os indivíduos de condições sociais mais abastadas buscassem, sempre que possível, evitar este espaço. Percebemos na documentação analisada que todas as atividades cotidianas, as quais precisavam da rua, eram delegadas aos escravizados.[8] À luz dessas considerações, não fica difícil reconhecer que a suposta degradação social do trabalho feito nas ruas também contribuiu para isso. No entanto, o fato de ali ter sido o local onde ocorria a circulação de 'capital', mercadorias e pessoas na sociedade de então explica o motivo pelo qual representantes das classes mais abastadas mantiveram vínculos com a rua, especialmente os homens de negócios.

---

7 Maria Cristina Cortez Wissenbach. *Sonhos africanos, vivências ladinas: escravos e forros em São Paulo (1850-1888).* São Paulo: HUCITEC/História Social-USP, 1998, p. 63.

8 Isso fica claro, por exemplo, ao analisarmos o registro de uma representação feita pelo juiz almotacé, Francisco de Paula Xavier, no dia 21/06/1820, à Câmara Municipal, na qual se queixa dos tumultos causados pelos negros que vão fazer suas compras no açougue público. *Registro Geral da Câmara. op. cit.* vol. 16, p. 71.

O aumento da presença e da mobilidade das classes subalternas no perímetro urbano, por sua vez, não deixava de favorecer o encontro com aqueles indíviduos, o que certamente trouxe à tona uma necessidade cada vez maior, por parte das autoridades públicas, de forjar códigos e posturas que delimitassem os lugares para circulação e ajuntamento. Denise Soares de Moura lembra que em São Paulo:

> a economia de açúcar, mantimentos, tropas de animais, ao estimular a expansão das atividades de retaguarda – e por conseguinte a intensificação do trânsito e a presença cada vez mais demorada de escravos, forros, mestiços pobres, índios acaboclados, mulheres pobres, livres ou forras, e caipiras no perímetro urbano estimulou na Câmara Municipal a adoção de medidas de controle sobre a mobilidade dos segmentos sociais.[9]

As quitandeiras, por exemplo, estavam proibidas de circular ou mesmo estacionar em alguns pontos da cidade, devido aos entraves que causavam, segundo a visão das autoridades, ao trânsito das pessoas e à limpeza desses espaços. Nas pautas das reuniões encontravam-se reclamações registradas contra o lixo que essas vendedoras deixavam em seu rastro ao lançarem, nas ruas, as lavagens de carne, peixes e dos gêneros que cozinhavam, tal como é possível ver pela seguinte denúncia:

---

9 Denise Soares de Moura. *op. cit.*, 2005, p. 81.

> Sendo repetidas as representações que os negociantes de fazendas secas e outros moradores da rua do comércio desta cidade tem feito subir a esta Câmara sobre o dano que tem experimentado em suas fazendas proveniente do excessivo enxame de moscas que tem grassado naquela rua a que dão causa as quitandeiras que se postam as portas dos mesmos.[10]

Embora, como mostraremos mais adiante, as tentativas de circunscrever as quitandeiras em alguns pontos da cidade atendiam várias questões, por enquanto é importante mencionar os interesses da Câmara em evitar que elas trouxessem estorvos não só para a circulação de pessoas e mercadorias nas ruas da cidade, como para a limpeza do espaço público.

Ao longo de todo o período estudado, como se nota na documentação consultada, os esforços em controlar a circulação de pessoas e suas atividades na área arruada da capital são frequentes. Ademais, a manutenção e limpeza de tal área aparecem como principais propósitos das autoridades públicas na medida em que cidade vai se tornando cada vez mais urbanizada.[11] Neste sentido, é digno

---

10 *Registro Geral da Câmara. op. cit.*, vol. 16, p. 340.

11 Foram várias as sessões da Câmara, nas quais foram discutidos os entraves, segundo os vereadores, que as sujeiras e a circulação de certos grupos causavam aos espaços de uso comum da região central. Cf. *Papéis Avulsos*. vol. 25, p. 256; p. 260/ vol. 31, p. 19. Isso sem contar na publicação de editais e posturas, como realizado no dia 01/07/1823: "Que da publicação deste edital em diante, todos os moradores desta cidade, e seus arredores

de nota que grande parte das melhorias de infraestrutura provinha da demanda dos próprios moradores, os quais se utilizavam das sessões da Câmara e, mais tarde, da própria imprensa periódica, para denunciar as situações que, de acordo com eles, geravam problemas ao desenvolvimento da cidade.

Como se pode observar a partir da análise do conteúdo destes dois conjuntos de fontes (Câmara Municipal e Jornais), as ruas e calçadas encontravam-se em péssimas condições. Isto fez com que as autoridades se reunissem várias vezes para debater algumas soluções para o problema. Em 03/08/1783, por exemplo, o corregedor da comarca de São Paulo, ciente da incapacidade da Câmara em resolver sozinha a situação das ruas e calçadas da cidade – a este cenário se acrescentava a falta de recursos dos cofres públicos –, delegou a responsabilidade da feitura de reparos do calçamento aos próprios moradores:

> e como as poucas rendas do conselho não seriam bastante para ela além de outras coisas a que tem de acudir como é a fatura da casa da Câmara e cadeia, que cada um dos

---

conservem suas testadas limpas e asseadas sem obstáculo algum de tranqueiras, paus, pedras, lixos ou outras mais imundices devendo igualmente calçar de pedras a parte que lhes tocar, bem como não lancem nas ruas águas sujas, nem pelos bueiros e canos que conservam no centro das propriedades e nem lancem nas mesmas ruas animais mortos como cães, gatos, e aves em dano ao público em razão do hálito pestifero, que recebem pena de serem condenados os que se acharem incursos em seis mil réis além de se mandar fazer a limpeza à sua custa." *Registro Geral da Câmara. op. cit.*, vol. 17, p. 161.

> senhores das casas seriam obrigados a calçar as suas testadas em largura de uma braça para a banda da rua evitando assim o prejuízo que podem ter as taipas de que são formadas as casas nesta cidade com o dano que com as águas dos telhados cavam as ruas (...) cujas obras será feita pelo próprio senhorio das casas ou pelos inquilinos (...)[12]

Poucas décadas mais tarde, vemos, na imprensa periódica, que a situação do calçamento das ruas continuava ainda no centro do debate entre os oficiais da Câmara e os moradores da cidade, especialmente, nas regiões onde o trânsito de animais e mercadorias era intenso. Em uma das seções do *Farol Paulistano,* notamos que o próprio redator denunciava a lastimável condição de alguns logradouros da capital:

> Estão tomadas todas as saídas e entradas dessa cidade: pontes caídas, ruas esburacadas, atoleiros tremendos, eis o espetáculo que se apresenta a pobre cidade de São Paulo. E as autoridades o que fazem? Não sabemos, mas figura-se nos que dormem a sono solto em fofos colchões de meias penas. Nem um só trabalhador, nem um só indício se descobre de estarem próximos os concertos da Ponte do Ferrão, da Ponte do Bexiga, do cano d'agua que vai para o Brigadeiro Pinto do lodaçal da Consolação. As ruas de São José e da Boa Vista estão em completo abandono e nada de

12 *Registro Geral da Câmara. op. cit.,* vol. 11, p. 505.

> novo em sinal de estarem acordadas as autoridades a quem isto se incumbe.[13]

Pelo teor da reclamação, observamos que os problemas de manutenção das ruas, pontes e caminhos parecem só ter piorado com a intensificação das atividades entre o núcleo urbano e os arredores. O que certamente dificultava as ocasiões de encontro e interações sociais neste meio, especialmente entre as classes mais abastadas. Ao que se acrescentava os problemas de asseio ali encontrado. No conjunto de documentos da Câmara constam diversas posturas a fim de proibir que lixos e dejetos fossem jogados nos becos e ruas da cidade, podendo sugerir, assim, a recorrência de tal prática.

Em 1820, por exemplo, vemos, através da análise do discurso da municipalidade, que a ideia era combater as práticas que comprometessem a circulação de pessoas e mercadorias pela cidade. Entre as posturas promulgadas, destacamos:

> 4- Que nenhum dos moradores faça canos de despejos de imundices para as ruas e os que tiverem se mandam tapar, debaixo da sobredita pena, na dita forma;
> 5- Que nenhuma pessoa possa ter nas suas janelas vasos ou caixões de flores, ou outra qualquer coisa suspensos de forma que possam cair ou fazer mal a quem passa, com a pena de 1600 réis pela primeira vez e o dobro pela segunda, tresdobro pela terceira e trinta dias de cadeia;

---

13 *O Farol Paulistano*. 19/03/1828, p. 398.

> 6- Que ninguém conserve na rua pedra, madeiras ou qualquer outra coisa que faça estorvo a passagem, exceto trazendo obras durante o tempo delas e acabando será obrigado a limpar a rua no termo de três dias com pena de seis mil réis para o Conselho.[14]

Tal publicação parece não ter surtido os efeitos esperados, já que a população continuava a jogar todo o tipo de sujeira nos mesmos locais, ainda no final da década da independência. Em 28 de julho de 1829, por exemplo, foi publicado um conjunto de posturas para que se estabelecessem "lugares próprios onde os habitantes pudessem lançar o lixo e mais estrumes de suas casas e não em qualquer rua ou beco como atualmente sucede."[15]

Dentre as coisas lançadas nas ruas encontramos: restos de comidas, águas podres de lavagens de peixes, carnes, dejetos humanos e de animais.[16] Em 1831, por exemplo, Maria Borges, moradora do beco que desce da rua da Cadeia, apresentou uma súplica à Câmara Municipal, visando solicitar uma resolução sobre o despejo de imundices que vinha sendo feito perto de sua casa. Diz a viúva que ela e seus vizinhos sofrem:

> o maior incomodo com o despejo que fazem os presos de todas as imundices corruptas (...) naquele beco, próximo a porta da suplicante, formando um monturo horroroso

14 *Actas da Câmara Municipal. op. cit.*, vol. 22, p. 356-357.

15 *Papéis Avulsos. op. cit.*, vol. 30, p. 190.

16 *Papéis Avulsos. op. cit.*, vol. 25, p. 187.

> de coisas imundas e que exalam venenosíssimos miasmas de que envolvidos no ar se contaminam aos corpos humanos, e fazem a epidemia o que é pernicioso a salubridade pública, cujo o mal querendo a suplicante remediar tem pedido com boas maneiras não só aos galês que fazem a limpeza como aos soldados que os guardam, que não despejem naquele lugar tão contagioso a sua morada.[17]

Na passagem acima, vemos que a prática de lançar dejetos nas ruas era algo costumeiro, endossado, ao que tudo indica, pelas próprias autoridades responsáveis por coibi-la.[18] Não devemos esquecer que a Câmara delegava aos galês a obrigação de limpar o espaço público da cidade, sendo pouco provável que eles lançassem os dejetos no beco em questão, sem o conhecimento dos camaristas.[19]

Resta mencionar que, nesse período, já circulava entre a população, a teoria miasmática, a qual associava as epidemias e doenças a certas impurezas existentes no ar,

17 *Papéis Avulsos. op. cit.*, vol. 35, p. 29.

18 De acordo com Denise Soares de Moura, os galês "eram os presos da cadeia obrigados a prestar serviços, como conserto de pontes, cuidados nos terreno do pátio do palácio, limpeza dos becos, cata formigueiros, ou seja, atividades importantes para a viabilização do trânsito pelo perímetro urbano." *op. cit.*, 2005, p. 76.

19 De fato, não só neste caso, como em muitos outros, vemos na documentação camararia os becos e terrenos de várzea da cidade como alvos de litígios envolvendo o poder público e as camadas populares, as quais usavam tais espaços enquanto locais de habitação e convívio.

denominadas como "miasmas". Supunha-se que eles se originavam, segundo Carolina Celestino, "de matéria orgânica em decomposição, existentes em pântanos, águas estagnadas, esgotos, ar viciado das habitações coletivas e da falta da circulação do ar. Os pântanos, as casas insalubres, os cortiços e as vias estreitas tornavam-se alvo de sua difusão."[20] Assim, os lixos e imundices frequentemente encontrados naqueles espaços eram vistos como possíveis focos de moléstias e, portanto, deveriam ser extinguidos.

Tais ações da Câmara estavam em consonância com discussões higienistas em pauta na Europa no período, as quais elegeram, como alvo principal de suas preocupações, as ruas, os esgotos, a iluminação, os edifícios e até mesmo comportamentos tidos como imorais. De fato, a insistência dos camaristas na normatização de determinadas práticas pode, pelo contrário, demonstrar a persistência destas no cotidiano das cidades luso-americanas, fazendo com que as ruas, fossem evitadas por pessoas de melhor condição social.

Isso explica, portanto, o interesse crescente das autoridades em discutir questões de organização espacial, sejam essas de ordem estrutural, sanitária ou mesmo comportamental. Não podemos esquecer que as ruas eram lugares de encontros, onde sujeitos de origens diversas se esbarravam cotidianamente. Por isso, ao estarem repletas do que à época se considerava classes perigosas, elas eram vistas como locais de desordem e criminalidade. Era co-

20 Carolina Celestino Giordano. *Ações sanitárias na imperial cidade de São Paulo: mercados e matadouros*. Dissertação de Mestrado. Puc-Campinas: Campinas, 2006, p. 21.

mum a publicação, nos jornais do período, de notícias sobre homens perambulando embriagados pelas ruas de São Paulo, ao lado de loucos, vadios e arruaceiros. Situação que incitava um rol de discussões entre as várias instâncias da sociedade, cujo interesse maior era evitar que os 'cidadãos de bem' fossem afetados por tais indivíduos. A despeito disso, vemos, ainda em 1831, a seguinte publicação da Secretaria de Governo no jornal *O Farol Paulistano*:

> Constando-me que há dias tem havido nesta cidade, frequentes roubos, por pessoas que de certas horas da noite, por diante vagão armadas pelas ruas: e cumprindo à bem da tranquilidade pública dar todas as providencias (além das policiais à cargo dos juízes e Paz) para que não sejão incomodados os pacíficos cidadãos é conveniente que V.Exa. mande dobrar a patrulha, que costuma rondar dando as mais enérgicas e terminantes ordens a fim de que sejão capturados qualquer indivíduos que se acharem cometendo roubos, ou que depois do sino de recolher forem encontrados em grupos ou com armas de defesas.[21]

Como mostrado no primeiro capítulo, à medida que crescia a população no ambiente urbano, mais se intensificavam as tentativas dos edis de disciplinar o seu comportamento. Cabe lembrar que, para a grande maioria dos homens livres, pobres e escravizados, a rua era o espaço por excelência de trabalho, não só em São Paulo, mas em outras localidades do Brasil colonial e de primórdios do

21 *O Farol Paulistano.* 11/03/1831, p. 2001.

Império.[22] Várias eram as atividades externas realizadas pelos trabalhadores urbanos que iam desde o comércio até outras ocupações, como o transporte de mercadorias ou a lavagens de roupas. No entanto, para além das tarefas de trabalho, a rua também era um espaço de sociabilidade e lazer, já que ali era possível estar em contato não só com seus 'iguais', mas com os demais grupos da sociedade. Finalmente – e o que mais nos interessa aqui –, ela era um local onde muitos se alimentavam. Devido às longas rotinas de trabalhos, tais indivíduos estavam sujeitos a passar o dia todo fora de casa e precisavam encontrar maneiras de suprir suas necessidades mais elementares.

22 Existe uma extensa historiografia sobre o trabalho escravizado urbano para diferentes localidades da América Portuguesa. Entre alguns estudos que são de nosso interesse, pelo enfoque dado ao comércio varejista de alimentos (especialmente no que toca ao trabalho feminino) podemos destacar: Selma Pantoja. "A dimensão atlântica das quitandeiras". *in* Júnia Ferreira Furtado. (org.) *Diálogos oceânicos: Minas Gerais e as novas abordagens para uma história do império ultramarino português.* Belo Horizonte: Editora da UFMG, 2001; Juliana Barreto Farias. "Ardis da liberdade: trabalho urbano, alforrias e identidades". *In* Mariza de Carvalho Soares. (org) *Rotas atlânticas da diáspora africana*: da baía do Benim ao Rio de Janeiro. 2ª ed. Niterói: Editora da UFF, 2011; Flávio dos Santos Gomes; Carlos Eugênio Líbano Soares. "Negras-minas no Rio de Janeiro: gênero, nação e trabalho urbano no século XIX". *in* Mariza de Carvalho Soares. (org) *op. cit.* Sheila de Castro Faria. *Sinhás pretas, damas mercadoras. As pretas minas nas cidades do Rio de Janeiro e de São João Del Rey (1700-1850).* Rio de Janeiro: UFF, 2004. (Tese de titular); Leila Mezan Algranti."Imagens sobre a mulher escrava no cotidiano do Rio de Janeiro. (1808-1822)". *Anais de história do Além-mar.* vol. 12, p. 181-198, 2001; Maikon Rodrigues dos Santos, *op. cit.*

Comprar – e mais propriamente comer alimentos na rua – foi, como veremos a seguir, a solução encontrada por uma parcela significativa da população que não tinha outra opção senão se alimentar do que forneciam as quitandeiras ou taverneiros espalhados pelos becos e travessas da cidade. As camadas populares, especialmente os escravizados e forros, foram, portanto, não só os responsáveis pela confecção ou venda de alimentos neste meio, como também os seus principais consumidores. A alimentação de rua se adequava à rotina deles, bem como de tantas outras pessoas que transitavam pelos diferentes espaços paulistanos. E é sobre a venda ambulante que concentraremos nossa atenção a partir de agora.

O comércio ambulante de alimentos pelas ruas e becos da capital

A transformação de São Paulo em um entreposto mercantil no final do século XVIII acarretou o desenvolvimento de toda uma estrutura para atender às necessidades do contingente populacional que circulava pelos seus espaços públicos. Foi neste contexto que o comércio de rua de alimentos se desenvolveu, trazendo possibilidade de sobrevivência para um grupo composto por vendeiros, donos de armazéns, quitandeiras entre muitos outros agentes, os quais se aproveitavam do intenso fluxo diário de pessoas nas ruas para angariar sua subsistência.

A análise do conjunto documental dos *Maços de População* e da documentação da Câmara Municipal, por exemplo, nos permite observar o desenvolvimento e o alargamento de uma vasta rede de atividades para suprir as necessidades mais básicas dos moradores, especialmente aquelas referentes à alimentação. Os dados obtidos também revelam a sobreposição de múltiplas categorias comerciais em São Paulo. As atividades ambulantes, por exemplo, eram a ocupação primordial dos setores menos favorecidos, entre os quais incluíam-se os libertos e os escravizados, isso sem contar os sitiantes, que diariamente vinham de suas propriedades situadas nos arredores da cidade para vender suas produções pelas ruas e no mercado das Casinhas. Já nas atividades ligadas aos estabelecimentos fixos é possível visualizar uma hierarquia de comerciantes, envolvendo desde vendeiros e taverneiros até mercadores e comerciantes de grosso trato que tiravam os seus rendimentos da exportação e importação de gêneros secos e molhados.

A partir de agora, objetivaremos nos aproximar das práticas relativas ao comércio ambulante de alimentos, os principais locais onde essas atividades se concentravam, quem eram os agentes e consumidores dos produtos vendidos nas vias públicas de São Paulo. Focaremos, em particular, nas vendedoras ambulantes que se movimentavam através da cidade, de um lugar para outro, mercadejando suas mercadorias e estabelecendo um intenso contato com membros dos demais setores sociais.

Viver de quitandas nos dois lados do Atlântico

É quase unanimidade, entre os estudiosos do tema, que o desenvolvimento do pequeno comércio de alimentos pelas ruas dos principais centros urbanos do Brasil tem ligação, desde o período colonial com a influência e, sobretudo, com a presença dos africanos escravizados nesses espaços.[23] Tal influência se fazia sentir no modo como essas atividades se organizaram, ou mesmo no tipo de produtos alimentares vendidos nas ruas das principais cidades brasileiras.

Em diversos locais da África Centro-Ocidental – origem de grande parte dos africanos que foram trazidos para a região sudeste – o pequeno comércio de alimentos, como nos mostra Maria Odila Dias da Silva, era uma prática essencialmente destinada às mulheres, tarefa que, aliás, lhes garantia papéis sociais importantes em suas comunidades de origem.[24] Em várias regiões do continente africano havia uma rígida divisão sexual do trabalho, onde as mulheres, além de serem responsáveis pelas atividades domésticas, também se incumbiam daquelas de caráter comercial. Entre seus principais ramos de atuação estavam, de acordo com Selma Pantoja, os mercados denominados localmente de *kitandas*. Espaços de trocas comerciais, em tais locais era possível encontrar, além de frutas, verduras, farinha, feijão, peixe e carne, os denominados produtos 'da terra' e, além disso, suas vendedoras eram classificadas de acordo com os produtos que vendiam:

> Havia além das peixeiras, aquelas mais especializadas, que vendiam produtos para os paladares mais apurados. São as vendedoras de Dangu ya dixi, o bagre de água doce de-

23 Entre os autores que estudaram a presença africana no âmbito do pequeno comércio desenvolvido na América Portuguesa podemos destacar: Luciano Raposo de Almeida. *op. cit.*, 1999; Débora Camilo. *op. cit.*; Maikon Rodrigues dos Santos. *op. cit.*

24 Maria Odila Leite da Silva. *op. cit.*, p. 158.

> fumado; kabwenya yasalakalu, peixe seco; Kikusu yasalakalu ou cacussu seco; ngwingi ya dixi, bagre preto defumado. Por fim, as vendedoras de comidas prontas com o feja ni maji ma ndende, feijão com óleo de palma (dendê); jindose já makoko, doce de coco; jindose ja jinguba, doce de amendoim e o consagrado funji, massa de fubá.[25]

No Brasil, desde o período colonial, tal como no continente africano, o termo, além de denominar os pequenos mercados presentes nas cidades e vilas coloniais, incluiria o comércio em tabuleiros ou os próprios alimentos ali presentes.[26] Ou seja, as quitandas podiam ser desde os espaços fixos de venda dos gêneros alimentícios até as mercadorias vendidas a varejo.[27] Esse é um ponto importante para chamarmos atenção, já que frequentemente esses significados se sobrepõem na documentação. Ao longo do livro, iremos destacar, dentro do conjunto de atividades ambulantes, tanto as quitandeiras, como as negras de tabuleiros. Apesar da semelhança em suas atuações, é possível encontrar também, como veremos, diferenças, pois as quitandeiras podiam abarcar, desde as pessoas que tra-

25 Selma Pantoja. "Conexões e identidades de gênero no caso Brasil e Angola.Séculos XVIII- XIX". *Anais do X Congresso Internacional Cultura, Poder e Tecnologia: África e Ásia face à Globalização*. Salvador, 2001, p. 3.

26 Juliana Resende Bonomo."O tabuleiro afro-brasileiro: o abastecimento alimentar e a resistência das quitandeiras negras no Brasil do século XVIII." *Anais eletrônicos do XXII Encontro Estadual de História da Anpuh-Sp*. Santos, 2014, p. 2.

27 *Papéis Avulsos. op. cit.*, vol. 25, p. 150.

balhavam com comércio volante nas ruas, até aquelas que possuíam um local fixo para vender suas mercadorias.

Já o comércio desenvolvido pelas negras de tabuleiro era essencialmente ambulante. Mas, não raro, é possível perceber a sobreposição desses termos na documentação de época, o que demonstra, como apontou Maria Aparecida Borrego, as linhas maleáveis entre o comércio fixo e ambulante na sociedade do período.[28] Com efeito, é bem provável que a maioria das quitandas não passasse de uma pequena banca ou barraca passíveis de ser deslocadas de um lugar para o outro conforme a necessidade de sua proprietária.[29] Ademais, não podemos esquecer que, além das negras de tabuleiro e das quitandeiras, vários outros agentes podiam compor esse ramo, tais como mascates e sitiantes, os quais vendiam os excedentes de suas roças pelas ruas da cidade. Deve-se ressaltar que os sitiantes eram responsáveis pela produção de uma infinidade de frutas e legumes que, por não aparecerem no arrolamento das Casinhas, deviam ser vendidos de porta em porta por eles ou por seus escravos.

Apesar de nos depararmos, em certos momentos, com tais indivíduos na documentação municipal, ao longo deste capítulo iremos nos focar nas negras de tabuleiro e quitandeiras pelo papel que essas agentes adquiriam em

28 Maria Aparecida Borrego. *op. cit.*, 2010, p. 85.

29 Isso fica evidente, por exemplo, na vereança ocorrida em 6/06/1827, em que foi recebido um ofício do juiz almotacé explicando os motivos pelos quais ele transferiu para o Pateo de São Gonçalo, de acordo com suas palavras, "as vivandeiras e quitandeiras de quitandas volantes." *Actas da Câmara Municipal. op. cit.*, vol. 24, p. 82.

todas as etapas do suprimento alimentar citadino, desde a distribuição até o consumo dos paulistanos. Ademais, a ênfase nessas duas categorias se justifica pela já reconhecida especialização delas no ramo alimentício, diferente dos mascates e sitiantes que podiam vender outros tipos de mercadorias como fazendas secas, algodões, couros, etc.

O comércio ambulante no continente americano ocupou um lugar de destaque no cotidiano das principais cidades sob o domínio ultramarino português e foi importante para o desenvolvimento e manutenção de uma vasta rede de atividades comerciais que surgiram em função dos processos de urbanização. A propósito disso, em Lisboa, por exemplo, ele ocupou uma posição de destaque na transformação da cidade em um empório comercial de escalas globais desde o período medieval.[30] Nas atividades desenvolvidas nas ruas da capital lisboeta, é possível notar a presença de uma divisão social do trabalho, sendo que a venda de alimentos era um ramo de atuação exclusivamente feminino. Tão antiga quanto a capital portuguesa era a associação, neste território, dessas práticas com a presença das mulheres das classes mais baixas. É importante lembrar que esse vínculo explica-se pelo fato de que, no Reino, as atividades mercantis eram depreciadas por estarem associadas aos ofícios mecânicos e à considerada falta de limpeza de mãos.

De todo o modo, além de uma prática costumeira, a presença das mulheres nesse setor da economia era as-

30 João Pedro Gomes. "Comida de rua na Lisboa moderna (séculos XVI e XVII)" *in Diz-me o que comes ... alimentação antes e depois da cidade*. Lisboa: Fragmentos de Arqueologia de Lisboa, 2017, p. 99.

segurada legalmente pelas autoridades portuguesas. No governo de Dom José I, por exemplo, Luciano Figueiredo nos mostra que foram vários os esforços no sentido de salvaguardar o caráter feminino deste setor. Proibiu-se, como vemos, que:

> estrangeiros, vagabundos ou desconhecidos recebessem licença para venderem pelas ruas principalmente toda a sorte de comestíveis pelo miúdo como também vinhos e aguardentes e muitas outras bebidas assim como alféloas, obréias, jarfelim, melaço e azeitonas.[31]

Ainda de acordo com o mesmo autor, tradicionalmente em Portugal, este setor incorporou as ambulantes e "o estado protegeu numerosas mulheres com dificuldades de sobrevivência interessadas em escapar do meretrício."[32]

No Brasil, vários estudos sobre o pequeno comércio fazem referência à existência, igualmente, de uma divisão social e sexual do trabalho nos principais núcleos urbanos, tais como Rio de Janeiro, Salvador, Vila Rica, como também em São Paulo. Em todas essas localidades, o comércio ambulante esteve associado aos estratos sociais mais baixos e, tal qual acontecia do outro lado do Atlântico, foi possível vislumbrar uma predominância de mulheres – livres, forras ou escravizadas – trabalhando como quitandeiras, vendedoras de tabuleiros, padeiras, etc.

---

31 *Luciano Raposo de Almeida Figueiredo. op. cit.* p. 37.

32 *Luciano Raposo de Almeida Figueiredo; Ana Maria Bandeira de Mello Magaldi. op. cit.*, p. 52.

Tendo isso em vista, Luciano Figueiredo circunscreve essa predominância feminina como uma transposição, para o mundo colonial, de uma divisão de papéis sexuais vigente na metrópole.[33] Tal argumento é, no entanto, questionado por outros historiadores que se dedicaram ao estudo do pequeno comércio de alimentos na América Portuguesa. Entre eles, podemos citar Maikon Rodrigues dos Santos. De acordo com o autor, são várias as razões que explicam a preponderância de mulheres, principalmente de origem africana, no ramo. Além das demandas da sociedade local, onde essas atividades associavam-se aos defeitos mecânicos, o autor assinala as estratégias pessoais dessas mulheres para permanecer neste setor, além de referir, de acordo com suas palavras, à "influência da divisão sexual do trabalho na África e em Portugal. Acrescentamos a isso, a reelaboração de tradições de determinados grupos africanos, principalmente os da África ocidental, na formação dos grupos étnicos."[34]

A despeito do trabalho do autor ser dedicado à região de Vila Rica, acreditamos que tais fatores também se fizeram presentes em São Paulo, embora seja necessário ressaltar algumas especificidades da sociedade local, onde as africanas dividiram essas funções, tanto como concorrentes ou empregadas, com uma grande quantidade de mulheres brancas e pardas. E vale lembrar que neste último grupo, como veremos mais adiante, estariam inclusas não só as indígenas, bem como grande parte das

33 Luciano Raposo de Almeida Figueiredo. *op. cit.*, p. 35.

34 Maikon Rodrigues dos Santos. *op. cit.*, p. 78.

mestiças da sociedade paulistana.[35] Tudo isso sem contar os homens, que também encontramos no comércio de miúdos, sejam estes vendedores ambulantes ou sitiantes, embora, cabe notar, nos chamou atenção que só as mulheres recebiam a denominação de quitandeiras ou negras de tabuleiro nas fontes consultadas.

Essa diversidade cultural de pessoas envolvidas no pequeno comércio de alimentos é de suma importância para se entender a organização desse setor, seja em termos das relações estabelecidas, dos produtos vendidos e do público consumidor. Não podemos esquecer que as mulheres em São Paulo eram excluídas dos ofícios mecânicos, tendo, por isso, poucas oportunidades no mercado de trabalho.

A preponderância feminina no comércio desenvolvido nas ruas da capital, além de ser explicada pelos fatores já levantados, também se relacionava com o perfil demográfico da cidade que, desde os seus primeiros tempos, caracterizava-se por uma profunda desigualdade entre os sexos, com uma grande predominância no número de mulheres.Tal desigualdade, muito discutida pela historiografia demográfica, ocorria devido à frequente instabilidade da população masculina que, por motivos de ordem socioeconômica, se encontrava em constante trânsito para outras regiões do território luso-americano.[36] As referências à

35 Muriel Nazzari. "Vanishing indians: the social construction of race in colonial São Paulo". *The Americas*. vol. 57, n. 4, p. 497-524, 2001, p. 519.

36 De acordo com Eni Mesquita Samara, a ausência constante do marido "deixando a mulher à testa da família e mesmo dos negócios, aliada a outros fatores circunstanciais, provocou uma

presença feminina no comércio de rua já remontam à data inicial de nosso recorte de trabalho, o ano de 1765, quando nos deparamos com indícios de quitandeiras nas fontes, especialmente, na documentação da Câmara Municipal.[37]

Como observamos nos dados fornecidos pelos censos populacionais do período compreendido entre 1765 a 1834, as mulheres ocupavam diferentes trabalhos urbanos ligados não só ao comércio a varejo, como também à prestação de serviços, no qual incluímos as lavadeiras e as engomadeiras de roupas. O número considerável de mulheres no conjunto de escravizados, localizados nas áreas mais centrais da cidade, pode ser entendido como uma opção feita pelos proprietários paulistanos que, pelo seu baixo capital, faziam tal opção a fim de dividir o serviço – às vezes de sua única escrava – entre os afazeres domésticos e as atividades comerciais.

Não podemos esquecer também, conforme nos lembra Maria Helena Machado, que a cidade de São Paulo se constituía enquanto ponto de passagem de escravos, os quais eram destinados às propriedades açucareiras do interior da província, fato que a caracterizava como um ponto de refugo da mão de obra desprezada por este mer-

situação desse tipo, que parece ter sido ainda mais comum no final do século XVIIII do que no começo do século XIX. Por outro lado, as dificuldades de casamentos e a proliferação das uniões esporádicas, principalmente entre as camadas mais pobres da população, reforçaram esse quadro, pois era mais comum mulheres vivendo com filhos ilegítimos do que homens (...)". *A família na sociedade paulista do século XIX (1800-1860).* Tese de Doutorado. FFLCH-USP, São Paulo, 1980, p. 44.

37 *Actas da Câmara Municipal. op. cit.*, vol. 15, p. 69.

cado. Ainda de acordo com a autora, "embora surgissem alguns proprietários mais expressivos dentro dos limites da cidade, e estes detivessem, em seu conjunto, um maior número de escravos da Cidade, a maioria das posses permanecia de pequeno porte, o que significava um perfil de muitos proprietários de poucos escravos (...)."[38]

Esse será o perfil, de um modo geral, das pessoas envolvidas com o pequeno comércio de alimentos. Em relação às ambulantes, decidimos circunscrever nossa análise nos *Maços de População*, apenas àquelas que declararam *viver de suas quitandas* ou que foram recenseadas como *quitandeiras*.[39] Apesar de enquadrarmos as quitandeiras na categoria volante – conforme já referido –, elas frequentemente circulavam entre essa categoria e a de comércio fixo. Esse carácter flutuante é inclusive visível na documentação trabalhada. Em certas ocasiões, as quitandeiras apareciam circulando pelas ruas da cidade, em outras estavam localizadas em uma venda fixa, denominada como *quitanda*. O que não lhes impedia de sair pelas ruas apregoando seus produtos. Tal possibilidade de circulação, mesmo que não fosse de fato efetivada, fez com que elas fossem inseridas, no nosso trabalho, dentro da categoria ambulantes.

38 Maria Helena Machado. *op. cit.*, p. 59.

39 Neste sentido, devemos ressaltar a nossa opção em focar no conjunto de pessoas que declaravam *viver de suas quitandas/quitandeiras* por termos certeza que este ramo de comércio de alimentos era o principal sustento do domicílio. Embora, não podemos deixar de notar que muitos indivíduos, os quais declaravam viver de suas agências, também podiam atuar vendendo quitandas. Apesar disso, como não podemos ter muita certeza deste cenário, optamos por deixá-los de fora.

Feito essa ressalva, ao analisarmos os *Maços de População*, pôde-se observar uma prevalência do número de mulheres, pois do total de 248 pessoas, que declararam tirar sua sobrevivência dessas atividades, somente 15 eram do sexo masculino. Entre as mulheres, merece atenção o fato de que a maioria era proveniente dos setores menos favorecidos da sociedade. As brancas estavam entre a maioria, já que contabilizavam 135 pessoas, quadro que correspondia a mais da metade das envolvidas com essas atividades. Logo em seguida, estavam as mulheres pardas, num total de 54, seguidas por 44 mulheres negras. Ao nos atentarmos, em um primeiro momento, somente aos censos populacionais, percebemos que as mulheres presentes na documentação como "*vivendo do comércio ambulante*" eram as chefes de domicílios, sejam estas brancas, pardas ou mesmo negras, as quais podiam ou não colocar os seus escravos – se acaso os tivessem – na rua para vender alimentos e bebidas.

A título de exemplo, no ano de 1802, temos D. Maria Josefa da Cunha, mulher branca de posses, moradora na rua de São Bento, que declarou viver de suas quitandas e do jornal de seus 12 escravos. Outro caso muito significativo nos documentos foi o de Escolástica Maria Joaquina de Oliveira, esposa de Manoel Cardoso de Abreu, ao que parece, possuía escravas que vendiam doces pelas ruas da cidade, conforme vemos na descrição dos bens do inventário feito na ocasião da morte de seu marido. No arrolamento dos bens encontramos um número considerável de tabuleiros, além da presença de utensílios para a fabricação de doces.[40]

40 Inventário de Manoel Cardoso de Abreu. *Inventários e Testamentos manuscritos* não publicados do Arquivo Público do Estado de São Paulo. 1804, p. 10.

Pela amostragem de nossos inventários, percebe-se que muitas senhoras casadas da elite, mesmo não sendo cabeça de domicílio, tinham escravas quitandeiras a seus serviços. Isso é um ponto que chamou atenção em nossa pesquisa, pois embora essas mulheres não tivessem o pequeno comércio de alimentos como principal origem do seu sustento, essa atividade não deixava de ter importância para a economia de seus domicílios, visto que era uma fonte segura de obtenção de ganhos. Essa era a principal razão dos paulistanos, mesmos das classes mais abastadas, disporem de parte considerável da sua mão de obra escravizada ao comércio de pequena monta, como parece ter feito Maria Josefa Mendes, tal qual evidencia a presença de tabuleiro em seu inventário.[41]

Se muitas mulheres da elite podiam se dar ao luxo de ter a venda de alimentos apenas como um complemento financeiro, no outro extremo da cadeia social, outras tantas dependiam desta atividade para angariar a sua sobrevivência. Pode ter sido este o caso de Rosa Maria, mulher negra, moradora na rua de Gabriel Antunes que morava sozinha em seu domicílio e declarava igualmente viver da mesma atividade. Todavia, acreditamos que havia uma diferença entre essas duas personagens. Enquanto Maria Josefa Mendes apenas gerenciava a produção de alimentos que seriam vendidos nas ruas pelos seus escravos, Rosa Maria certamente atuava na produção, bem como na própria distribuição dos gêneros de consumo ligeiro.

Cabe lembrar que talvez sair às ruas era pouco frequente para algumas pessoas de melhor condição social,

---

41 Inventário Maria Josefa Mendes da Silva. (1806) *op. cit.*, p. 9.

especialmente, as do sexo feminino. Assim, mesmo que muitas mulheres pudessem fabricar, comprar ou revender gêneros de primeira necessidade, nem sempre atuavam na distribuição de seus produtos, delegando esta função para seus cativos, os quais podiam ser mulheres ou não.[42] Se analisarmos somente o total de pessoas que declaravam viver destas atividades nos *Maços de População*, percebemos que uma parcela significativa possuía escravos; de fato, 133 pessoas, correspondendo a um total de 57% e, claramente, tal porcentagem de posse era de longe maior entre a população branca, pois este número chegava aos 90%.

No entanto, isso não excluía a possibilidade de uma série de mulheres brancas viverem de suas quitandas e terem elas mesmo que vender seus produtos pelos becos e travessas da cidade. Isto porque 19 das mulheres, que apareceram como quitandeiras nos censos, declararam não possuir escravos, muitas delas vivendo sozinhas ou dividindo seu domicílio com parentes ou agregadas. Tal foi o caso de Ambrósia Caldeira que, no censo de 1825, declarou viver de suas quitandas, dividindo seu domicílio com mais 3 mulheres solteiras, sendo provável que todas elas vivessem da mesma ocupação.[43]

De fato, tal quadro demonstra a diversidade do perfil social das mulheres que estavam envolvidas com o co-

42 Outro conjunto de fonte, a imprensa periódica – que será melhor explorado nos dois últimos capítulos – demonstra um pouco mais da presença de homens na composição do comércio ambulante. Porém, como explicado na *Introdução*, essa documentação cobre somente a última década de nossa pesquisa.

43 *Maços de População*. (1825) *op. cit.*, p. 27

mércio de pequena monta, as quais tinham em comum unicamente a condição de serem chefes de domicílio e livres. Não podemos esquecer que os recenseadores se restringiam a levantar a ocupação somente das pessoas desta condição social, anotando apenas o número de escravos, sem definir suas atividades. A propósito disso, essas listas informavam exclusivamente as funções econômicas do cabeça do domicílio e, em poucas situações, traziam dados sobre os agregados ou cativos.

No entanto, ao cruzarmos as informações disponíveis, por exemplo, com as presentes nos documentos de cunho oficial ou memorialístico, observamos que o termo quitandeira poderia se referir também às mulheres atuantes na distribuição dos alimentos pelas ruas da cidade, sejam estas livres, forras ou escravizadas. Ou seja, neste outro contexto, a palavra quitandeira se vinculava especialmente às pessoas que vendiam alimentos e bebidas nas ruas. Todavia, nesses outros conjuntos documentais, percebemos que poderia haver uma diferença entre esta denominação e a referente às pessoas *que viviam de suas quitandas*. Esta última se relacionava à ocupação das que atuavam como intermediárias ou agenciadoras da venda de gêneros alimentícios, mas que não necessariamente iam às ruas.[44]

Os dados obtidos revelam, portanto, que o trabalho com o comércio ambulante tinha um significado bem amplo naquela sociedade e podia englobar toda uma diversidade de pessoas, na qual estavam inclusas desde senhoras

44 *Papéis Avulsos*. *op. cit*. vol. 25, p. 230.

brancas de posses até pessoas provenientes dos setores menos favorecidos (homens ou mulheres).

Infelizmente, sobre este último ponto, tivemos dificuldades, por exemplo, de mensurar a quantidade de pessoas escravizadas envolvidas nessas atividades, devido às vicissitudes da documentação mencionada acima. Embora, ao olharmos a frequência com que a documentação oficial forneceu indícios da participação cativa nessa modalidade, não parece errôneo supor que ela foi bastante significativa. À luz dessas considerações, há ainda que se levar em conta a composição da escravaria encontrada na cidade de São Paulo, constituída tanto por cativos negros quanto pardos. Lembrando que, dentro desta última categoria, podiam estar presentes os indígenas que viviam numa condição incerta entre o cativeiro e a liberdade. Tão marcantes na documentação coeva dos dois primeiros séculos de colonização, tais indivíduos passam, a partir de meados do XVIII, a ser descritos através de categorias mais difusas e imprecisas, tais como bastardos e pardos. Isso sem contar o fato de que muitos deles apareciam como brancos nos recenseamentos, conforme nos descreveu Muriel Nazzari em seu estudo sobre classificações raciais nos séculos XVII, XVIII e XIX em São Paulo.[45]

Se nos atentarmos a este fato, ao nos remetermos aos dados extraídos dos *Maços de População*, podemos afirmar que essa convivência nos domicílios da cidade se manteve ao longo de praticamente todo o período estudado, principalmente entre as famílias mais remediadas. Como podemos visualizar, por exemplo, no ano de 1802, no domicílio

45 Muriel Nazzari. *op. cit.*, p. 508.

de Ignes Francisca, a qual vivia de negócio de quitandas e declarou a posse de 8 escravos, sendo 03 pardos e 5 negros.[46]

Tal convivência se tornaria mais intensa nas primeiras quatro décadas aqui estudadas e foi sofrendo mudanças significativas na primeira década do século XIX, visto que a presença de negros escravizados aumentou nas listas.[47] Tal fato é um fenômeno complexo e pode ser explicado por algumas mudanças ocorridas na sociedade paulista de um modo geral. A primeira delas diz respeito às alterações que se abateram no estatuto da administração indígena naquela sociedade, o qual já vinha sendo debatido há muito tempo, mas que sofreu um grande abalo com as políticas dos capitães generais da segunda metade do XVIII, especialmente após a extinção do Diretório dos Índios.

É neste mesmo período que vemos uma mudança no panorama étnico paulistano, devido ao enorme crescimento da população mestiça na cidade, a qual vinha ocorrendo gradativamente, mas que teve um grande aumento devido ao afluxo de reinóis e de escravizados oriundos de diversas partes da África. De acordo com John Monteiro,

> minoria pela primeira vez, a população indígena tornava-se cada vez mais invisível, a partir de meados do século XVIII. Diluídos em categorias difusas e imprecisas, como pardos e bastardos, os descendentes da an-

46 *Maços de População*.(1802) *op. cit.*, p. 20.

47 A análise dos *Maços* revela ainda que tal fenômeno aconteceu na mesma proporção que o número de pardos diminuiu nos domicílios.

> tiga maioria indígena foram se distanciando de sua origem. O desaparecimento dos índios paulistanos se consolidou nas primeiras décadas após a independência, quando as autoridades da nova província declararam os aldeamentos, últimos redutos de uma população ostensivamente indígenas nos arredores da cidade, extintos.[48]

Em relação à expansão da escravidão africana em São Paulo, devemos notar que ela esteve diretamente relacionada às transformações da agricultura comercial iniciadas ainda no começo do século XVIII, mas que, de fato, foram consumadas em seu final, quando a lavoura açucareira daria novas feições à economia não só do interior da província, como da própria cidade de São Paulo, tal qual mostramos ao longo deste trabalho. A riqueza gerada pelos investimentos agrícolas ocasionou o afluxo cada vez maior de africanos escravizados que, além de serem empregados nas atividades agrícolas, também eram destinados a diferentes setores da economia da capital, a qual estava em crescente dinamização.

Tal fato fica visível na análise dos *Maços de População* que, a cada ano, registram o crescimento deles nos domicílios, sejam como escravizados ou livres. Outro ponto a ser destacado sobre esta documentação é que a própria descrição das atividades ligadas ao pequeno comércio de

48 John Manuel Monteiro."Dos campos de Piratininga ao morro da Saudade: a presença indígena na história de São Paulo". *in* Paula Porta. (org.) *História da cidade de São Paulo*: a *cidade colonial*. São Paulo: Paz e Terra, 2004, v. 1, p. 66.

alimentos – antes lacunar no período inicial de nossa pesquisa – começa a despontar nas listas a partir da última década do século XVIII. Conforme mostramos anteriormente, tal fato, além de estar ligado à uma mudança na própria organização dos recenseamentos, demonstra o desenvolvimento do núcleo urbano de São Paulo e, consequentemente, das atividades ligadas ao seu universo.

Neste contexto, percebemos o emprego cada vez maior dos cativos africanos no setor de serviços, sobretudo o escravo ao ganho ou de aluguel. Leila Mezan Algranti, em seu estudo sobre escravidão urbana no Rio de Janeiro, chamou atenção para as diferenças existentes entre essas duas formas de trabalho no Brasil presentes, desde os tempos coloniais. No sistema de ganho, os escravos, após fazerem alguns serviços na casa de seus senhores, lançavam-se às ruas por conta própria, em busca de trabalho: "Alugavam seu tempo a um, e a outro, e deviam no final de determinado período entregar a seus senhores uma soma previamente estabelecida. Não importava como a quantia havia sido atingida, e nem mesmo se fora ultrapassada."[49] Já no sistema de aluguel, como bem esclareceu a historiadora, os escravos eram alugados a terceiros pelos seus proprietários que, possuindo cativos além do necessário, podiam dispor dos seus serviços em troca de um bom rendimento.[50]

Deve-se ressaltar que os dois sistemas de trabalho representariam uma grande oportunidade de investimento na sociedade paulistana, pois, como nos mostra Marilene

49 Leila Mezan Algranti. *O feitor ausente: estudos sobre a escravidão urbana no Rio de Janeiro (1808-1822)*. Petrópolis: Vozes, 1988, p. 49.

50 *Idem*, p. 48.

Nogueira, o senhor "além de livrar-se dos custos do sustento deste escravo, muitas vezes era ainda mantido pelo trabalho deste nas ruas da cidade. Este investimento fazia-se acessível até para as famílias pobres que tinham esses negros às vezes como sua única fonte de renda."[51]

Isso explica a quantidade de pessoas presentes na documentação, mesmo de famílias mais humildes, vivendo do trabalho de pessoas escravizadas. Tais paulistanos aproveitaram-se das possibilidades abertas pelo pequeno comércio de gêneros comestíveis, como também do conhecimento prévio, que a maioria de seus cativos trouxeram da África, para inseri-los na economia citadina.

Um ponto relevante a ser discutido é que muitos paulistanos já viviam dessas atividades, mesmo antes da presença disseminada dos africanos no final do XVIII e início do XIX. Vários indivíduos trabalhavam com comércio a varejo por contra própria ou faziam uso da mão de obra indígena escravizada. Elemento fundamental da economia paulistana, os chamados *negros da terra* trabalhavam em diversas atividades relacionadas à economia informal nos dois primeiros séculos de colonização de São Paulo e, provavelmente, não desapareceram deste setor de uma hora para outra.[52]

Deve-se ressaltar que, no contexto da crise da escravidão indígena, a sua substituição pela mão de obra africana demorou para se generalizar na cidade de outrora, sendo nos primeiros anos de nossa pesquisa, aliás, uma

51 Marilene Rosa Nogueira da Silva. *Negro na rua: a nova face da escravidão*. São Paulo: Hucitec; Brasília: CNPq, 1988, p. 21.

52 John Manuel Monteiro. *op. cit.* 1994, p. 173.

solução adotada somente pelos moradores mais abastados. Grande parte dos indigenas continuaram nas propriedades paulistanas como agregados, administrados ou mesmo como escravizados, conforme a análise dos *Maços de População* nos dá a entender e a historiografia corrobora.[53] Não podemos esquecer que a presença da indeterminação da condição legal da escravidão indígena, a qual perdurou por tanto tempo em São Paulo, produziu constantemente situações em que a condição dos indígenas e de muitos mestiços era difícil de ser determinada, levando muitos colonos explorar sua mão de obra, apesar das leis que lhes conferiam liberdade.

Esse é um ponto que merece atenção, pois acreditamos que a convivência entre indígenas e africanos ajudou a configurar as práticas ligadas ao pequeno comércio de alimentos na cidade de São Paulo. De fato, esta seria uma das especificidades da alimentação de rua que se desenvolveu neste local, se comparada com outros centros urbanos como Salvador ou mesmo Rio de Janeiro.

Apesar de os indígenas serem, na história da cidade de São Paulo, os primeiros agentes do comércio ambulante, não há como negligenciarmos que os africanos trouxeram novos contornos para este setor, o qual sofreu uma grande transformação em decorrência da dinamização vivida pela capital na passagem do século XVIII para o XIX.

---

53 Cf. Muriel Nazzari. *op. cit.*; John Monteiro. *op. cit.* 2004; Pasquale Petrone. *Aldeamentos paulistas*. São Paulo: Edusp, 1995.

Entre tabuleiros, querelas e mazelas

No perímetro urbano que se expandia, percebe-se, na farta documentação pesquisada, uma diversidade na oferta dos produtos vendidos pelos ambulantes, desde os prontos para consumo, nos quais incluímos, por exemplo, pinhões cozidos e pães, até alimentos *in natura*, adquiridos por meio das atividades de plantio, coleta e pesca, como milho, feijão, arroz e peixes. Em relação aos 'preparados culinários', devemos lembrar que isso tem a ver com os poucos indícios de sua presença nas fontes trabalhadas.

Apesar de serem poucos os testemunhos que apontam para a prática do preparo e venda de comida nas ruas de São Paulo, temos muitas informações sobre os mantimentos destinados à venda, especialmente, os gêneros de primeira necessidade que demandavam muita atenção das autoridades públicas. Esse é um ponto muito significativo de nossa pesquisa, pois é o contexto em que a alimentação de rua apareceu em maior incidência na documentação, especialmente aquela de caráter institucional. Devemos fazer tal ressalva, pois, apesar de suas limitações, essa acabou sendo nossa maior fonte de informações sobre o tema. Por isso, o milho, o feijão, a farinha, as carnes, entre tantos outros mantimentos terão mais presença nas páginas deste trabalho do que os preparos culinários, embora buscaremos, na medida do possível, levantar alguns indícios sobre a existência desses últimos também.

Para o período aqui analisado, o pão foi um dos poucos preparos culinários, cuja presença foi substancial neste corpo documental. Se a venda de comida no comércio ambulante está parcamente documentada entre a segunda metade do XVIII e o início do século seguinte, chama atenção, para o mesmo período, a grande incidência da venda do pão em São Paulo. Tal fato provavelmente se explica pela centralidade deste produto na dieta daqueles moradores desde o início do período colonial.[54] Sua indispensabilidade pode ser inferida a partir da atenção que lhe é reservada pelos camaristas, os quais se reuniam constantemente para sanar as irregularidades em torno de seu abastecimento – altos preços, má qualidade, escassez e problemas com pesos e medidas. Desta forma, anualmente, vemos que oficiais da Câmara saíam para examinar os pães vendidos pelas ruas da cidade. No dia seis de fevereiro de 1765, eles mandam publicar um edital, solicitando que:

> (...) todas as padeiras que costumam vender pão de farinha de trigo estarão prontas na quitanda com seus tabuleiros de pão para lhe ser pesado para se vir no conhecimento se estão pelo que está arbitrado por este senado e nos apresentarão as suas licença com os escritos de aferição revisto pelo escrivão deste senado, sob pena de incorrerem nas punições acima e achando-se o pão diminuto de lhe ser tomado por perdido para os presos da cadeia (...).[55]

Como se pode observar no trecho acima, as pessoas responsáveis pela produção do pão eram obrigadas a tirar

54 Rafaela Basso. "*Panen nostrum quotidianum*: um ensaio sobre o trigo nos primeiros tempos na mesa dos paulistas". *Anais eletrônicos do XXII Encontro Estadual de História da Anpuh-Sp*. Santos, 2014b, p. 1.

55 *Actas da Câmara Municipal*. *op. cit.*, vol. 13, p. 107.

licenças de padeiras, fato que facilitaria a regulamentação e o controle das autoridades em relação à circulação deste produto no ambiente urbano.

As padeiras não necessariamente saiam às ruas apregoando seus produtos. Da mesma forma que acontecia com muitas quitandeiras, era comum que se delegasse essa função aos seus escravos. Para tanto, elas precisavam ter capital, não só para a compra de cativos, como também para adquirir farinha de trigo que, em sua grande maioria, vinha de fora, como veremos no último capítulo.

Embora possamos classificá-las na categoria de ambulante, o fato das padeiras receberem sua própria denominação na documentação coeva, demonstra a importância de seu papel no suprimento alimentar da população. Assim, não é de se estranhar que a carestia ou a má qualidade do produto por elas vendidos suscitasse uma série de conflitos nas vereações da Câmara Municipal, tal qual se vê no trecho abaixo:

> Fazemos saber a todos os moradores desta cidade e seu termo que por nos chegar a notícia e nos representarem em vereança de 15 do corrente mês que sem embargo de estarem as farinhas de trigo baratas as padeiras faziam o pão muito diminuto sem embargo de cumprirem o peso taxado por este senado e por esta razão nos requeriam que atendendo nós ao bem comum se aumentasse o dito peso atendendo a ser justo este requerimento e em atenção ao bem público de toda essa cidade e moradores por comum acórdão (...).[56]

56 *Registro Geral da Câmara. op. cit.*, vol. 11, p. 443.

Na sessão acima descrita, observa-se que o procurador do Conselho reconhece a necessidade de agir de maneira mais eficaz na regulamentação do tamanho e dos preços dos pães vendidos, atendendo, assim, a uma demanda da própria população que, até pelo menos a década de 1820, adquiria o produto diariamente do comércio ambulante, seja comprando pães em determinados pontos da cidade ou recebendo-os em sua casa pelas mãos dos escravizados.

O hábito de adquirir pão do comércio ambulante era tão enraizado naquela sociedade que, quando as padarias se tornaram mais presentes no cotidiano da cidade, seus proprietários, além de vender pão e outros produtos nos estabelecimentos fixos, continuaram a mandar cativos para as ruas. Assim fez o francês Claudio Legousat ao abrir seu estabelecimento na Rua Direita, conforme vemos no anúncio publicado no *Farol Paulistano* de 27/09/1828, no qual é avisado ao público que:

> amanhã em diante achar-se-ha em sua casa toda a qualidade de pão, biscoito salgado e doces, roscas tanto em miúdo quanto em atacado. Igualmente se encarregará de encomendas para fora e de mandar pão à casa das pessoas que quiserem honrar sua freguesia, esmerando-se em contentar a todos quanto em si couber.[57]

Cabe lembrar que a Câmara agia no intuito de evitar a falta de todos os gêneros de primeira necessidade na mesa dos paulistanos. Embora a documentação camara-

57 *O Farol Paulistano*. 27/09/1828 ,p. 628.

ria, gerada no cumprimento dessas atividades, seja rica para entendermos o cotidiano da alimentação de rua, temos que tomar cuidado ao analisarmos os discursos contidos nela. Por mais ferrenho que possa ter sido o controle da Câmara sobre o pequeno comércio, não significa que ele surtisse os efeitos esperados ou reverberasse em mudanças de comportamentos de um dia para o outro.

Sobre este ponto, chama atenção o fato de as vendedoras ambulantes terem sido alvo de uma série de posturas a fim de cercear o âmbito de sua atuação, definindo não só os espaços em que elas deveriam atuar, assim como os produtos passíveis de comercialização. Deste modo, na reunião ocorrida no dia 30/03/1814, ficamos sabendo que procuradores do Conselho deliberaram:

> Em observância ao despacho de Vossas Senhorias proferido no requerimento dos vendeiros desta cidade me foi presente tendente aos víveres proibidos do comércio das quitandeiras (...) farinha, feijão, arroz, milho, queijos picados e, para poderem dar saída à algum destes efeitos que tivessem, lhes concedi a licença para os venderem até o último deste presente mês, enquanto aos mais gêneros que os mesmos requerem para serem proibidos as quitandeiras acho não se deverem proibir por serem miudezas impróprias para as vendas assim como ovos, licores, aguardente temperada, pois são gêneros prometidos as mesmas quitandeiras (...).[58]

58 *Registro Geral da Câmara. op. cit.*, vol. 15, p. 29.

Ao analisarmos o trecho acima, para além de observarmos os gêneros que deveriam ser comercializados pelas quitandeiras, acabamos tendo indícios dos que eram usualmente comercializados, mesmo fora da legalidade: farinha, feijão, milho, queijos e o arroz. Como se pode notar, as autoridades públicas buscaram criar o ramo de atuação das quitandeiras: o comércio de produtos tidos como "miúdos", tais como ovos, queijos, licores, aguardentes temperadas, além dos legumes, frutas e hortaliças não mencionados no documento. Tratava-se de gêneros de baixo valor e pouca lucratividade em comparação com aqueles de primeira necessidade, como a farinha, o milho ou o feijão.

No despacho, feito a seguir, vemos certa flexibilidade por parte das autoridades ao decidir que os queijos continuariam sendo comercializados pelas quitandeiras.[59] Chama atenção também os esforços dos vereadores em fazer valer o direito consuetudinário presente naquele universo, tentando conciliar as partes em litígio. A Câmara paulistana via-se obrigada a assegurar certos produtos ao comércio das quitandeiras, pois sabia da imprescindibilidade deste grupo no abastecimento alimentar da população, especialmente em tempos de crise.

Em relação a este último ponto, é interessante notar que era permitido às quitandeiras, conforme vimos, o comércio de aguardentes e licores, bebidas que elas podiam fabricar por sua conta – caso possuíssem engenhocas – ou adquirí-las facilmente nos alambiques, os quais estavam espalhados aos montes nos entornos da cidade. Tais bebidas baratas e de fácil preparo tinham seu consumo dis-

59 *Loc. cit.*

seminado entre os paulistanos, especialmente, entre os de baixo poder aquisitivo.

A análise das inúmeras regulamentações direcionadas às quitandeiras, ao longo de todo o período estudado, nos permite conhecer o rol dos produtos que elas mercadejavam, conforme edital publicado em 12/02/1803, onde se determinou:

> 3) Que (...) nenhuma pessoa poderá vender ovos pelas estradas, ou entradas desta cidade mas sim virão direto com eles ao canto do Bixiga e ali unicamente os venderão ao povo e, não os venderão as quitandeiras e outras pessoas que compram para os revender, até as duas horas da tarde e daí em diante os poderão vender a qualquer pessoa que os quiser comprar;
> 4) Que palmiteiro nenhum poderá vender palmito as quitandeiras sem primeiro correr com eles por toda a cidade e, ao depois sim os poderão vender;
> 5) Que quitandeira nenhuma poderá jamais atravessar arroz para depois vender pelo miúdo nos tabuleiros, assim como os que vendem os ditos arrozes não os poderão vender as ditas quitandeiras, e da mesma forma não poderão as quitandeiras vender nos tabuleiros pelo miúdo e aos vinténs farinha, milho, feijão, porque tudo isto acima dito fica reservado tão somente aos taverneiros que pagam direitos das suas negociações (...).[60]

60 *Registro Geral da Câmara. op. cit.*, vol. 12, p. 615.

O trecho em questão, ao passo que mostra as tentativas de organização do comércio de abastecimento, proporciona um rol de informações sobre o efetivo funcionamento do setor da alimentação de rua. Primeiramente, observamos que as quitandeiras vendiam nas ruas de São Paulo itens básicos como farinha, ovos, arroz, milho e palmito, gêneros que elas obtinham de pequenas roças de subsistência ou da caça e coleta nas regiões circunvizinhas à área central da cidade, atividades certamente aprendidas com os descendentes dos antigos naturais da terra. Através delas, as vendedoras podiam capturar mariscos e caranguejos de água doce, os bichos de taquara dos caules dos bambus e, as tão afamadas, içás. Conforme nos mostra Maria Odila da Silva Dias, a área urbana, por estar repleta de rios e matagais, favorecia a pesca, a caça e a coleta, a partir das quais, as quitandeiras improvisariam essas diferentes formas de subsistência, proporcionando-lhes oportunidades econômicas e de ascensão social.[61]

Além de obter seus próprios alimentos, tais vendedoras podiam recorrer aos pequenos produtores ou aos indígenas, que lhes vendiam seus cultivos a preços bem mais baratos. Ao que parece, a maior parte das negociações acontecia nas pontes ou estradas situadas nas entradas da cidade, como o caminho do Piques, passagem obrigatória dos mantimentos provenientes das freguesias vizinhas.

Eram nesses espaços que as quitandeiras, bem como os demais ambulantes, adquiriam os produtos para compor o grosso da alimentação de rua. Mais do que isso, os arredores da cidade eram locais onde tais pessoas circu-

---

61 Maria Odila da Silva Dias. *op. cit.*, p. 157.

lavam cotidianamente, realizando trocas – para além das comerciais – e articulando diferentes tipos de relações com vários setores marginalizados daquela sociedade, entre os quais destacamos os grupos indígenas e quilombolas. Muitos vendedores escolhiam até mesmo atuar nas localidades afastadas ou para lá mandar seus escravos, como vemos no edital de 17/01/1784, publicado no *Registro Geral da Câmara*. Nele, os camaristas se queixavam que, há mais de dois anos, não havia vendeiro que quisesse arrematar os estancos dos arrebaldes mais distantes da cidade como a região de Santa Fé e de Pinheiros, por haver nestas localidades:

> muitas pessoas que com as suas quitandas de bebidas e comestíveis costumam mandar vender nos ditos distritos pelos seus escravos em grave prejuízo dos bens deste mesmo conselho protestando por este meio o não haver quem queira arrematar os ditos estancos, por isso (...) proibimos que nenhuma pessoa de qualquer condição (...) não possam vender, nem mandar vender gêneros alguns de comestivos, ou bebidas por miúdos ou por grosso debaixo das penas de que toda a que for achada vendendo nos ditos bairros serem condenada a 6 mil réis (...) e trinta dias de cadeia (...).[62]

Provavelmente alguns comerciantes buscavam atuar nesses arredores, pois ali, além de conseguirem fugir das

62 *Registro Geral da Câmara. op. cit.*, vol. 11, p. 542.

medidas de almotaçaria praticadas na cidade, encontravam um público que não podia contar com a mesma estrutura de abastecimento presente no ambiente urbano, além da circulação a tal região nem sempre ser acessível a eles. Apesar disso, a preferência dos comerciantes, de um modo geral, era a região central. Mesmo que morassem distantes, preferiam manter suas atividades na área urbana, ainda que adquirissem suas mercadorias nos arrebaldes.

Tal prática, interpretada em algumas situações pelo poder municipal como atravessamento, foi perseguida durante o período estudado. Com o intuito de evitar que isso comprometesse o abastecimento regular da população, os camaristas se esforçavam para fazer valer a sua autoridade sobre o comércio local, como fica evidente em outro trecho do edital de 12/02/1803, já citado acima:

> (...) sendo me assaz constante os danos que resultam as quitandeiras e os atravessadores ao público: estes atravessando mantimentos pelos caminhos; aquelas por semelhante forma comprando e atravessando os gêneros de primeira necessidade, para os revenderem por excessivos preços do que tudo resulta irreparável dano ao bem comum. Mando que da data deste a três dias que nenhuma quitandeira poderá usar de vender feijão, farinha, milho e arroz pena de serem punidas e castigadas a meu arbítrio.
>
> Outrossim toda e qualquer pessoa que para revender atravessar mantimentos ou seja nas casinhas ou pelas estradas, passado o referido termo incorrerá não só no perdimento dos gêneros que lhe forem apreendidos mas

> igualmente na pena de 30 dias de cadeia. E 6 mil reis de condenação.[63]

Apesar de, no trecho em questão, as quitandeiras serem vistas pelas autoridades como responsáveis por causar a carestia na cidade, não é possível determinar se esta ação comprometia ou, pelo contrário, garantia o acesso da população aos gêneros de primeira necessidade. Ao que tudo indica, mesmo obtendo os alimentos antes que chegassem nos locais de venda definidos pelas autoridades, tais mulheres ainda conseguiam redistribuí-los a preços mais baratos. Parece certo que não haveria outra forma de se inserir neste setor, pois as posturas impostas pela Câmara dificultavam ao máximo a inserção de pessoas sem recursos no serviço de abastecimento urbano. O fato de os produtores serem obrigados a fornecer suas mercadorias primeiramente para os vendedores fixos é o maior exemplo disso.

Segundo Maria Odila da Silva Dias, para sobreviver vendendo quitandas, era necessário "antes de tudo ter meios seguros mais ou menos sub-reptícios de acesso aos gêneros alimentícios."[64] Assim, essas mulheres se estabeleciam nos subúrbios, esperando os produtores de gêneros alimentícios para lhes comprar os seus carregamento antes que eles entrassem na cidade. Como veremos no próximo capítulo, elas também costumavam ir às Casinhas de madrugada com o intuito de adquirir os produtos trazidos pelos sitiantes, tendo assim a oportuni-

---

63 *Registro Geral da Câmara op. cit.*, vol. 13, p. 249.

64 Maria Odila da Silva Dias. *op. cit.*, p.78.

dade de conseguir as mercadorias de melhor qualidade, além de poder revendê-las no próprio mercado, em seguida, de forma ilegal.

A associação entre as quitandeiras e os atravessadores fez com que elas entrassem em conflito com as autoridades públicas diversas vezes. Suas ações acabavam por subverter a organização que a Câmara buscava impor no mercado urbano. Lembremos que, entre suas principais regulamentações, estava a definição dos papéis que os diferentes setores ocupariam neste âmbito. Enquanto o ambulante ficaria responsável pelos gêneros miúdos e bebidas populares, o setor fixo estaria incumbido dos comestíveis como farinha, feijão, arroz, milho, queijos etc.

Grande parte dos produtos considerados como monopólio dos vendeiros eram gêneros de primeira necessidade, que deveriam ter seus valores almotaçados e seus pesos e medidas controlados para evitar as fraudes e desvios. Os estabelecimentos especializados na venda de determinados produtos eram obrigados a obter licenças, cuja renovação era feita anualmente para as devidas averiguações. Podemos imaginar a dificuldade desse controle no caso dos ambulantes, os quais eram um grupo difícil de manter sob a vigilância do fisco, situação que também se aplicava aos produtos por eles vendidos.

Nesse ponto, observamos que as restrições sobre as atividades ambulantes podiam ter vários significados na economia de abastecimento de São Paulo. Fica claro que as frequentes acusações, multas e punições direcionadas às quitandeiras demonstram que, em nenhum momento, elas pararam de comercializar os alimentos a elas interditas, burlando, sempre que possível, a fiscalização. Tal fato acabava por trazer prejuízos a muitos comerciantes locais, devido à concorrência dos preços baixos por elas praticados. Assim, com frequência, encontramos queixas nas fontes institucionais. No dia 21/03/1821, por exemplo, a Câmara mandou publicar um edital, da seguinte forma:

> Fazemos saber que por vários vendeiros desta cidade nos foi representado por sua petição que algumas quitandeiras e outras pessoas se acham vendendo varejadamente arroz, feijão, farinha, carne de charque, fumo e outros efeitos que se costumam a pesar e medir e venderem-se em vendas públicas em tempo imemorial. O que tudo via sendo contra o estilo do reino, por isso que nenhuma pessoa podia usar de negócio público sem licença das autoridades para isso decretadas. [65]

Se de um lado, a leitura do edital, permite observar a atuação das ambulantes no pequeno comércio clandestinamente, de outro, lança luz sobre a preocupação da Câmara em atender a solicitação dos vendeiros, os quais se sentiam lesados por pagarem direitos de exclusividade comercial, o que na prática não acontecia. O que estava em jogo claramente, para o poder público, era defender os interesses dos que atuavam no comércio fixo, tendo em vista garantir a maior arrecadação fiscal proveniente do pagamento de impostos feito pelo setor. Assim, a Câmara mandou publicar, no mesmo dia, um edital em praça pública, onde proibia as

65 *Registro Geral da Câmara. op. cit.*, vol. 16, p. 150.

quitandeiras de vender os gêneros reservados aos vendeiros. Neste mesmo edital, ainda é possível ver o intento de cercear cada vez mais a ação das quitandeiras:

> (...) [todas as pessoas] que costumavam vender gêneros próprios de quitandas em suas casas com a porta aberta sem balança digo sem balcão, tirem todos os anos Alvará de licença para se legitimarem para a venda pública, e se lhes declarar quais sejam as quitandas que devem vender, debaixo da sobredita pena (...).[66]

O que fica subjacente, na leitura deste edital, é que as autoridades buscavam delimitar, através da obrigatoriedade de licenças, as esferas de atuação do comércio de mantimentos na cidade.[67] Embora esta divisão já existisse há muito tempo, é notório que a Câmara não tinha funcionários suficientes para controlar o cumprimento de suas medidas, sobretudo em locais distantes. Situação esta que se complicava ainda mais devido ao grande número de consumidores destas vendedoras, especialmente, entre aqueles de poucos recursos, os quais as viam como única oportunidade de adquirir os gêneros de seu sustento a preços acessíveis. Este quadro explica o porquê, mesmo

66 *Idem.*

67 Qualquer um que desejasse colocar um tabuleiro nas ruas para vender a miúdo deveria tirar licenças anualmente. O mesmo acontecia com os negócios de botica, armazém, taberna, botequim, açougue, ou qualquer casa comercial. Cf. *Registro Geral da Câmara. op. cit.*, vol. 21, p. 24.

na ilegalidade, certos produtos eram quase um monopólio das quitandeiras. No despacho emitido pelo senado, no dia 16/03/1814, observamos que:

> Acordam (...) que o nosso juiz almotacé atual a quem este será apresentado dê todas as providencias necessárias afim de que as quitandeiras não vendam gêneros próprios das vendas tributadas no lugar da quitanda estabelecendo e limitando os gêneros de bebidas e comestíveis que é próprio para as quitandeiras de que dará parte a este Senado para ordenar providencias posteriores e outrossim porá todos os meios para evitar o monopólio que as mesmas quitandeiras consta estarem fazendo das aves que se dirigem e entram na cidade, arroz, farinha e outros gêneros que abusivamente estão reduzindo ao seu comercio com ofensa do cômodo público e dos direitos que devem pagar ao casinheiro.[68]

A concorrência que elas representariam era tamanha que muitos comerciantes de estabelecimentos fixos resolveram colocar a seu serviço algumas negras de tabuleiro como uma tentativa de burlar a arrecadação fiscal à qual suas lojas estavam sujeitas.[69] Porém, segundo os documentos municipais, parece que esta prática teve poucos adeptos entre os vendeiros, sendo que a maioria optou

68 *Registro Geral da Câmara. op. cit.*, vol. 15, p. 28.

69 Fato que não deixou de criar problemas com as autoridades, conforme vemos na sessão do dia 17/06/1829. Cf. *Actas da Câmara Municipal. op. cit.*, vol. 24, p. 495.

por fazer frente à sua atuação, à força de alvarás, dirigindo uma série de petições às autoridades locais.

Assim, para conseguir manter as quitandeiras sob a dominação do fisco municipal, uma das principais estratégias foi circunscrever seu trabalho em determinados pontos da cidade. Tal ação, segundo João Luiz Máximo da Silva, explicaria a característica peculiar das quitandeiras paulistanas em relação às que atuavam em outros centros urbanos, tais como Rio de Janeiro ou Salvador, na medida em que elas trabalhavam mais estacionadas.[70]

Este fato teria chamado a atenção de Saint-Hilaire em uma de suas passagens pela cidade, conforme vemos abaixo:

> Em São Paulo não se vê negros percorrendo as ruas como no Rio de Janeiro, carregando mercadorias na cabeça. Os legumes e outros pequenos produtos são vendidos por mulheres negras que se agrupam numa rua chamada rua da Quitanda, nome que recebeu por causa do comercio que ali se faz. Quanto aos mantimentos de consumo indispensáveis tais como farinha, toucinho, o arroz, o milho e a carne seca são vendidos por comerciantes estabelecidos nas ruas das Casinhas.[71]

Como se pode inferir do relato do viajante francês, as quitandeiras paulistanas ficavam estacionadas em alguns pontos da cidade, como na mencionada rua das

70 João Luiz Máximo da Silva. *op. cit.*, 2008a, p. 54.

71 Auguste de Saint-Hilaire. *op. cit.*, 1976, p. 137.

Quitandas, o que não significava que elas permanecessem por muito tempo nesses lugares.[72] A propósito, algumas mulheres alugavam quartos naquele logradouro ou em suas adjacências, como fez Ana Francisca, mina, que em 1804 morava na rua das Quitandas, ou mesmo a negra quitandeira Cristina Maria, que morava em uma das travessas daquela rua no ano de 1822.[73]

A despeito disso, encontramos frequentemente, na documentação da Câmara, queixas sobre a presença dessas comerciantes em outros locais da cidade, inclusive no próprio mercado das Casinhas ou imediações, onde elas alugavam alguns quartinhos para montar seu comércio de maneira ilegal. Como aparecem mencionadas nos recenseamentos, elas escolhiam se concentrar em algumas áreas específicas da cidade, onde surgiam as melhores oportunidades de comércio.

Além da já citada rua da Quitanda, elas se concentravam na ruas do Carmo e do Rosário e no páteo de São Francisco, lugares com um grande trânsito de pessoas.[74] Podiam também se instalar nos becos e travessas da região central, como o beco do Inferno ou da Cachaça, onde montavam suas quitandas em pequenos quartinhos ou

72 Neste ponto é importante lembrar que tais viajantes apresentaram apenas uma imagem momentânea daquele contexto, visto que eles, além de estarem, na maioria das vezes, somente de passagem, provavelmente observaram com certo distanciamento o movimento das ruas. É bem provável, pela análise dos relatos, que eles circulassem pouco pelos espaços públicos da cidade, onde ambulantes estariam estacionados com seus tabuleiros.

73 *Maços de População*. (1804) *op. cit.*, p. 75/ (1822), p. 21.

74 *Papéis Avulsos. op. cit.*, vol 25, p. 187.

expunham suas mercadorias na rua propriamente dita, em esteiras ou bancas. Tal situação incomodava de sobremaneira os comerciantes da região que, entre as muitas formas de fazer frente à sua concorrência, constantemente se queixavam, nas reuniões da Câmara Municipal, das sujeiras e maus cheiros deixados por elas.[75]

Não raro, as quitandeiras estacionavam suas bancas próximas às casas de vendagens, gerando muitos descontentamentos entre seus proprietários – explícitos nos documentos da época. Na sessão de 12 de março, por exemplo, os representantes da administração municipal com o intuito de:

> evitar semelhantes clamores e prejuízos passe imediatamente a ordenar as mesmas impondo-lhes as penas de condenação que só do canto do alferes José Antônio Fernandes por diante travessa que vai sair à rua de São Bento é que devem fazer ponto com suas quitandas, bem como do lado oposto: principiando na esquina das casas de Luiz Gonzaga paralelo as outras e nunca em outra qualquer parte.[76]

Com o desenrolar do processo de urbanização, vemos que cresce a restrição em relação à atuação das pequenas comerciantes na região mais central da cidade. Embora nenhuma regulamentação conseguisse acabar de vez com sua presença, ao analisarmos os *Maços de População*, percebemos que ela decaiu nesses locais com o

75 Maria Odila da Silva Dias. *op. cit.*, p. 23.

76 *Registro Geral da Câmara. op. cit.*, vol. 15, p. 89.

passar dos anos, ao passo em que a dos estabelecimentos fixos cresceu. Ao examinarmos os dados do ano de 1802, por exemplo, vemos que 38 pessoas declaravam viver de suas quitandas ou exerciam ofício de quitandeiras, isso apenas no perímetro urbano da cidade. Tal número se manteve estável durante certo tempo, começando a decair significativamente a partir da década seguinte. Ao nos reportarmos, por exemplo, ao ano de 1816, vemos que apenas 04 pessoas declaravam viver dessas atividades. A mesma tendência é notada para os anos seguintes, pois, em 1826, apenas 06 mulheres da região central figuravam oficialmente na documentação sob essa denominação.[77]

Vários fatores podem explicar essa diminuição. Uma das possibilidades é que tais mulheres se deslocaram para os arredores da cidade, onde seria mais fácil a venda de seus produtos de porta em porta. Lembremos que a incidência de listas nominativas para as regiões mais afastadas é menor em relação à área de urbanização mais densa e vai desaparecendo ano a ano, após o processo de independência. Outra explicação pode ser buscada no fato de que algumas mulheres, com mais recursos, passaram a administrar, ou mesmo possuir, pequenos estabelecimentos 'de comes e bebes'. No entanto, nenhuma das opções exclui o simples fato, já apontado por Maria Odila da Silva Dias, delas passarem a se declarar com mais assiduidade nos recenseamentos por meio de denominações vagas como: *vivendo de seus negócios* ou *de suas agências*.[78]

77 *Maços de População.* (1802;1816;1826). *op. cit.*

78 É importante ressaltar que Maria Odila da Silva Dias data a existência deste fenômeno somente a partir de 1828, quando, de

Seja como for, tal quadro pode revelar várias questões importantes relacionadas às transformações que a cidade sofreu a partir do segundo quartel do oitocentos. Neste contexto, a economia informal, movimentada pelas ambulantes, teria sido um dos principais alvos das autoridades paulistanas que lançaram, cada vez mais, editais e posturas buscando realocá-las, tendo em vista facilitar a circulação de mercadorias e pessoas pela sua área central, como também organizar este tipo de comércio para trazer uma maior comodidade para os novos grupos sociais que aos poucos iam ali se instalando. Por ora, é importante dizer que a diminuição da menção às quitandeiras nos registros documentais também se relacionava às mudanças nos padrões de consumo da cidade, visíveis, por exemplo, no aumento dos estabelecimentos fixos. Estes estabelecimentos passaram a disponibilizar uma variedade de mercadorias para as pessoas de maior poder aquisitivo, sem contar os lugares de encontro, que serviam refeições e bebidas para o mesmo público, como veremos nos dois últimos capítulos.

Entretanto, apesar de várias tentativas, a Câmara Municipal foi incapaz de coibir as atividades ambulantes na área central da cidade, já que elas eram importantes para assegurar à população de poucos recursos seus suprimentos alimentares a preços acessíveis. Quando não forneciam

---

acordo com seu ponto de vista, a promulgação da Lei Imperial, ao acarretar um maior controle sobre o abastecimento e o comércio de rua em São Paulo, fez com que as ambulantes passassem a declarar-se nos recenseamentos de modo mais vago e furtivo. *op. cit.*, p. 86.

os alimentos *in natura*, as ambulantes preparavam comidas com ingredientes obtidos, seja de pequenas roças domésticas, seja das atividades de caça, coleta e pesca. Para entendermos como se constituía a alimentação de rua em São Paulo, além de considerar a disponibilidade de produtos, temos que levar em conta quem eram os seus consumidores. É digno registrar que, embora as vendedoras ambulantes interagissem com pessoas de diferentes posições sociais, seus principais consumidores eram as camadas sociais desprivilegiadas. As pessoas escravizadas, por exemplo, pela condição de estarem, em sua grande maioria, ao ganho, não podiam depender de seus senhores para lhes fornecer suas necessidades mais elementares e, por isso, tinham que encontrar meios de prover sua subsistência.

Na análise dos mantimentos que estavam disponíveis no comércio de pequena monta, vemos que os africanos escravizados – ou ainda aqueles de condição livre – se, de um lado, quase não tinham acesso na cidade a alguns produtos de sua cultura alimentar de origem – como azeite de dendê, pimentas ou coco –, de outro, puderam recorrer, em São Paulo, a alguns gêneros da terra, com os quais certamente estavam familiarizados desde antes do cativeiro, ainda no continente africano, como o milho, a mandioca e o amendoim, isso sem contar, a aguardente. Produtos estes que haviam sido introduzidos em diferentes regiões da África durante o período de vigência do tráfico atlântico.

O último capítulo deste livro analisará com mais detalhes essa questão, por ora é importante dizer que as vendedoras ambulantes, muito provavelmente, quando cozinhavam, o faziam com produtos que elas próprias comercializavam ou adquiriam, conforme já mostrado, dos pequenos agricultores ou atravessadores nos arredores da cidade. Isso significa que, entre as matérias-primas dos seus preparos, estavam o milho, o feijão, a mandioca, o palmito, o amendoim, o pinhão, além dos insetos e dos peixes de água doce, como a piquira, lambari e bagre.

Nesses termos, o comércio ambulante provia a subsistência de uma infinidade de trabalhadores urbanos que não tinham oportunidades de voltar às suas casas para fazer suas refeições. Ademais, também dependiam dos ambulantes para suprir suas necessidades, um número significativo de agricultores, mercadores e tropeiros que afluíam diariamente à cidade para fazer seus negócios ou que estavam rumo às regiões mais interiorizadas do continente, levando mercadorias, mão de obra escravizada e tropas. Tudo isso, sem contar os fregueses mais remediados que as ambulantes ora encontravam ocasionalmente nas ruas, ora abasteciam suas dispensas. Vale lembrar que seriam essas vendedoras as provedoras de frutas, legumes e hortaliças, os quais, certamente, compunham o cardápio das pessoas de várias camadas sociais, como veremos mais adiante.

Neste último caso, conforme já mostrado anteriormente, é provável que os vendedores responsáveis pelo comércio de porta em porta, raramente tinham contato com indivíduos das classes mais abastadas, sendo que este trabalho era feito pelos escravos. Acreditamos que uma coisa seria obter os produtos *in natura* para o preparo das refeições em casa e outra comer na rua. O espaço onde as refeições aconteciam era de suma importância para a definição dos papéis sociais de cada indivíduo, ainda mais em uma sociedade onde a presença mais recente de novos segmentos trouxe a necessidade de forjar rituais de hierarquia e distinção social. Se, de um lado, o processo de dinamização do núcleo urbano acarretou uma maior fluidez social, de outro, trouxe um sistema de códigos para demarcar o pertencimento a uma determinada classe social.[79]

Neste sentido, em uma sociedade hierarquizada – como foi a de São Paulo colonial e de início do Império – os hábitos alimentares que, no caso em questão, envolviam não somente os produtos, mas também os locais onde as refeições ocorriam, se apresentavam como um importante mecanismo de construção identitária. A partir dessa perspectiva, nas páginas seguintes, iremos tratar de outros espaços como as vendas, tavernas e botequins, com o intuito de investigarmos as diferenças que possam ter existido no quadro da alimentação de rua paulistana, seja em termos de práticas alimentares, agentes ou consumidores.

79 Tal estratégia simbólica já era uma prática recorrente em diversas partes da América Portuguesa, sobretudo entre a elite colonial, descendente de europeus que, mesmo separada pela imensidão do Atlântico, mantinha ainda muitas práticas e valores próprios da cultura do Antigo Regime.

3. Os celeiros públicos

O mercado das Casinhas

Antes de nos referirmos aos espaços fixos de alimentação, acreditamos ser necessário nos reportarmos aos estabelecimentos públicos destinados a garantir o suprimento dos habitantes de São Paulo. Partindo da afirmação do historiador Richard Graham de que nenhuma cidade alimenta a si mesma, a ideia é de mostrar que São Paulo dependia de uma infinidade de setores econômicos, os quais se inter-relacionavam, para prover sua subsistência.[1] Ou seja, era necessário o envolvimento desde o setor agrícola e de criação, localizado nos arredores do núcleo urbanizado, até o comercial, onde as atividades ambulantes e/ou fixas disputavam mercado para a venda de alimentos; não deixando de mencionar os estabelecimentos municipais ligados ao suprimento dos gêneros de primeira necessidade, como o mercado das Casinhas e o Açougue Público.[2] Nas páginas que se seguem analisare-

1 Richard Graham. *op. cit.*, p. 19.

2 Apesar da importância das Casinhas para a história da cidade de São Paulo, poucos trabalhos recentes da historiografia têm se interessado por seu estudo, sendo que as maiores contribuões nesse sentido foram feitas pelos seguintes memorialis-

mos o papel ocupado por esses estabelecimentos no abastecimento citadino.

Lembramos que, desde o início do período colonial, era função da Câmara, enquanto representante da Coroa, garantir o acesso aos gêneros fundamentais para a subsistência dos súditos, tais como o milho, as farinhas e as carnes, conforme já mostramos em nosso trabalho de mestrado.[3] É Richard Graham, novamente, quem nos lembra que, a partir de pelo menos a Idade Média, uma das principais tarefas do governo municipal, na maior parte do mundo ocidental, era assegurar aos moradores um suprimento adequado e seguro de alimentos a preços acessíveis.[4] Em relação à América Portuguesa, tal ação ganha maior força na medida em que o fornecimento de um fluxo regular e estável de alimentos, para os habitantes das vilas e cidades coloniais, seria sinônimo da autoridade e boa governança do rei.

Com esse intuito, as autoridades procuravam estabelecer um controle sistemático sobre o mercado de víve-

---

tas do começo do século XX: Nuto Sant'Anna. "As casinhas: o primeiro mercado de São Paulo".*Revista do Arquivo Municipal de São Paulo.* São Paulo, vol. 14, ano 2, 1935. e Affonso A de Freitas."As casinhas."*Revista do Arquivo Municipal de São Paulo.* Publicação do Departamento de Cultura e de Recreação. São Paulo, vol. 3, ano 3, 1934. Em relação à historiografia atual, podemos mencionar o já citado trabalho de doutorado de João Luiz Máximo, em que o autor dedica um epaço considerável de sua tese para a compreensão da importância desse 'mercado' para o abastecimento da capital. João Luiz Máximo da Silva. *op. cit.* 2008a.

3 Rafaela Basso. *op. cit.* 2014a, p. 72.

4 Richard Graham. *op. cit.*, p. 19.

res. As práticas comerciais relativas à alimentação deveriam operar através de vários princípios, com o objetivo de garantir uma provisão de alimentos a preços justos, de qualidade e que fossem comercializados de maneira direta para os consumidores finais. Para tanto, o Senado da Câmara supervisionava, como nos mostra Charles Boxer, várias instâncias do funcionamento deste mercado, dentre suas muitas atribuições ele "fixava o preço de venda de muitos produtos e provisões; passava licenças aos vendedores ambulantes, bufarinheiros, etc, e verificava a qualidade das suas mercadorias(...)."[5]

No que diz respeito à regulação do mercado, essa instituição agia no sentido de garantir que os gêneros mais indispensáveis à sobrevivência urbana estivessem acessíveis a todos os moradores do território paulistano, sobretudo os mais necessitados. Como vimos no capítulo anterior, várias foram as estratégias postas em práticas com o intuito de atender essa finalidade e, é óbvio, que algumas tiveram mais êxito, enquanto outras nem tanto. Uma delas foi a aplicação da almotaçaria, ou seja, o controle de preços dos gêneros de primeira necessidade, outra foi a delimitação do ramo de atuação das pessoas envolvidas com o comércio de comestíveis. Enquanto a primeira estratégia teve mais resultados, a segunda não foi tão bem sucedida. Um bom exemplo disso é que, a despeito das autoridades incumbirem aos vendeiros e taberneiros o comércio dos gêneros de primeira necessidade, dados disponíveis nas fontes de caráter oficial mostraram a presença de outros agentes atu-

5 Charles Boxer. *O império colonial português*. Lisboa: Edições 70, 1969, p. 308.

ando nessa mesma modalidade, como as vendedoras ambulantes mencionadas anteriormente.

Mesmo os agentes legalmente instituídos do comércio fixo descumpriam as medidas estabelecidas pela Câmara, o que levou seus oficiais a se reunirem inúmeras vezes para tratar do problema. Na sessão de 2/12/1765, por exemplo, o almotacé João Correa da Silva mandou publicar um edital avisando que todos os vendeiros sem suas almotaçarias em dia seriam condenados às penas sujeitas pelo Conselho.[6]

As autoridades administrativas também se preocupavam com a qualidade dos alimentos de consumo diário e procuravam evitar fraudes na adulteração dos pesos e medidas ou mesmo a venda de produtos estragados. O pão, pela sua indispensabilidade na dieta local, merecia bastante atenção neste contexto. Eram recorrentes os problemas em seu fornecimento, já que esse estava subordinado às diligências ocorridas na produção do trigo, cereal que, desde o final do século XVII, era cultivado em baixa escala na região. Como desdobramento desta situação, as padeiras tinham que adquirir a farinha utilizada em sua produção no mercado citadino, que, inclusive, em grande parte, era importada de fora. Em razão da dificuldade de obtenção desta matéria-prima, muitas padeiras estavam vendendo pães com farinhas de outros cereais ou com pesos adulterados.

Neste sentido, os numerosos litígios ligados ao fornecimento do pão de trigo ocorridos na cidade indicam sua importância na alimentação paulistana e justificam a pre-

6 *Registro Geral da Câmara. op. cit.*, vol. 11, p. 181.

ocupação das autoridades com a regulação do preço e da qualidade do produto disponibilizado à população, inclusive da própria matéria-prima utilizada em sua fabricação. Isso fez com que, no dia 21/02/1767, os oficiais mandassem publicar um edital, cujo objetivo era garantir a padronização do peso do pão na cidade, determinando que:

> Enquanto não houvesse farinha nova, padeira nenhuma de hoje em diante, poderia vender pão de farinha da terra menos de vinte onças por oitenta réis e dez onças por quarenta reis e cinco onças por um vintém tem tudo depois de cozido e que o pão de farinha de reino se vendesse pela postura passada de dezesseis onças, e oito por quarenta reis e quatro onças por um vintém.[7]

Mais adiante no documento, podemos ver que fica estipulado que quem vendesse pão abaixo das sobreditas medidas, estaria sujeito à 30 dias de prisão, além de ter o produto perdido para os presos da cadeia, ficando determinado que os almotaceis, presentes e futuros, deviam fazer executar a postura.

Por outro lado, os monopólios, os quais estavam intimamente associados às práticas de atravessamento de produtos, também foram alvo das investidas dos camaristas. Isso significava que ninguém podia comprar produtos às escondidas para estocá-los, seja para revender na cidade a preços inflacionados ou para remetê-los a outras localidades. Visando combater os especuladores, que

7 *Actas da Câmara Municipal. op. cit.*, vol. 15, p. 245-246.

muitas vezes tiravam os mantimentos de circulação para elevar seus preços, as autoridades puseram em prática várias medidas, como a aplicação de multas e outras punições aos que compravam os mantimentos de antemão. Do mesmo modo, incutiram o controle de entrada e saída de mantimentos através da obrigatoriedade da apresentação da guia do almotacel para sua circulação na cidade. Desnecessário dizer, conforme já sublinhado ao longo deste trabalho, que a interferência de intermediários no mercado paulistano foi um dos principais obstáculos enfrentados pelas autoridades na gestão do abastecimento alimentar paulistano, principalmente no que diz respeito ao controle dos preços.

Para executar essa função, o poder púbico contava com um contingente de funcionários, dentre os quais nos parece crucial destacar os almotacéis. Entre as atribuições que competiam a estes indivíduos, estavam, de acordo com Luiz Mott, a regulação dos preços dos produtos da dieta básica, a assistência às atividades dos açougues públicos, a inspeção das tavernas, o exame da qualidade e do peso do pão, entre outras funções diárias que visavam, em última instância, a garantia da abundância de comestíveis.[8]

No entanto, ao passo que a cidade crescia, tanto em termos demográficos, quanto espaciais, este conjunto de funcionários não estava conseguindo atender às demandas da população local. A fim de resolver a questão, o governador Dom Luís de Sousa Botelho Mourão aproveitou

8 Luiz Mott. "Subsídios à história do pequeno comércio no Brasil." *Revista de História*. vol. 53, p. 81-106, 1976, p. 45.

a ocasião para determinar a criação, no início da década de 1770, do mercado das Casinhas, espécie de estabelecimentos comerciais onde se concentraria a venda de alimentos como a farinha, a carne de porco, o arroz, o milho, entre outros gêneros de primeira necessidade.

Como a Câmara da cidade não tinha dinheiro para arcar sozinha com os gastos de sua construção, foi feito um acordo com um *homem bom* da cidade, Jerônimo de Castro Guimarães, que se comprometeu a comprar os terrenos onde se construiria o mercado, além de arcar com todas as despesas de sua construção. Em contrapartida, ele receberia os rendimentos das arrematações até que fosse pago todo o dinheiro por ele investido. Só a partir daí, essas taxas seriam repassadas para o Senado da Câmara.[9]

Dessa forma acordado, para a construção do mercado das Casinhas, foi desapropriado um terreno localizado na região central da cidade, próximo ao largo da Sé, situado na "rua que ia para a Igreja do Rosário dos Pretos, esquina da primeira travessa da rua da Quitanda Velha."[10] A escolha não podia ser melhor, já que o mercado se estabeleceria no coração da cidade, numa embocadura de vários caminhos. Para Nuto Sant'Anna: "Ficava em uma distância razoável tanto dos que subiam a Tabatinguera ou vinham de Ibirapuera, Pinheiros, Nossa Senhora da Esperança do Ó, e até mesmo dos que demandavam a cidade por água, desembarcando no ancoradouro histórico do Porto Geral."[11] Certamente, sua construção reafirmou

9 *Actas da Câmara Municipal. op. cit.*, vol. 16, p. 364.

10 Nuto Sant'Anna. *op. cit.*, p. 66.

11 *Loc. cit.*

uma configuração espacial já existente naquele canto da cidade, voltada para a circulação de pessoas e mercadorias.

Firmada as condições do contrato, deu-se início à construção das 15 casas conjugadas, finalizada no ano de 1773. Tal como consta no termo do inventário da sua primeira arrematação, cada quarto foi entregue com suas fechaduras e chaves nas portas tanto da rua, como dos quintais. Além disso, eles estavam providos, segundo consta no termo:

> Com suas baquetas de tabuas de assoalhos cada casinha aonde se costumam pôr os toucinhos, e seus bancos das bandas para se assentarem tudo em cada casinha assim mais receberam e se deram por entregues de cinco ganchos de ferros e três pesos de arroba cada uma, dois pesos meia arroba cada uma, dois pesos de oito libras cada, cinco pesos de quatro libras cada uma – quatro pesos de duas libras, um peso de libra, mais um peso de meia arroba, tudo de ferro, dois termos de medidas de meios alqueires, quartas e meia quartas (...).[12]

A criação das Casinhas não foi uma ação isolada do governo paulistano, já que encontramos padrões semelhantes desses mercados em outros centros urbanos brasileiros, inclusive em outras regiões paulistas no decurso do mesmo período.[13] A ideia era que sua instauração

---

12 *Actas da Câmara Municipal. op. cit.*, vol. 16, p. 302.

13 Affonso A. de Freitas. *op. cit.*, p. 25.

resolvesse os habituais problemas de abastecimento ali encontrados e que aumentaram à medida em a cidade se expandia demograficamente.[14] Sua implantação em terras paulistanas foi, portanto, resultado de uma diversificação econômica e de um crescimento urbano que, consequentemente, propiciaram o desenvolvimento e alargamento de uma vasta rede de atividades comerciais destinada a atender o mercado consumidor na cidade em expansão.

A função das Casinhas consistia em organizar o mercado de víveres em várias frentes. Primeiramente, buscava-se o aprovisionamento de mantimentos para disponibilizá-los à população de maneira regular e a preços acessíveis. Todos os gêneros de primeira necessidade deveriam ser comercializados nas Casinhas.[15] Agricultores, criadores e vivandeiros deviam levar suas provisões para lá: "onde melhor se regularão os preços, e só depois de ser o povo aprovisionado poderão permitir-se a saída para fora."[16]

Como acontecia em outras localidades, até mesmo na Europa, os lavradores, ao encaminhar os mantimentos para o dito mercado, eram obrigados a disponibilizá-los, primeiramente, aos moradores mais necessitados. A esse respeito, E.P.Thompson, nos traz um relato sobre o que acontecia na Inglaterra em meados do XVIII:

Os mercados deviam ser controlados; não se podia vender antes de horas determinadas, quando soava um

---

14 Valter Martins. *Mercados urbanos, transformações na cidade: abastecimento e cotidiano em Campinas, 1859-1908*. Campinas: Editora da Unicamp, 2010, p. 35.

15 *Papéis Avulsos. op. cit.*, vol. 7, p. 201.

16 *Papéis Avulsos. op. cit.*, vol. 14, p. 236.

sino, os pobres deviam ter a oportunidade de comprar primeiro os grãos, a farinha fina ou a farinha grossa, em pequenas porções, com pesos e medidas devidamente supervisionados. Numa determinada hora, quando suas necessidades estivessem atendidas, soava um segundo sino, e os comerciantes mais abastados (devidamente licenciados) podiam então fazer as suas compras.[17]

Em São Paulo, observamos que esta obrigatoriedade deveria permanecer por um período de três dias. Os almotacéis seriam os responsáveis por organizar a distribuição dos víveres. Só então, eles estariam disponíveis aos comerciantes e a outros interessados, como vemos no trecho abaixo:

> Mandamos que da publicação deste em diante que todo o lavrador que vier com seus mantimentos (...) irão dar entrada ao juiz almotacé a quem manifestarão o que trazem para revender ao povo cujos mantimentos devem estar por tempo de 03 dias vendendo-se varejado por miúdo ao mesmo povo para este se refazer do que precisar e findo o dito termo o poderão vender por junto pedindo faculdade primeiro ao mesmo almotacé para que ele venha no conhecimento de que os povos não tenham necessidade (...).[18]

17 Edward Palmer Thompson. "A economia moral da multidão inglesa no século XVIII". *in Costumes em comum: estudos sobre a cultura popular tradicional*. São Paulo: Companhia das Letras,1998, p. 156.

18 *Registro Geral da Câmara. op. cit.*, vol. 12, p. 307.

Observa-se, pela leitura do edital, que as penas para quem descumprisse as imposições recaíam não só para os vendedores, mas também para os comerciantes que tentassem comprar antes do povo. Contudo, sabemos que, a despeito dos infratores poderem incorrer nas penas impostas pelas leis, era comum o descumprimento de tal medida. Fato que parece indicar que, na prática, a Câmara fazia vistas grossas para quem interferia na comercialização direta ao povo.

Outra medida imposta, para garantir que os produtos de maior consumo estivessem acessíveis à população, era o controle de sua entrada e saída nas Casinhas. O arrematante via-se obrigado a providenciar uma relação circunstanciada dos gêneros que eram ali negociados todos os dias, para que as providências fossem tomadas. Como tal relação podia sofrer variações em função dos fatores climáticos e/ou de mercado, em 20/04/1793, por exemplo, estavam nesta lista o feijão, a farinha e o toucinho. Um controle sistemático deveria ser apresentado ao juiz presidente, a fim de que este colocasse em prática medidas visando prover:

> a maior ou menor abundância que houver dos ditos gêneros, tomar as medidas proporcionadas para o fim de pretendido objeto da conservação e indemnidade pública e de se darem as mais providencias que parecerem concernentes sendo advertido de não consentir que das ditas casinhas sairão os referidos gêneros em maior quantidade do que for precisa para a necessária sustentação dos compradores (...).[19]

19 *Actas da Câmara Municipal. op. cit.*, vol. 19, p. 372.

A centralização do abastecimento em um único espaço contribuiria também para a inspeção pública, o tabelamento dos preços e a punição daqueles que descumprissem as regras previamente estabelecidas. Com certa periodicidade, era feita a verificação dos pesos e balanças, como consta no relatório apresentado pelo fiscal Luiz Manoel Feliciano Kekky:

> Sendo meu dever fiscalizar a que o público não sofra prejuízo nas compras dos mantimentos ou toucinho que se vende nas Casinhas e, passando eu a examinar as mesmas casinhas, achei nas de número 11 e 12, 14, 15 e 18 as balanças que nela existem todas desconcertadas, sem nelas se poder pesar coisa alguma que não deixe de prejudicar o público.[20]

Além disso, os fiscais deviam inspecionar os depósitos para verificar a qualidade dos produtos e o estado de limpeza do local. Era obrigação também desses funcionários punir aqueles que não atendessem as exigências das autoridades. No que diz respeito aos gêneros estragados, um caso sugestivo ocorreu em 26 de fevereiro de 1784, quando chegou ao conhecimento do Procurador do Conselho que várias pessoas estavam vendendo toucinhos de porcos tidos como 'danados". Com a finalidade de solucionar o caso, oficiais da Câmara mandaram publicar um edital conclamando a todas as pessoas que

> souberem ou ouvirem dizer que nas casinhas desta cidade, ou no açougue ou ainda em ou-

20 *Registro Geral da Câmara. op. cit.*, vol. 19, p. 220.

> tra qualquer parte fora desta cidade ou ainda no termo desta mesma cidade haja quem venda porcos ou gados danados ou infectados de outra qualquer moléstia, os venham denunciar em segredo ao juiz presidente deste Senado para logo mandar prender e dar-lhe o castigo conforme as penas determinadas (...).[21]

Neste sentido, entre sua ampla gama de atribuições, as Casinhas visavam criar uma estrutura de controle no que toca à circulação de pessoas envolvidas com o abastecimento alimentar. É importante lembrar que muitas delas podiam trabalhar clandestinamente dispersas no espaço urbano, o que dificultava sua fiscalização. Naquelas dependências, elas seriam vigiadas de perto pelas autoridades locais. A ideia, inclusive, era que as Casinhas funcionassem como um centro de redistribuição a todos os envolvidos com a comercialização de comestíveis na cidade. Ou seja, tanto quitandeiras, como vendeiros/taverneiros seriam obrigados a adquirir ali suas mercadorias, para só então revendê-las à população. Os que assim não procedessem estariam sujeitos às penas previstas pela lei:

> incorrendo pela primeira vez aqueles que forem comprar fora dos ditos lugares na pena de 6mil réis para o obra deste conselho e pelas mais vezes nas penas que se acham estabelecidas por lei a este respeito; e só assim poderão vender nas mencionadas tabernas, sendo esta disposição geral a todos e qualquer atravessador.[22]

21 *Registro Geral da Câmara. op. cit.*, vol. 11, p. 546-547.

22 *Actas da Câmara Municipal. op. cit.*, vol. 24, p. 149.

Por fim, e não menos importante, as Casinhas contribuiriam para dinamizar o fisco, essencial para o funcionamento do sistema de abastecimento na cidade. Lembremos que este propósito foi flagrado pelas penas dos escrivães já nas primeiras reuniões em que a sua criação estava sendo discutida.[23] Além das receitas do contrato e/ou do aluguel dos quartos, havia as rendas provenientes das avenças dos produtos vendidos. Isso sem falar das multas impostas pelas contravenções praticadas.[24]

No início, os quartos eram arrendados anualmente por um interessado que, depois, podia sublocá-los aos vendedores ou sitiantes que expunham os seus produtos para a população.[25] Como ocorreu com outros tipos de contratos públicos, em alguns períodos, não houve arrematação e o pagamento das avenças era feito diretamente à Câmara. Pelo que se pode observar, o aluguel era cobrado pelos dias utilizados, sendo que uma mesma casinha podia ser alugada por diferentes pessoas ao longo do mês. Era bastante comum que, no dia a dia, mais de um sitiante dividisse o mesmo quarto, como aconteceu no dia 13 do mês de junho de 1827, quando Marcelino Pereira de Araújo e Antônio Cardoso de Moraes apareceram na relação das entradas das Casinhas, compartilhando a de nº 7.[26] No dia 17 daquele mesmo mês, nos deparamos com a

23 *Actas da Câmara Municipal. op. cit.*, vol. 17, p. 239.

24 *Papéis Avulsos. op. cit.*, vol. 14, p. 236; vol. 32, p. 167.

25 Nuto Sant'Anna. *op. cit.*, p. 74.

26 Entre os mantimentos comercializados pelo primeiro estavam capados, feijão e milho, já os trazidos pelo segundo foram: capados, feijão, arroz e aves. *Papéis Avulsos. op. cit.*, vol. 25, p. 336.

de número 6, sendo dividida por Constantino de Oliveira e Silva e Silvestre Mendes do Amaral.[27]

Pode-se notar, na documentação, que os comerciantes podiam fazer uso daquele espaço de diferentes maneiras. Algumas casinhas tinham locatários permanentes ao longo de um período, utilizando-as como depósito de mantimentos, enquanto outras tinham locatários de fora da cidade, pagando o aluguel do quarto diariamente. Para fazer uso do espaço, além de pagar a taxa ao arrematador, os vivandeiros eram obrigados a fornecer a relação de mantimentos ao fiscal responsável, que discriminaria o valor e a quantidade para a cobrança das avenças, conforme referenciam os documentos presentes na coleção *Papéis Avulsos*. A título de exemplo, podemos ver, no Anexo, a relação dos seguintes produtos que entraram nas Casinhas no mês de agosto de 1827.

Era a partir de relações como esta que a Câmara procedia à cobrança dos impostos sobre as mercadorias trazidas pelos sitiantes ou comboieiros. Muitos que tinham estoques, decidiam por pernoitar nas Casinhas para protegê-los de possíveis roubos e desvios. Eram frequentes as reclamações sobre a falta de segurança nas dependências daquele mercado. Suas portas estavam, frequentemente, sem fechaduras, podendo ser arrombadas a qualquer hora da noite, sem muito esforço.[28]

No entanto, com o decorrer dos anos, as constantes reclamações apresentadas à Câmara sobre a falta de es-

---

27 O primeiro vendia capados, cavalos, farinha e fumo enquanto o segundo somente capados. *Loc. cit.*

28 *Papéis Avulsos. op. cit.*, vol. 15, p. 145.

trutura das Casinhas sugerem que esse mercado não estava dando conta de atender às demandas para as quais foi criado.[29] Isso levou as autoridades a construir, no final da década de 1820, um outro conjunto similar de cinco casinhas na ladeira do Carmo.[30] Sua finalidade, pelo que se entrevê na documentação, era a comercialização de carne de porco fresca. Por isso, foi erguido nas suas adjacências um cercado, onde se acomodavam os porcos antes de serem vendidos. Oportunidade esta, aproveitada pelo poder público, para engordar seus cofres.[31] O valor cobrado para a guarda de cada capado variava entre vinte a quarenta réis, fora a quantia paga para a entrada nas Casinhas.[32]

A localização desta última praça era excelente, funcionando como ponto de encontro dos vários tipos populares que circulavam pela cidade vendendo seus produtos. Isso sem falar que, a Várzea do Carmo, era um dos principais locais onde chegavam as tropas que conduziam alimentos e animais para a cidade.[33] Ademais, a região, por estar contígua ao rio Tamanduateí, podia facilitar a entrada dos gêneros vindos de fora, via comércio fluvial.

Com relação à origem dos produtos vendidos nesses dois espaços, a documentação levantada tende a mostrar

29 O fato das Casinhas não apresentarem uma estrutura organizativa capaz de acomodar os vivandeiros, que para elas concorriam com suas produções, foi motivo de reclamação enviada pelo seu arrematante, Antonio Pinto da Silva, em 22/12/1787. *Actas da Câmara Municipal. op. cit.*, vol. 18, p. 465-466.

30 *Papéis Avulsos. op. cit.*, vol. 29, p. 171.

31 *Papéis Avulsos. op. cit.*, vol. 32, p. 312.

32 *Registro Geral da Câmara. op. cit.*, vol. 20, p. 32.

33 Carolina Celestino Giordano. *op. cit.*, p. 92.

que eles provinham, conforme já exposto, dos sítios estabelecidos nas redondezas. Os mesmos lavradores que cultivavam os mantimentos, também criavam os pequenos animais como porcos e aves destinados ao consumo urbano. Mesmo assim, tais propriedades não estavam conseguindo ser suficientes para prover as necessidades cotidianas da cidade. Em épocas de escassez, era comum que a administração municipal recorresse, nem sempre por vias amigáveis, à produção das localidades próximas como Jundiaí, Bragança, São João de Atibaia e Juqueri.[34]

No âmbito da história da alimentação, pode-se deduzir quais eram os produtos básicos da alimentação dos citadinos pela documentação oferecida pelos mercados, tais como o das Casinhas. No caso em questão, os artigos de consumo corrente na dieta paulistana eram: milho, feijão, mandioca, arroz, farinhas (de milho e mandioca), ovos, frangos, capados, banha, toucinho, lombo, fumo, sal e amendoim. Observamos que grande parte destes produtos podia ser conservada por muito tempo, se armazenada adequadamente, por exemplo, em lugares secos e elevados. Apesar disso, ali também era possível encontrar gêneros mais perecíveis como os queijos, peixes e as carnes, tanto suína como bovina, os quais complementavam a dieta básica de seus habitantes.[35]

Provavelmente, devido às demandas do mercado local, era possível que os comerciantes não se preocupassem com a questão da conservação desses produtos, pois a maior parte dos mantimentos era absorvida rapidamente

34 *Registro Geral da Câmara. op. cit.*, vol. 15, p. 451.

35 *Actas da Câmara Municipal. op. cit.*, vol. 26, p. 291.

pelo mercado citadino. Isso não impedia que alguns deles, como o queijo ou os derivados de porco fossem conservados, por exemplo, por meio do sal. Produto que, nas palavras de Massimo Montanari, se constituía como: "a principal garantia de subsistência de uma economia rural que não podia confiar no mercado cotidiano ou no capricho das estações."[36] Este era o caso dos toucinhos vendidos no mercado das Casinhas que, segundo o depoimento de John Mawe, eram feitos curados com um pouco de sal, ou mesmo de outros derivados do porco, como costelas e os lombos, todos conservados dessa maneira.[37]

Ainda neste âmbito, chamamos atenção para a ausência de frutas e hortaliças nos documentos de lançamentos das Casinhas, provavelmente porque tais mercadorias seriam vendidas pelos ambulantes nas ruas. Lembremos que, por força da lei, as miudezas estavam destinadas à esta categoria comercial, enquanto os produtos de primeira necessidade seriam prerrogativas dos estabelecimentos fixos.

Dos produtos ali comercializados, destaca-se a presença significativa do açúcar nas *Relações de Entrada e Saída* das Casinhas.[38] Acreditamos que seu consumo já estava bem difundido nas primeiras décadas do Oitocentos, caso contrário não apareceria em grandes quantidades na amostra documental. Num curto espaço de tempo, ao passo que a produção de cana e a indústria do açúcar se estabeleciam nas cercanias da cidade, vemos um aumento

---

36 Massimo Montanari. *op. cit.*, 2013, p. 39.

37 John Mawe. *Viagens ao interior do Brasil*. Belo Horizonte. Itatiaia; São Paulo: Edusp, 1978, p. 67.

38 *Papéis Avulsos*. *op. cit.*, vol. 25, p. 28.

deste produto no mercado citadino. Isso corrobora a ideia de vários historiadores da alimentação, segundo a qual, o açúcar, já no início do século XIX, teria definitivamente perdido o seu caráter elitista, tendo se democratizado entre pessoas de várias camadas sociais.[39]

Os resultados da pesquisa documental nos permitiram inferir que os mantimentos presentes nas Casinhas constituíam parte significativa da dieta cotidiana da população. Embora saibamos que os hábitos alimentares são um território de difícil acesso e, qualquer tentativa de definição nos coloca diante de um âmbito hipotético, várias estratégias nos permitem chegar a um quadro mais aproximado daquilo que se comia na São Paulo de tempos passados. Alguns dos caminhos possíveis envolvem o estudo de fontes múltiplas, como aquelas que estamos procurando desenvolver na tessitura deste trabalho.

Ademais, vários fatores devem ser levados em consideração para traçarmos o que, possivelmente, estava nas mesas dos paulistanos: a estrutura produtiva do universo estudado, a capacidade de seu sistema de abastecimento, isso sem contar as preferências individuais e coletivas de seus habitantes.[40] Massimo Montanari destaca o papel deste último fator na maneira como os homens selecio-

39 Massimo Montanari. *op. cit.*, 2013, p. 39.

40 Neste ponto, não podemos esquecer que não são as escolhas alimentares são ligadas a cultura, como também o sistema de cultivo agrícola, ou seja, o que se escolhe plantar e os animais que se escolhem criar para consumo também não deixam de ser oirientados culturalmente, salvaguardado, é claro, os limites do meio ambiente em questão.

nam seus alimentos. Tais preferências estariam ligadas a "valores, significados, gostos cada vez mais diversificados."[41] Discorreremos mais sobre essas questões no próximo capítulo. Por ora, é necessário dizer que os documentos, por nós consultados, têm nos permitido formular algumas hipóteses.

Os *Maços de População*, por exemplo, nos apontaram para um universo produtivo onde o milho, a mandioca e o arroz eram presenças certas na dieta paulistana. Conforme já assinalado no primeiro capítulo, o cultivo desses produtos teria sido ampliado, de forma gradativa, movido pelas políticas governamentais de incentivo à produção e pelo crescimento populacional.[42] Cumpre assinalar que os mesmos produtos são encontrados no corpo documental de caráter institucional, presentes no comércio desenvolvido em várias frentes no universo citadino, o que certamente se apresenta como um ótimo indício do que compunha a dieta básica de São Paulo.

Embora acreditamos que os mantimentos negociados nas Casinhas constituíam a dieta básica dos habitantes, nem todos que os consumiam, iam até aquele recinto para adquiri-los. Como já abordado, este mercado era um espaço de distribuição, para o qual convergiam pessoas que compra-

41 *Idem*, p. 55.

42 Com excessão do arroz, produto que praticamente não encontramos indícios de produção em São Paulo até meados do XVIII, tanto o milho quanto a mandioca eram os principais gêneros alimentícios presentes nas lavouras das propriedades paulistas, desde os primórdios da ocupação portuguesa no planalto, conforme mostramos em nosso trabalho de mestrado. Rafaela Basso. *op. cit.*, 2014a.

vam tanto no atacado como no varejo. Estavam entre este último tipo de consumidor brancos pobres, pardos e negros, tanto livres como escravizados. Todavia, o público ali presente não se resumia somente a este segmento da população.

A tomar pelos testemunhos dos viajantes, vários indivíduos como taverneiros, comissários e caixeiros circulavam por aqueles espaços enquanto potenciais fregueses. Tudo isso sem contar os sitiantes, vivandeiros e a infinidade de oficiais localizados na outra ponta do sistema de abastecimento ali instituído. Saint-Hilaire discorreu sobre este movimento em seu relato: "os agricultores das redondezas vão ali para vender os seus produtos aos comerciantes e os consumidores vão ali para comprá-los das mãos destes últimos. Durante o dia a rua fica coalhada de negros, camponeses, tropeiros e burros (...)."[43] Além dos agentes de comércio e vivandeiros era comum, nesta localidade, a presença dos famigerados atravessadores.

Esse é um ponto um tanto contundente, pois um dos propósitos que pautou a criação do sobredito mercado foi acabar com a ação desses indivíduos. Todavia, não foi o que aconteceu. Pelo contrário, parece que desde sua fundação, as Casinhas se constituíram enquanto um local privilegiado para açambarcamento de mantimentos, uma vez que ali se concentravam todos os agentes que os trariam para a cidade, tornando-se um local privilegiado para o desvio de réditos e, sobretudo, para o contrabando.[44] O memorialista Nuto Sant'Anna, ao tratar da ques-

---

43 Auguste de Saint-Hilaire. *op. cit.*, 1976,. p. 133.

44 Richard Graham, em seu estudo sobre Salvador, já tinha notado uma ação muito semelhante dos atravessadores nos mercados locais. *op. cit.*, p. 266.

tão, não deixou de descrever as Casinhas como um centro muito apreciado para a ocorrência desses abusos.[45]

Os atravessadores, quando não interceptavam os sitiantes pelos caminhos, agiam nas próprias dependências do mercadinho público.[46] Sobre a primeira prática, foram muitas as notícias de indivíduos que se instalavam nas entradas e saídas da cidade, sitas na região do Carmo e do Piques ou nas estradas que ligavam o núcleo urbanizado às freguesias de Santana, da Penha, da Conceição e de Pinheiros.[47] Tais indivíduos costumavam abordar os sitiantes para comprar toda a sua produção, lançando mão do poder de persuasão ou mesmo de violência. Quando não revendiam os gêneros por um preço maior na cidade, ou mesmo fora dela, eles ocultavam as mercadorias, mantendo-as reservadas, esperando um momento oportuno para revendê-las.[48] Com as inspeções se intensificando nestes locais, nos deparamos com as mais criativas estratégias de açambarcamento. Nas proximidades da estalagem do Bexiga, por exemplo, chamou atenção que algumas pessoas estavam burlando a fiscalização transportando mantimentos, clandestinamente, dentro de cargas de açúcar, forradas de sapê. A camuflagem seria uma excelente oportunidade de enganar as autorida-

45 Nuto Sant'Anna. *op. cit.*, p. 74.

46 *Papéis Avulsos. op. cit.*, vol. 25, p. 239.

47 *Papéis Avulsos. op. cit.*, vol. 14, p. 236.

48 Perfil semelhante é encontrado nas ações de atravessadores que atuavam no abastecimento alimentar das Minas setecentistas. Cf. Flávio Marcus da Silva. *Subsistência e poder: a política do abastecimento alimentar nas Minas setecentistas*. Belo Horizonte: Editora da UFMG, 2008, p. 115.

des, pois o açúcar, por não se tratar de um gênero de primeira necessidade, tinha o seu comércio livre das regulações que recaíam sobre o milho e as farinhas, por exemplo.

Em relação às investidas dentro do lócus das Casinhas, tivemos indícios da presença de intermediários que compravam produtos a preços baixos, para depois os revenderem, de maneira sub-reptícia. É obvio que isso incomodava não só as autoridades, como também vários indivíduos do segmento mercantil, já que os atravessadores não pagavam nem o aluguel dos quartos e muito menos os impostos sobre os gêneros vendidos. É o que observamos, por exemplo, no requerimento apresentado na vereança ocorrida em 26 de agosto de 1780, em que se queixava 'o povo' das pessoas que estavam atravessando dentro das Casinhas.

Com a finalidade de romper com tais práticas, os oficiais da Câmara chamaram, para prestar depoimento, os que sabiam do ocorrido. Entre os denunciados pela população estavam: o soldado Bernardo, Francisco Borges da freguesia de Juqueri, bem como Antonio de Lima, morador de Jacareí. Ao que tudo indica, a Câmara só parece ter conseguido levantar provas contra o segundo acusado porque, na mesma sessão, mandou passar um mandado de prisão contra ele.[49]

No decorrer do tempo, a prioridade dos fiscais das Casinhas passou a ser, quase que exclusivamente, o combate a esses indivíduos. Mesmo assim, volta e meia, temos notícias de que tal mercado e os caminhos que para lá conduziam estavam tomados por esses indivíduos. Isso levou os oficiais a alertarem o quanto antes que:

49 *Actas da Câmara Municipal. op. cit.*, vol. 17, p. 283-284.

> os compradores de qualquer qualidade que sejam vão comprar gêneros e carregações de mantimentos pelas estradas, mas os deixem vir livres e francamente para a cidade para o povo se fornecer dos que precisar e poderem então comprar para seu negócio os que sobrarem pois que as leis de S.M que mandam devassar dos atravessadores e puni-los com todo o rigor das mesmas (...).[50]

Para dificultar as coisas, muitos atravessadores estavam estabelecendo moradia dentro das Casinhas, como adverte o juiz almotacé Francisco de Paula Ribeiro em fevereiro de 1803.[51] Tal atitude facilitaria, acima de tudo, as investidas no período noturno, quando não havia a presença dos agentes do fisco.

Diante desta situação, ficou decidido, pelas autoridades administrativas, que todas as pessoas que residiam efetivamente nas Casinhas fossem dali retiradas. Do mesmo modo, não seria permitido a permanência de vivandeiros mais tempo do que o necessário para a "venda dos próprios gêneros que houverem trazido, marcando-lhe um prazo improrrogável para que se retirem; e que no caso de não serem obedecidos use medidas repressivas do artigo 12 das Posturas e que tudo isto faça o fiscal publicar por edital."[52]

A despeito das constantes investidas do poder público, a persistência dos atravessadores naquele ambiente

---

50 *Registro Geral da Câmara. op. cit.*, vol. 15, p. 465.

51 *Registro Geral da Câmara. op. cit.*, vol. 12, p. 614.

52 *Actas da Câmara Municipal. op. cit.*, vol. 27, p. 107.

pode ser explicada pelo fato de que muitos sitiantes e comerciantes preferiam vender seus produtos diretamente a eles do que entregá-los às autoridades administrativas. Ao procederem desta forma, fugiriam da vigilância das autoridades urbanas que cresciam na mesma proporção da cidade paulistana.

A ação dos atravessadores afetou as Casinhas a tal ponto que, por exemplo, no final da década de 1820, quase não havia produtos ali disponíveis. No ano de 1826, a título de ilustração, o oficial responsável pela inspeção notificou que só era possível adquirir toucinho no local, sendo que muitos comerciantes, inclusive aproveitaram desta situação para exorbitar os preços das mercadorias disponíveis para a venda.[53]

Os casos até aqui relatados com certeza apontam a limitação das Casinhas em garantir, de maneira regular, o provimento alimentar do citadino. Do mesmo modo, a persistência de uma infinidade de agentes distribuindo víveres pelas ruas da capital indica a ineficiência deste estabelecimento em cumprir com uma das suas principais funções: concentrar em um único lugar o comércio de gêneros básicos à população.

O próprio descaso com relação à manutenção das Casinhas pode ser elucidativo desta situação. À medida que o século XIX avançava, as queixas sobre a precariedade daquele espaço se avultavam. De acordo com um relatório apresentado em 06/05/1831:

---

53 *Ofícios Diversos da Capital*. (5/1/1826) Documentos manuscritos do Arquivo Público do Estado de São Paulo Disponível *on-line* em http://www.arquivoestado.sp.gov.br/site/acervo/repositorio_digital/oficios_diversos Acesso. 03/09/2016.

> As Casinhas do centro da cidade acham-se em péssimo estado, portas caídas, balcões podres as paredes de uma parte se encontram arrombadas e o quintal em aberto na divisão com os vizinhos, o que tudo é da maior urgência remediar-se bem como fazer-se uma latrina dentro para que não se sirvam da rua.[54]

Parece certo que as autoridades achavam melhor concentrar seus esforços e, por que não, seus recursos no controle dos estabelecimentos comerciais, cujas funções eram semelhantes a das Casinhas. Além de garantirem o provimento da população, tais espaços também pagavam licenças para funcionarem. Mas, por outro lado, não requeriam investimentos constantes de manutenção e funcionamento.

Embora nem todas as finalidade que envolviam as Casinhas tiveram sucesso, este espaço se manteve ativo durante todo o período estudado, tendo sido demolido apenas em 1874.[55] Sua constância no cotidiano da cidade se deve ao fato de elas não se limitarem apenas a um local de compras. As Casinhas cumpriam outras funções na cidade de outrora. Saint-Hilaire já tinha chamado atenção para isto. Mesmo que o viajante francês possa não ter estado naquele lugar, certamente não deixou de ouvir sobre ele. Segundo suas palavras, se, durante o dia, ali vendiam-se toda a sorte de iguarias à população, durante a noite: "os burros de carga e os compradores cedem o lugar a prostitutas de ínfima classe que para ali afluem atraídas pelos camaradas e os lavradores que elas tentam prender em suas malhas."[56]

54 *Papéis Avulsos. op. cit.*, vol. 26, p. 180.

55 Affonso A de Freitas. *op. cit.*, p. 24.

56 Auguste de Saint-Hilaire. *op. cit.*, 1976,. p. 133.

As imagens criadas por esses relatos mostram que, em torno das Casinhas, gravitava uma intensa vida social. Tal como outros locais congêneres do período, este mercado se constituía como um "lugar de múltiplas faces e finalidades, repleto de significados em que se articulavam relações sociais, econômicas e culturais que envolviam toda a vizinhança."[57] Ou seja, pelas suas dependências e arredores, circulavam pessoas que, além de realizarem negócios, trocavam experiências na sua lide diária. Tal fato certamente contribuiu para que as Casinhas se configurassem como um espaço de sociabilidade, que crescia ao ritmo da urbanização paulistana.

Não por acaso, vemos várias queixas sobre os jogos que ali ocorriam. O Senado da Câmara, preocupado com os possíveis conflitos que dali podiam emergir, mandou publicar um edital impondo aos "vadios que se acharem nos ditos jogos de cartas ou dados a pena de prisão e oito dias de cadeia além de 2 mil réis de condenação e vinte açoites ao pé do pelouro, sendo escravo ou peão o compreendido, além de 5 tostões para o meirinho ou oficial que o prender."[58]

Se de um lado, a própria construção do mercado das Casinhas já apontava para a existência de uma cidade dinâmica, seu esmorecimento, décadas mais tarde, reafirmou ainda mais este quadro. Isso porque, no decorrer deste período, a população paulistana cresceu significativamente, ampliando a sua demanda de mercadorias. Como decorrência disso, São Paulo passou a dispor, cada vez mais, de estabelecimentos que vendiam desde os gêneros de primeira necessidade até aqueles mais sofisticados. Isso sem men-

57 Valter Martins. *op. cit.*, p. 27.

58 *Actas da Câmara Municipal. op. cit.*, vol. 19, p. 384.

cionar, o grande contingente de ambulantes, garantindo a provisão alimentar dos estratos mais baixos daquela sociedade, os quais, por conta de árduas rotinas de trabalho, não tinham oportunidade de voltar para suas casas para fazer uma refeição. Como veremos a seguir, um processo similar pôde ser visto em outro estabelecimento que esteve sob o controle municipal: o Açougue Público.

O Açougue Público

A carne bovina era um dos principais gêneros de subsistência paulistana. Isso nos ajuda a entender o porquê a Câmara Municipal tinha como uma de suas principais incumbências controlar as várias etapas que envolviam o seu abastecimento na cidade. Além disso, como se verá adiante, o contrato do corte da carne foi uma das principais fontes de renda da municipalidade paulistana, o que justificaria, também, segundo nos mostra Denise Soares de Moura, o "volume de vereanças e representações de oficiais camarários e agentes envolvidos no abastecimento deste gênero."[59] O processo, desde a entrada das reses até as condições dos locais onde a carne seria vendida, era inspecionado pelas autoridades municipais. Entretanto, o consumo disseminado da carne, ou pelo menos, o seu desejo, suscitaram, ao longo de todo o período estudado, a organização e vigilância das autoridades urbanas, principalmente em relação ao controle do preço do produto disponibilizado à

59 Denise Soares de Moura. "Relações de poder e interesses no comércio da carne na cidade de São Paulo (1765-1822)." *op. cit.*, p. 228.

população.[60] Isso porque ele envolvia uma ampla rede de intermediários até chegar ao consumidor final: criadores, marchantes, contratadores e mesmo os açougueiros que sobrecarregavam o seu valor, contribuindo para sua constante falta no mercado paulistano.

Para regular o funcionamento do mercado da carne verde em São Paulo, os oficiais da Câmara buscaram, desde o início do período colonial, impor várias estratégias, visando gerir o seu abastecimento, a começar pelo estabelecimento da arrematação de sua venda em praça pública. Tal estratégia, comum em várias partes da América Portuguesa, e depois Império, consistia em delegar a terceiros o privilégio de comerciar certos gêneros através do estabelecimento de um contrato público.[61] Como nos mostra Denise Soares de Moura,

60 Já nas primeiras sessões de 1765, por exemplo, encontramos na documentação da Câmara, os seus oficiais preocupados com o problema do abastecimento de carne. Cf. *Actas* da *Câmara Municipal. op. cit.*, vol. 11, p. 99.

61 Vários estudos recentes se debruçaram sobre a temática específica do abastecimento de carne em diferentes localidades do Brasil entre o período colonial e o Império. Entre eles podemos citar o de Rodrigo Freitas Lopes. *Os currais do matadouro público:o abastecimento de carne verde em Salvador no século XIX (1830-1873).* Dissertação de Mestrado, UFBA, 2009; Pedro Henrique Pedreira Campos. *Nos caminhos da acumulação: negócios e poder no abastecimento de carnes verdes para a cidade do Rio de Janeiro (1808-1835).*São Paulo: Alameda, 2010; Georgia da Costa Tavares. *A atuação dos marchantes no Rio de Janeiro colonial. Estratégias e redes de sociabilidade no comércio de abastecimento de carne verde.* Rio de Janeiro: Secretaria Municipal de Cultura: Arquivo Geral da Cidade do Rio de Janeiro, 2012.

> Anualmente a Câmara convidava os interessados a arremataram o direito de corte e venda do produto. Seguindo a tradição financeira portuguesa, estes contratos proporcionavam um adiantamento de recursos ao poder público, que controlava apenas o preço de venda da carne, não limitando o número de animais ou reses que seriam cortadas no açougue.[62]

Válido por um tempo determinado, este contrato garantia que a população tivesse acesso à carne verde de boa qualidade por um preço acessível.[63] A mesma autora esclarece ainda que a falta de um produto "tão importante quanto a carne, por exemplo, poderia provocar tumultos, gerando situações que comprometeriam a própria razão de ser do poder político e da autoridade administrativa daquela instituição governativa."[64] Além de certificar o suprimento deste produto de maneira favorável aos moradores, este tipo de negócio também garantia a entrada

62 Denise Soares de Moura. *op. cit.*, 2011, p. 227.

63 O abastecimento da carne verde ainda continuou sendo um contrato público por muito tempo no Brasil, como mostrou Fabrício Herbeth Teixeira da Silva em seu estudo para a cidade de Belém, no final do século XIX e início do século seguinte. De acordo com o historiador, o contrato público de venda da carne fresca envolvia um uma série de questões que iam muito além de suprir a demanda da população pelo produto *Nas tramas da escassez*: o *comércio e a política de abastecimento de carnes verdes em Belém 1897-1909*. São Paulo: Alameda, 2013.

64 Denise Soares de Moura. *op. cit.*, 2011, p. 226.

de recursos para os cofres públicos através da cobrança dos direitos da arrematação.[65]

Embora o contrato cedesse ao seu arrematador as prerrogativas da administração do sobredito comércio, não eximia-o de cumprir uma série de exigências em relação ao serviço prestado, o qual deveria seguir as diretrizes estabelecidas pela Câmara quanto a quantidade, qualidade e o preço da carne disponibilizada à população. Caso o arrematante descumprisse alguma dessas condições poderia ser autuado ou até mesmo perder a licença para comercialização deste produto.[66]

Uma das principais exigências a ser cumprida dizia respeito à obrigatoriedade de se cortar e, consequentemente, comercializar a carne nas dependências do açougue público da cidade. Em 09 de janeiro de 1783, o Senado da Câmara de São Paulo mandou publicar um edital ordenando que os oficiais de justiça e capitães do mato, que flagrassem qualquer pessoa com carne cortada fora das dependências do açougue, deveria levar essa pessoa para a cadeia, a fim de declarar onde e de quem tinha com-

---

65 Como nos mostra Alcir Lenharo em estudo já citado, esta política de arrematações "tinha um significado especial, uma vez que permitia ao Estado apropriar-se previamente do dinheiro que iria arrecadar. (...) De outro lado, o Estado se desincumbia das deficientes ofertas de gêneros já que somente o arrematante ficava na obrigação de manter regularizado o abastecimento do produto que havia contratado." Alcir Lenharo. *op. cit.*, p. 40.

66 Georgia da Costa Tavares. "Marchantes: estratégias de mercado e redes de sociabilidade no comércio de abastecimento de carne verde carioca (1763-1808)." *Anais do XXVI Simpósio Nacional de História – ANPUH*. São Paulo, julho 2011, p. 3.

prado o produto. Conforme vemos nesse documento, os oficias da Câmara objetivavam punir não só os moradores que comprassem o produto no mercado paralelo, como também "aqueles que a vendem e dão as casas para isso e a vendem ao povo por ser contra as mesmas condições do dito contrato, como também nos consta os clamores dos criadores desta cidade a falta que todos experimentam nos repetidos furtos dos seus gados (...)."[67]

As informações do trecho acima permitem vislumbrar não só a tentativa das autoridades em controlar o comércio deste produto, como também uma prática muito corrente no período: o roubo do gado e sua consequente venda no mercado paralelo. Esta atividade refletia os padrões de ajustamento da população aos problemas de abastecimento na cidade já mencionados. E quando falamos disso, estamos nos referindo a uma parcela específica de seus moradores, aqueles de origem mais humilde, os quais, segundo Maria Odila da Silva Dias, obtinham parte considerável do seu suprimento alimentar na ilegalidade ou mediante práticas de contrabando.[68]

Se de um lado, o furto de gado pode ser encarado como uma tentativa de alguns segmentos de ter acesso a um produto que, nas condições normais, era praticamente inacessível, por outro, ele piorou ainda mais os problemas decorrentes de seu abastecimento, já que, ao acarretar a diminuição das reses, acirrou a carestia de carne na região. Revelando algumas das tensões existentes na organização deste mercado, o furto de reses foi

67 *Registro Geral da Câmara. op. cit.*, vol. 11, p. 477.

68 Maria Odila Dias da Silva. *op. cit.*, p. 76.

combatido pelas autoridades através da imposição de penas severas aos que praticavam esse delito, especialmente porque transgredia os privilégios dos arrematadores, cujos contratos municipais deviam proporcionar uma exclusividade sobre o seu fornecimento.[69]

A existência de um mercado informal da carne verde explica, portanto, o empenho das autoridades em garantir que as atividades decorrentes do seu abastecimento ocorressem sob sua estrita vigilância. Elas deviam cuidar do preço e da qualidade do produto fornecido no açougue, bem como da higiene do local onde aconteceria tanto o abate quanto a venda da carne. E da mesma forma, a concentração das atividade em um único espaço facilitaria a arrecadação dos impostos cobrados sobre todas as etapas desse sistema de abastecimento.

No açougue, tal como nas Casinhas, o almotacel foi uma presença assídua. Ele era o responsável por fazer com que os arrematadores cumprissem as disposições estabelecidas no contrato público. Em uma das primeiras vereanças, feita no ano de 1785, por exemplo, o contrato foi arrematado por Joaquim Pinheiro de Toledo por tempo de 03 anos.

Durante a vigência deste contrato, o almotacel tinha que garantir o fornecimento à população de carne boa e gorda, nos dias da semana estabelecidos, inclusive na quaresma. Ele devia fazer valer também a almotaçaria do preço que, no contrato em questão, foi fixado no valor de 400 réis a arroba tanto da carne 'crioula' como da 'colônia'. Outra condição que chama atenção, na leitura do documento, é o fato de que o arrematante era obrigado a apresentar, no

69 John Manuel Monteiro. *op. cit.*, 1994, p. 173.

curral do Conselho, as reses que tinha intenção de matar semanalmente nos

> dias de sextas feiras para estas serem registradas pelo escrivão deste Senado e revistas pelos almotaceis na forma praticada pagando de cada rez vinte réis de registro pertencentes ao escrivão e sem serem registradas as ditas reses não poderá matar nenhuma debaixo das penas de seis mil réis de condenação para este Concelho.[70]

Por meio destes e de outros informes, percebemos que além das condições dispostas acima, os almotacéis, em conjunto com outras autoridades locais, deveriam garantir os meios de suprir o mercado de carne na cidade de maneira regular e segura. Como as criações dos arredores nem sempre conseguiam atender as necessidades do mercado da capital, a Câmara paulistana via-se obrigada a providenciar a vinda de reses de fora. Tanto essas, como aquelas trazidas pelos criadores locais eram inspecionadas antes de entrarem no açougue público. Entre os vários pontos que os agentes de fiscalização se detinham, merece destaque o exame da qualidade do produto fornecido, a começar pela verificação das condições dos espaços onde as reses eram mantidas antes do abate, incluindo, é claro, a forma como se daria este último processo. Tal norma buscava acabar com uma prática que vinha de longa data: o hábito de matar as reses por conta própria, no próprio sítio dos criadores, fora do local oficialmente sancionado pela lei.

---

70 *Registro Geral da Câmara. op. cit.*, vol. 11, p. 584.

Sabemos que o comércio de carne verde era um monopólio, conferido apenas a um grupo de indivíduos que tinha condições de atender aos padrões estabelecidos no contrato de arrematação. Isto quer dizer que a prática de matar as reses sem autorização era parte integrante de uma estratégia dos pequenos criadores, os quais buscavam se inserir neste ramo de mercado, mas não tinham condições, ou vontade de pagar as taxações impostas pela Câmara. O fato de alguns agentes matarem e picarem a carne às escondidas, certamente tornava a mercadoria barata e, consequentemente, mais acessível às famílias pobres e remediadas, que tinham no mercado informal, sua principal fonte de suprimentos. E isso, não só de carne, mas também de outros bens alimentares, conforme expusemos no capítulo anterior.

De acordo com o discurso da Câmara, o corte da carne fora do açougue público era a principal razão da má qualidade dos produtos que circulavam pela cidade. Segundo o procurador do Conselho, muitos criadores locais que abasteciam o açougue estavam matando em seu sítio "reses colhudas e outras com moléstias graves, e ainda de peste, e mordidas de cobra, e outras mortas a chumbo pela sua braveza e assim as conduzem a esta cidade, e as vendem no dito açougue a título de boas causando grave prejuízo a saúde do povo(...)."[71]

Como solução ao problema, o mesmo procurador propõe a construção de um Curral do Conselho. Tal proposta foi prontamente acatada pelos vereadores, os quais decidiram colocar o serviço em praça para ser arrematado e entregue à pessoa que por ele cobrasse a menor quantia. Conforme

71 *Actas da Câmara Municipal. op. cit.*, vol. 16, p. 27.

vemos, a feitura desta obra foi rápida, pois, alguns meses depois, nos deparamos com um requerimento do procurador mandando que os oficiais deste Senado lavrassem um edital para que de "sábado que se contam sete do mês de setembro por diante os criadores levem o seu gado a matar ao Curral deste Conselho porquanto se acha já feito com as penas que lhes parecer declarar no dito edital."[72]

A ideia era que todos os criadores e demais interessados no comércio da carne verde fossem obrigados a levar as reses vivas para o Curral para verificação antes de realizar o abate. A boiada seria registrada e os almotacéis verificariam a proveniência, bem como as condições de saúde dos animais. Entretanto, para além desses fatores, a construção desse espaço visava, tal como mostrou Denise Soares de Moura, centralizar ainda mais o fornecimento do produto nas mãos do poder público, impedindo "a concorrência da compra, preservando a instituição do arremate e portanto, suas rendas e sua autoridade sobre o abastecimento da carne."[73] Nesse sentido, o Curral ainda se apresentou como mais uma fonte de receita municipal, já que para cada rês que ali entrasse, deveria ser pago um valor que variava entre 20 a 40 réis. Tal espaço visava proporcionar, além de qualidade da carne que se picava no açougue da cidade, uma fonte de renda segura para o Conselho.

Mas nem é preciso dizer que a construção do Curral não solucionou o problema das carnes estragadas na cidade, como tivemos ocasião de ver mais de uma vez nos ter-

72 *Actas da Câmara Municipal. op. cit.*, vol. 16, p. 67.

73 Denise Soares de Moura. *op. cit.*, 2011, p. 235.

mos de vereança da Câmara. No dia 29 de novembro de 1785, por exemplo, os oficiais decidiram mandar publicar um edital para que algumas pessoas testemunhassem que se vendia no açougue da cidade, "carne combalida com fédito e sinais de podre."[74]

Uma das explicações para a persistência deste problema era a instabilidade do abastecimento da carne na cidade, fazendo com que a Câmara, provavelmente, optasse por fornecer este alimento com qualidade duvidosa à população, a deixá-la sucumbir com sua falta prolongada. Era de Curitiba que vinha a maior parte das boiadas e isso não só em tempos de crise. Devemos lembrar que muitos desses animais percorriam um longo caminho, chegando magros e com a saúde debilitada no local onde seriam abatidos. Isto fica evidente em uma carta escrita pelo doutor ouvidor geral para a Câmara, em que ele pede providências a respeito das muitas representações dos habitantes sobre as:

> péssimas carnes que se toleram a venda no açougue público da mesma: as quais ou pelo péssimo estado das reses por mal sangradas, ou finalmente mortas cansadas, tanto que chegam ao curral, é o resultado de vender-se os gêneros em qualidade tão perniciosa, quanto da obrigação de vossas senhorias darem as providencias precisas para que de uma vez cesse um mal tão prejudicial e danoso ao público.[75]

74 *Actas da Câmara Municipal. op. cit.*, vol. 18, p. 259.

75 *Registro Geral da Câmara. op. cit.*, vol. 12, p. 598-599.

Embora nem sempre fique claro que a carne corrompida fosse proveniente de fora, é necessário levar em conta o grande número de denúncias encontradas, na documentação, sobre o gado oriundo especialmente de Curitiba, o qual teve seu abate proibido em várias ocasiões no período contemplado por esta pesquisa. Na vereança ocorrida em 19/09/1778, por exemplo, foi colocado em praça um edital para o corte de carne, com a ressalva de que não fosse abatido nenhum gado curitibano. No entanto, a insuficiência do mercado não conseguiu barrar sua entrada em São Paulo. Inclusive as próprias autoridades faziam vistas grossas para o fato. Em um requerimento feito na data de 10 de outubro de 1792, por exemplo, observamos que os almotaceis poderiam mandar cortar as reses:

> se acontecer que algum dos almotaceis que para o futuro houverem de servir esquecido da honra com que pode exercer o seu cargo, passar a valer-se da sua judicatura para o entregar em benefício próprio, matando gado por sua conta (...) e talvez reses currentinas da Curitiba que são proibidas por perniciosas a saúde dos viventes.[76]

Todavia, como foi possível observar, somente o controle da entrada das boiadas não assegurou a qualidade da carne vendida à população, pois o corrompimento podia ocorrer em qualquer etapa do seu processamento, desde a matança até a sua comercialização na cidade de São Paulo. Isso ocorria principalmente pela falta de estrutura

---

76 *Actas da Câmara Municipal. op. cit.*, vol. 19, p. 315.

e de salubridade adequada nas instalações onde essas atividades eram realizadas.

Preocupados com as consequências da falta de higiene nas dependências do açougue, os vereadores da cidade, em 07/02/1767, imputaram um maior empenho dos almotacéis no cumprimento da função. Estes, como se nota no documento, deveriam zelar pelo

> cuidado na limpeza do açougue, fazendo varrer todos os sábados, e fazendo também lavar os cepos dos talhos a miúdo, mandando lançar fora e em lugar próprio e por todos os escravos dos que cortarem carne o lixo, a sujidade e imundices do mesmo açougue, não permitindo por nenhum caso, que as tais imundices se lancem ao pé do açougue (...).[77]

Tais regulamentações parecem não ter sido muito eficazes já que, décadas mais tarde, em um dos relatórios apresentados pelo almotacél Francisco de Paula Xavier, podemos visualizar ainda a falta de asseio e de estrutura do espaço onde se comercializavam as ditas mercadorias. Ele coloca que o açougue necessitava de "mais três cepos, porque os que existem estão distraídos muito rente ao chão, de sorte que a carne fica cheia de terra, quando deve ser com maior asseio distribuída."[78]

Além da falta de higiene do local do talho, a forma como as mercadorias eram expostas à venda podia também trazer problemas à saúde dos consumidores. Em re-

77 *Actas da Câmara Municipal. op. cit.*, vol. 15, p. 238.

78 *Registro Geral da Câmara. op. cit.*, vol. 16, p. 71.

presentação feita em 8 de fevereiro de 1823, o juiz almotacé Francisco de Paula Xavier de Toledo pede aos oficiais da Câmara que providenciem: "substituir por ganchos de ferro, os de pau que por muito velhos, e sujos até corrompem a carne e mesmo concerta-se a armação que os segura por se achar podre."[79]

Podemos supor o grande incômodo que a falta de higiene causava à população, pois os restos de animais e imundices, presentes nas sobreditas acomodações, seriam, de acordo com o discurso científico da época, um prato cheio para a proliferação dos miasmas. Fato que preocupava, de sobremaneira, as autoridades, conforme observamos em uma denúncia apresentada por um fiscal da cidade aos camaristas:

> O curral, onde presentemente se matam as reses é seguramente o lugar o mais indigno possível e sua posição sobranceira à cidade é contra a saúde pública, já pelos miasmas que vêm pela atmosfera, já porque infecciona as águas do Anhangabaú que vem hoje pelo centro da cidade.[80]

Todavia, para além da discussão de teóricos que se ocupavam da saúde pública no período, a preocupação com os miasmas ganhava força no dia a dia da administração pública paulistana por meio das posturas municipais que visavam combatê-los através da limpeza dos espaços públicos da cidade, dentre os quais, se destacavam aqueles cuja

79 *Papéis Avulsos. op. cit.*, vol. 19, p. 24.

80 *Registro Geral da Câmara. op. cit.*, vol. 20, p. 41.

função era o abastecimento alimentar. A grande questão por trás disso era evitar que a qualidade das mercadorias comercializadas pudesse colocar em risco a saúde da população ao acarretar "diarreias e outras doenças semelhantes.[81]

Podemos citar a sessão ocorrida em 31/01/1767, em que os oficiais da Câmara se reuniram para atender, "ao clamor do povo e grande prejuízo que este padecia em relação as moléstias que causavam a carne de Curitiba tanto aos sãos e principalmente aos doentes por não haver carne da terra e, a de Curitiba causar moléstia que são bem manifestas a esta cidade."[82] De acordo com o conteúdo da reclamação, havia um temor que a carne causasse problemas à saúde da população, uma vez que, não raro, ela originava nos seus consumidores uma série de problemas gastrointestinais, entre outros males. Neste ponto, cabe notar que os atingidos por tais problemas eram, em sua maioria, a população pobre.

Como é de se imaginar, frequentemente os gêneros estragados eram direcionados a este público em específico, enquanto as pessoas de melhores condições financeiras tinham privilégios na aquisição da carne de boa qualidade. Tal prática é denunciada, em 1803, pelo próprio ouvidor da cidade, Joaquim José de Almeida, quando este requere que, no açougue da cidade, seja vendida apenas "carne boa, e sã, e que esta não seja somente distribuída as autoridades e pessoas qualificadas, mas sem escolha e distinção a todos os concorrentes (...)."[83]

81 *Actas da Câmara Municipal. op. cit.*, vol. 15, p. 240.

82 *Actas da Câmara Municipal. op. cit.*, vol. 15, p. 229.

83 *Registro Geral da Câmara. op. cit.*, vol. 12, p. 599.

A despeito de todos esses problemas, a população não vivia sem carne. A expansão de seu mercado consumidor entre os paulistanos justifica o fato deste produto estar no centro de disputas e negociações entre autoridades municipais e os diferentes agentes interessados no seu abastecimento em São Paulo, que iam desde os negociantes-arrematadores até os próprios consumidores. Ao lado de mantimentos como farinha e milho, sua ausência na mesa dos paulistanos era sinônimo de fome. A procura por este alimento era tanta que, de acordo com um depoimento da época, o povo permanecia horas e horas à sua espera nas portas do açougue público.[84] Para piorar toda essa situação, eram comuns os períodos em que não havia arrematação do seu corte por falta de interessados. Isso acontecia por causa da potencialidade do mercado consumidor de outras regiões do país, que permitia aos negociantes-arrematadores auferir maiores ganhos e igualmente fugir das medidas reguladoras do comércio da carne em São Paulo.

Assim como Ilana Blaj havia apontado, esse problema já afetava a região desde o final do século XVII, quando os criadores dos sítios circunvizinhos à cidade direcionavam suas reses, sobretudo para a região das Minas, onde elas atingiam um preço superior ao praticado na vila.[85] O desabastecimento do mercado local, de acordo a autora, não se devia à ausência de criação local, mas estaria relacionado à sua comercialização com outras partes da América Portuguesa.

Tal fato é reafirmado pelos dados presentes nos *Maços de População*, os quais apontam para a existência de uma

84 *Registro Geral da Câmara. op. cit.*, vol. 16, p. 7.

85 Ilana Blaj. *op. cit.*, p. 236.

economia criatória bem consolidada nos arredores da cidade já no final do setecentos. Tal economia, pautada tanto no comércio da carne para o consumo alimentar, quanto do couro para enfardamento de mercadorias, embora presente, estava longe da escala em que se praticava na região sul do país.[86] Da atividade criatória parece ter tirado o seu sustento Felisberto Pedroso, morador no bairro de Santana, que, em 1798, embora declarasse viver de lavoura de mantimentos, teve arroladas 30 cabeças de gado e mais 06 terneiros em seu domicilio.[87] Do mesmo modo, Francisco Antônio, teve arroladas 50 cabeças de gado. Pelo que observamos, ele tirou o máximo proveito de suas criações, já que declarou vender, todos os dias, leite na cidade.[88] Nos deparamos com a presença de boiadas, certamente voltadas para o comércio de longa distância, presentes em grande parte dos domicílios das freguesias de Santana e Nossa Senhora do Ó, onde conviviam com outras atividades econômicas como a agricultora de subsistência e a indústria do açúcar. Produções estas que as autoridades deviam fazer chegar com abundância ao núcleo urbanizado de São Paulo, a fim de garantir à sua população uma provisão alimentar regular e a preços acessíveis.

À medida que o século XIX avançava, as queixas das criações sendo levadas para fora da cidade só aumentavam, o que nos remete novamente à ação dos atravessadores, os quais também atuavam neste segmento mercantil. Sua ação se concentrava em duas frentes: além da interceptação dos

86 Francisco Vidal Luna e Herbert Klein. *op. cit.*, p. 135.

87 *Maços de População.* (1798) *op. cit.*, p. 4.

88 *Maços de População.*(1798) *op. cit.*, p. 7.

criadores antes de sua chegada à cidade – para compra dos animais e sua futura revenda –, eles usavam a carne das reses para fazer charque, produto de alta demanda no comércio de longa distância. Assim demonstra o requerimento feito pelo governador da província, na data de 19/06/1828. No seu entender, o desabastecimento da vianda em São Paulo, devia-se às pessoas que estavam interceptando o gado destinado ao açougue, "a fim de ser mandado para fora ou fazer charque nos subúrbios da mesma com destino a outra província, quando o povo desta capital experimenta sensível privação de um gênero de primeira necessidade."[89]

Independentemente do caso, os atravessadores agravavam ainda mais a pouca disponibilidade da carne verde no mercado local. Para que a situação não piorasse com a falta de arrematadores, a Câmara foi obrigada, em várias ocasiões, a abrir mão do sistema de contrato, liberando o comércio da carne para aqueles que pudessem ou tivessem interesse em fornece-la no mercado local. É o que observamos, por exemplo, em 03/11/1820, quando os oficiais deliberaram por tornar franco:

> o talho desta cidade sendo livre a cada um o vender a carne pelo preço que lhe parecer não excedendo o de novecentos e sessenta réis ficando debaixo de suas vistas o tomar todas as medidas a fim de que hajam concorrentes e, não haja falta ao público o que tudo esperamos de seu zelo.[90]

89 *Papéis Avulsos. op. cit.*, vol. 27, p. 136.

90 *Registro Geral da Câmara. op. cit.*, vol. 16, p. 110.

Todavia, muitas vezes, esta estratégia não foi suficiente para o provimento citadino, fazendo com que as autoridades solicitassem aos criadores de outras vilas que trouxessem suas boiadas para abastecer o mercado paulistano, como fez o vice-presidente da província no dia 19/05/1829: "visto ser provável haver completa falta de carne no açougue e pede se ordene aos capitães mores das vilas circunvizinhas a fim de convidarem os marchantes e criadores de gado por todos os meios lícitos a trazerem os mesmo para esta cidade (...).[91]

As obrigações que recaíam sobre estes negociantes eram idênticas às estabelecidas no contrato de monopólio.[92] No entanto, tais medidas parecem não ter garantido a abundância do gênero na cidade, o que estimulou constantes debates nas reuniões para resolver a questão. A situação era tão crítica nos anos finais da década de 1820 que obrigou o vice-presidente da província a direcionar um ofício à Câmara Municipal deliberando que seus funcionários fizessem valer as disposições previstas na Lei de 11 de julho de 1821, a qual dispunha sobre a proibição de se taxar a carne verde de vaca cortada no país.

Segundo o ponto de vista deste governante, o controle e a imposição dos preços seriam umas das principais causas dos criadores evitarem levar as reses para o

---

91 *Papéis Avulsos. op. cit.*, vol. 24, p. 136.

92 Como nos mostra Denise Soares de Moura, mesmo "os marchantes, que até então eram condenados pela Câmara, passaram a ser aceitos como fornecedores de animais, embora nem mesmo eles comparecessem mais no açougue." Denise Soares de Moura. *op. cit.*, 2011, p. 240.

açougue público, preferindo, pelo contrário, vendê-las para fora ou até mesmo entregá-las para o abate em talhos privados, como tivemos notícia de existir aos montes no território paulistano, especialmente nas freguesias.[93] A retirada destas taxas seria a solução mais eficaz ao problema, de forma que ele escreve aos camaristas:

> ordeno a Vossas Senhorias, que debaixo da sua maior responsabilidade, passem indefectivelmente a executar o disposto na mencionada lei, levantando o preço taxado da carne, por isto até conforme ao que se pratica na corte, e outras províncias deste Império; e por que como mui judiciosamente declara a referida lei, só da livre concorrência dos vendedores e compradores, pode produzir a abundancia, e regular o preço.[94]

Sabemos que a Câmara atendeu ao pedido, visto que dois dias depois, foi publicado um edital tornado franco o

93 Apesar do corte ser centralizado no açougue público da cidade, a Câmara ciente da proliferação dos talhos privados – especiamete nos arredores da cidade – e para não perder o controle sobre o abastecimento deste produto, estimulou, segundo Denise Soares de Moura, a "criação de outros açougues e contratos de arrematação de corte nas freguesias. As pressões de negociantes da cidade pela liberalização do comércio da carne sugere que havia uma expansão da demanda pelo produto no mercado, mas as autoridades reunidas na câmara procuraram reforçar o gerenciamento oficial." Denise Soares de Moura. *op. cit.*, 2011, p. 229.

94 *Registro Geral da Câmara. op. cit.*, vol. 19, p. 383.

corte da carne verde, em observância da portaria do vice Presidente, como vemos abaixo:

> Seja livre a toda e qualquer pessoa estabelecer mercados de carnes verdes, segundo o uso da corte, sem mais taxa alguma ficando a concorrência dos vendedores o evitar-se maiores preços tudo em virtude da grande falta de viveres que geralmente tem grassado e em observância também do mais constante da portaria que fica registrada no arquivo desta Câmara, cingindo-se a semelhantes determinações faz público a mesma Câmara, que d'ora em diante ficarão elas em vigor (...).[95]

Como não havia meios de atrair pessoas interessadas em arrematar o corte de carne na cidade, a Câmara foi obrigada a abolir a obrigatoriedade da almotaçaria do seu preço em favor da adoção de medidas cada vez mais liberais para atrair interessados no comércio. Pelo que se observa na continuação do documento, o único traço de intervenção mantido foi o combate à ação dos atravessadores, os quais podiam trazer transtornos ao funcionamento deste mercado. Isso, sem contar, a obrigatoriedade do pagamento da taxa do Curral, onde as reses deveriam ser abatidas.[96]

Irônico pensar que a política, antes responsável por coibir os abusos nos preços da carne, estava sendo a principal causa de sua carestia na cidade. E.P.Thompson, ao

95 *Registro Geral da Câmara. op. cit.*, vol. 19, p. 385.

96 *Registro Geral da Câmara. op. cit.*, vol. 19, p. 386.

estudar os motins da população contra o problema da fome no século XVIII no artigo "A economia moral da multidão inglesa no século XVIII", já havia apontado contradições existentes nas políticas intervencionistas vigentes na Inglaterra do período. Nesse trabalho, o historiador inglês coloca que, se de um lado, as interferências do poder público na comercialização de gêneros de primeira necessidade tiveram, por muito tempo, um efeito benéfico sobre o controle dos preços dos alimentos, por outro, o próprio estabelecimento de regras rígidas seria a causa do surgimento tanto de mercados paralelos como de greves entre seus produtores, os quais não queriam ficar sujeitos a um único vendedor.[97]

Seja como for, a própria incapacidade da Câmara em resolver os problemas de carestia da carne na cidade de São Paulo indica para a existência de mudanças na organização do abastecimento interno, que operava, cada vez mais, sob a lógica de livre mercado. À luz das considerações de Thompson, não fica difícil reconhecer que o processo vivido em São Paulo se insere num contexto maior de enfraquecimento do modelo paternalista de regulação, em favor da emergência de um mercado ajustado pelo preço, processo este que já vinha ocorrendo em outras partes do mundo ocidental desde, pelo menos, o início do século XVIII. [98]

A presença de espaços particulares de corte e comércio de carne se insere num contexto maior de fortalecimento e diversificação dos negócios internos e externos

97 Edward Palmer Thompson. *op. cit.*, p. 234.

98 *Idem*, p. 227.

que evolviam a economia paulistana, apontando para uma nova organização do mercado local, visível através do surgimento e expansão de toda uma rede de atividades comerciais voltadas para atender ao aumento das novas demandas. À medida que o século XIX avançava, os responsáveis por tais estabelecimentos, cientes do consumo difundido que a carne bovina tinha entre a população e, consequentemente, das possibilidades de obtenção de lucro proporcionadas pelo seu comércio, não hesitavam em trazer boiadas para serem abatidas nos talhos particulares com o intuito de comerciá-las, mesmo sem autorização legal. A potencialidade do mercado consumidor com relação a tal produto compensaria os riscos corridos, bem como as possíveis punições impostas pelos oficiais da Câmara.

Na década da independência, os dados presentes na documentação de caráter normativo sugerem a existência de talhos particulares na cidade.[99] A intensificação econômica e a consequente diversidade de pessoas circulando pelas ruas da capital foram responsáveis por uma maior demanda por gêneros alimentícios, em que a carne teria um grande destaque.

Isso fez com que muitos negociantes se interessassem pelo mercado da cidade, como foi o caso do inglês João Mark Liotard, que procurou o Senado, pedindo autorização para instalar um açougue de vitela, carneiro e porco na cidade.[100] Embora a Câmara não tenha sido muito favorável à sua solicitação, o próprio registro de

99 *Registro Geral da Câmara. op. cit.*, vol. 20, p. 40.

100 *Registro Geral da Câmara. op. cit.*, vol. 16, p. 7.

um requerimento como este indica as potencialidades do mercado paulistano, visto que a abertura de um estabelecimento deste porte envolveria um alto investimento de capital.

Pensamos que a incapacidade da Câmara em garantir o fornecimento de carne, aliada ao crescimento da demanda por este produto localmente, não deixou outra alternativa às autoridades se não permitir que espaços particulares funcionassem, mesmo com todas as ressalvas possíveis. Provavelmente seriam esses espaços que atenderiam às demandas de uma população em constante crescimento, ávida pelo consumo deste produto.

Ao passo que a cidade crescia, a importância que os estabelecimentos privados passaram a ter fez com que os espaços controlados diretamente pelo poder municipal perdessem cada vez mais sua relevância. Isso justifica o estado de abandono em que o açougue público também foi encontrado no mês de novembro de 1829, no relatório feito por Francisco Mariano da Cunha. O Curral, por exemplo, segundo suas palavras "onde presentemente se matão os gados para o consumo sendo tão recomendado pelas leis a limpeza e asseio deste lugar acha-se tão hediondo coberto de fezes e imundices que lhe seria desprezado dos mesmos animais."[101] O requerimento do almotacé segue pedindo a construção de um novo matadouro, além da proibição da atividade de particulares, os quais estavam comercializando a carne, sem respeitar as mínimas diretrizes estabelecidas pelas autoridades municipais.

101 *Papéis Avulsos. op. cit.*, vol. 31, p. 99.

Pelo que se pode observar, na análise deste excerto, o estado de abandono no qual o açougue público se encontrava é um indício de que ele foi perdendo, progressivamente, sua exclusividade no abastecimento citadino, diante das mudanças ocorridas na sociedade paulistana. Como a carne era um produto indispensável no sustento da população, é certo que estabelecimentos privados passaram a atender as demandas locais, como o próprio documento nos dá a entender. A presença de particulares envolvidos no comércio da carne deve ser analisada dentro de um contexto de florescimento de estabelecimentos fixos, que faziam convergir para São Paulo uma gama vasta de produtos, inclusive importados da Europa, como veremos com mais detalhes no próximo capítulo. Frente a esta situação, concluímos que as dinâmicas evolvidas nestes locais de abastecimento indicam novos hábitos e padrões de vivência, os quais, pouco a pouco, se firmavam na urbe paulistana.

4. Pelos dois lados do balcão: os estabelecimentos comerciais de alimentos e bebidas

No transcurso do século XIX, na medida em que ocorreu uma intensificação da vida urbana, a rua foi se constituindo como um espaço de sociabilização, de encontro e de trocas. Era ali que aconteciam as mais variadas atividades da economia urbana, entre as quais, são de nosso interesse, aquelas relativas à alimentação. A expansão demográfica e o desenvolvimento do núcleo urbano de São Paulo foram responsáveis por modificações nos hábitos alimentares de seus habitantes e isto estava diretamente relacionado ao aumento de novas modalidades de comércio para além do ambulante.

O presente capítulo se ocupará em apresentar as funções que as casas comerciais cumpriam, seja no suprimento alimentar ou na sociabilidade de uma população, a qual crescia de maneira considerável.[1] A ideia é entender, para além dos pro-

1 Um bom exemplo deste crescimento é exemplificado por Suley Queiroz. Enquanto no ano de 1776, estimava-se uma população, na cidade, de 3.820 pessoas, em 1794, por exemplo, esse número teria atingido a cifra de 9.359, crescendo exponencialmente na virada do oitocentismo, já que, em 1815, a população da região central

dutos ali comercializados, a localização e as pessoas envolvidas nessas atividades, tanto como vendedores ou consumidores. Deve-se ressaltar que abordaremos o comércio de alimentos a varejo; das modalidades existentes trabalharemos com as vendas, as tabernas, os botequins, bem como os lugares que proliferaram na cidade de São Paulo após a década de 1820: os armazéns, as casas de negócios e de pastos.

Essa escolha não nos impediu, de vez ou outra, nos referirmos ao comércio de grosso trato, associado à venda de produtos importados que provinham de outras capitanias ou do Reino.[2] Esse tipo de atividade mercantil, bem como os agentes nela envolvidos, podem aparecer esporadicamente como comparativos que elucidarão a dimensão das atividades cotejadas por nós nesta pesquisa. Além disso, não podemos esquecer que tal segmento mercantil foi responsável por trazer, muitas vezes, os produtos que abasteciam o comércio a miúdo na cidade.

Em São Paulo, como em outros lugares do Brasil colonial e de início do Império, existia uma pluralidade de estabelecimentos cuja função era a venda de gêneros alimentícios. De acordo com uma historiografia, que tem se devotado ao estudo do pequeno comércio no Brasil entre os séculos XVIII e XIX, havia uma complexidade de papéis ocupados por tais estabelecimentos. Trabalhos sobre a trajetória dos agentes mercantis ou sobre as estratégias envolvidas em suas transações têm apontado para um quadro complexo, em que o comércio de pequena monta permite

---

contabilizava um total de cerca de 25.313 pessoas. Suely Robles Reis Queiroz. *São Paulo.* Madri: Editorial Mapfre, 1992, p. 126.

2 Maria Aparecida Borrego. *op. cit.*, 2010, p. 85.

apreender uma multiplicidade de informações sobre as relações sociais, políticas e econômicas de nosso passado.[3]

Tais trabalhos irão, ao longo desse capítulo, nos trazer subsídios para entendermos a multiplicidade de espaços que encontramos menção na documentação referente ao nosso estudo. Parece consenso entre os autores, a dificuldade de estabelecer distinções precisas entre os vários estabelecimentos que se dedicavam à venda de alimentos e outros produtos em diferentes contextos brasileiros. Mafalda Zemella foi uma das primeiras autoras a se arriscar nesta árdua tarefa.

Em seu clássico estudo sobre o abastecimento em Minas Gerais, no século XVIII, a autora aponta para a existência de dois tipos de comércio presentes nas vilas daquela região: o estável e o ambulante. No primeiro grupo, estariam inclusos os estabelecimentos que tinham locais fixos para sua realização, como as lojas, as vendas e as boticas e, no segundo, incluíam-se o volante feito pelos mascates e negras de tabuleiro. A historiadora sugere que a diferença entre aquelas casas comerciais devia ser buscada na análise dos produtos por elas vendidos. Enquanto as lojas seriam responsáveis pela comercialização, exclusivamente, das fazendas secas e produtos trazidos do reino, como tecidos, ferramentas e utilidades domésticas, as vendas eram locais onde também se comercializavam os gêneros molhados, como as bebidas e os comestíveis.[4]

---

3 Maria Aparecida Borrego. *op. cit.*; *Luciano de Almeida Figueiredo. op. cit.*; Maikon Rodrigues dos Santos. *op. cit.* Neli Maria Teleginski. *op. cit.*

4 Mafalda Zemella. *O abastecimento da capitania de Minas Gerais no século XVIII*. Tese de doutorado. Usp, 1951, p. 178.

Anos mais tarde, outros autores se dedicaram ao estudo das diferenças entre os tipos de comércio existentes no Brasil dos primeiros séculos.[5] Tal tarefa demandaria um trabalho de cruzamento de informações contidas em vários corpos documentais, devido à ambiguidade dos termos e à sobreposição das funções encontradas. A conclusão que tais autores chegaram, como se verá mais adiante, é que este estudo não poderia ser feito levando em consideração apenas os produtos comercializados.

Em função disso, um dos primeiros trabalhos que trouxe subsídios para repensar a categorização proposta por Mafalda Zemella foi o da historiadora Claudia Chaves: *Perfeitos negociantes:mercadores das minas setecentistas*. Nele, a autora se debruça sobre o dinamismo interno da região das Gerais no século XVIII, mostrando a limitação de uma categorização apoiada apenas na análise dos estoques encontrados nos estabelecimentos. Embora a autora siga os caminhos trilhados por Zemella, ao lidar com a divisão das atividades mercantis a partir das categorias volantes e fixas, ela não deixa de criticar a classificação apresentada pela primeira historiadora. Com base na documentação produzida nos postos fiscais das Minas Gerais, Claudia Chaves mostrou que tanto as lojas como as vendas eram abastecidas com produtos variados, sendo que a diferença

5 Claudia Maria Chaves. *op. cit.* Junia Ferreira Furtado. *Homens de negócio: a interiorização da metrópole e o comércio nas minas setecentistas*. São Paulo: Hucitec, 1999; Renato Pinto Venâncio e Júnia Ferreira Furtado. "Comerciantes, tratantes e mascates" *in* Mary Del Priore. (org) *Revisão do paraíso: os brasileiros e o estado em 500 anos de história*. Rio de Janeiro: Campus, 2000.

entre essas residia no volume das transações mercantis e na sua localização. A única exceção, para a autora, seria as tavernas, as quais comercializavam apenas bebidas.[6]

Ainda em relação à esta temática, Renato Pinto Venâncio e Júnia Furtado, ao se voltarem para o estudo do universo comercial na América Portuguesa, trazem mais subsídios que refutam a divisão entre as lojas e vendas proposta por Mafalda Zemella, baseada na especialização entre secos e molhados, respectivamente. Ao empreenderem uma investigação sobre os estoques das propriedades dos agentes mercantis presentes nos inventários *post-mortem*, eles acabaram se deparando com uma similaridade de produtos comercializados, o que mostra que tanto lojas quanto vendas comercializavam, indistintamente, produtos secos e molhados.[7] Isso fez com que, em diálogo com o trabalho de Cláudia Chaves, eles defendessem que fatores como a localização e dimensão dos estabelecimentos deveriam ser levados em consideração no entendimento das funções do pequeno comércio.[8]

A propósito do universo de nossa pesquisa, embora a bibliografia não seja tão vasta quanto para a região de Minas Gerais, alguns autores já demonstraram a complexidade de classificar as atividades dos estabelecimentos, sejam estes fixos ou ambulantes, tendo em vista as nuances existentes nas práticas mercantis de seus proprietários. Tal fato era visível, tanto na presença de uma rede de agentes envolvidos direta ou indiretamente na venda de produtos,

6 Claudia Maria Chaves. *op. cit.*, p. 59.

7 Renato Pinto Venâncio; Júnia Ferreira Furtado. *op. cit.*, p. 103.

8 *Loc. cit.*

como no fato de um mesmo comerciante atuar em vários ramos de negócios, dependendo das circunstâncias.[9]

Frente a tais constatações, ao nos voltarmos para a realidade paulistana, observamos a presença de numerosos tipos de estabelecimentos que comercializavam alimentos e bebidas na cidade: vendas, casas de comércio, armazéns, botequins, tavernas, negócios de molhados, etc.[10] Apesar da diversidade de nomes identificada na documentação coeva para descrevê-los, conforme veremos ao longo deste capítulo, houve, em muitos casos, uma similaridade dos produtos vendidos e de suas funções sociais, inclusive muitas dessas se transformando ao longo dos anos. O que não evitou a existência de certas diferenciações, várias, inclusive, chanceladas pela força da lei. De acordo com as regulamentações da Câmara paulistana,

9 Neste sentido, vale destacar, o já citado estudo de Maria Aparecida Borrego. Ao se debruçar sobre a atuação dos agentes mercantis na cidade de São Paulo entre os anos de 1711 e 1765, a historiadora chamou atenção para a complexidade da caracterização dos agentes e de suas práticas comerciais. Maria Aparecida Borrego. *op. cit.*, p. 88-131.

10 Leila Mezan Algranti também atentou para este fato em seu artigo sobre os espaços de sociabilidades no Rio de Janeiro no período jonanino, ao mostrar que a taverna era muito similar a outros tipos de estabelecimentos comerciais ligados à alimentação. De fato, essa sobreposição de significados parece, nas palavras da historiadora, "ter ocorrido porque havia muitas formas de denominar os locais de venda e consumo de alimentos: botequins, tabernas, tabernas com comida, tabernas sem comida, armazéns, armazéns de molhados, vendas, casas de pasto, cafés e barracas, entre outras." Leila Mezan Algranti. "Tabernas e botequins: cotidiano e sociabilidades no Rio de Janeiro (1808-1821)". *Revista Acervo*. vol. 24, n. 2, p. 25-42, 2011, p. 28.

enquanto as lojas de secos tinham como função comercializar produtos manufaturados, tais como panos, armarinhos e ferramentas, as vendas e tabernas deveriam ser espaços voltados para o comércio de alimentos e bebidas, sendo que essas últimas também poderiam ser vendidas nos botequins. Entretanto, a mesma documentação que demonstra o esforço da delimitação das funções imposta pelo poder público, aponta, na prática, a divisão entre o que era vendido por uma e por outra.

A diferença entre muitas casas comerciais concentrava-se no porte ou na procedência dos produtos, mais do que na própria denominação. Ademais, a segunda década do século XIX vivenciou, além do aumento do número de estabelecimentos, o surgimento de novos outros, como armazéns e casas de pasto, responsáveis por uma especialização do comércio de alimentos tanto no âmbito dos produtos vendidos como do seu público consumidor.

Das vendas às casas de pasto

Ao iniciarmos nosso estudo sobre os estabelecimentos fixos, presentes em São Paulo, não há como ignorar a frequência com que nos deparamos com o termo venda sendo usado para definir o local onde se comercializava os gêneros indispensáveis para o sustento da população paulistana. De fato, esse foi o lugar que de longe mais tivemos menção, seja na documentação da Câmara Municipal, seja nos *Maços de População*. Ao nos reportarmos, por exemplo, a este último conjunto documental, nos chamou atenção, nas primeiras décadas do recorte temporal de nossa pesquisa, a quantidade de vezes que as vendas aparecem em relação aos demais estabelecimentos.

A título de exemplo, os dados fornecidos no recenseamento de 1804 apontam que, dos 62 estabelecimentos fixos declarados para toda a cidade, quase a totalidade era composta pelas vendas, com exceção de um botequim e um negócio de molhados. Tal quadro se repete até pelo menos a metade da primeira década do oitocentos. Acreditamos que vários fatores explicam a frequência do uso desta denominação, conforme veremos a seguir.

Primeiramente, a venda era uma velha conhecida dos colonos luso-brasileiros, já que, de longa data, seu nome esteve associado à comercialização de gêneros de primeira necessidade e, isso não apenas em São Paulo, mas em outros lugares da América Portuguesa. Mafalda Zemella, conforme apresentamos, em seu trabalho supracitado, já tinha observado o papel desse estabelecimento no abastecimento de várias vilas e arraiais, os quais foram surgindo em função da descoberta e ocupação das minas.[11] A importância das vendas seria tanta que elas eram vistas, inclusive, como principais responsáveis pela concentração dos povos e formação dos primeiros núcleos urbanos nas regiões mais interiorizadas do continente. Luciano Figueiredo, em sua pesquisa sobre o trabalho feminino na mesma região, endossa que estes lugares, além de exerceram papel imprescindível na provisão alimentar da população local, também desempenhavam uma função em sua sociabilidade, especialmente das classes mais baixas.[12]

Além disso, acreditamos que a abertura de vendas tinha a ver com uma estratégia dos comerciantes, os quais

11 Mafalda Zemella. *op. cit.*, p. 175.

12 Luciano de Almeida Figueiredo. *op. cit.*, p. 44.

optavam por este estabelecimento devido às avenças mais baratas, mesmo que depois se propusessem a mercadejar outros tipos de produtos para além daqueles restritos a tal espaço. A partir dos documentos consultados, ficou claro que esta era uma estratégia posta em prática para driblar a arrecadação fiscal, isto é, para pagar menos impostos. Assim, parece ter feito João José Carneiro, morador na rua de São Gonçalo, que no ano de 1827, teve sua licença caçada, pois vendia em seu estabelecimento gêneros importados para os quais, pelo que a documentação indica, era necessário tirar outro tipo de licença de funcionamento.[13]

Embora fossem grandes os esforços das autoridades em delimitar as funções das casas comerciais, eram recorrentes aquelas que vendiam de tudo um pouco, não havendo especialização com relação aos artigos então disponibilizados. Fato que, frequentemente, reverberava em punições, multas, inclusive, perda do direito de venda, como aconteceu com João José Carneiro. De acordo com as prerrogativas da Câmara Municipal, as vendas, bem como as tavernas, seriam responsáveis pelo comércio de alimentos de primeira necessidade.

Antes de seguirmos, cabe fazermos um parêntese e comentar que, na análise da documentação oficial, as vendas aparecem, muitas vezes, como sinônimo de tavernas. Diferentemente do que aponta Claúdia Chaves para o contexto de Minas Gerais, onde haveria uma nítida separação entre essas casas comerciais, em São Paulo, aparentemente, segundo as fontes consultadas, havia uma justaposição de suas funções e o emprego de ambos os

13 *Papéis Avulsos. op. cit.*, vol. 25, p. 179-180.

termos variava, não apenas de uma fonte para outra, mas também em um mesmo documento. Assim, é necessário pontuarmos que, ao longo deste capítulo, poderemos ora utilizar um termo, ora outro, pelo fato deles se apresentarem praticamente como sinônimos. Ao nos remetermos a um registro de uma sentença sobre almotaçaria, podemos comprovar tal uso, vejamos:

> (...) aos vinte oito dias do mês de setembro de 1814, nesta cidade de São Paulo na rua da Quitanda e taverna de molhados do alferes Francisco Antônio de Miranda onde foi vindo o juiz almotacé o capitão Francisco Jorge de Paula Ribeiro, adjunto com o alcaide e comigo escrivão interino e sendo ali foi apreendido 50 queijos os que foram comprados na estrada da Luz e transportados para a dita venda onde foi apreendido à noite (...).[14]

Como nota-se no trecho acima, a utilização alternada dos termos taverna e venda para o mesmo comércio era muito comum na documentação de época e pode ser explicada, porque ambas, além de venderem os mesmos produtos, estavam sujeitas às mesmas regulamentações. Para abrir qualquer uma delas, os interessados deveriam obter primeiramente alvarás de funcionamento através do pagamento de uma avença que, conforme observamos na documentação, podia variar de acordo com a dimensão e localização dos estabelecimentos.[15] Além disso, periodica-

---

14 *Registro Geral da Câmara. op. cit.*, vol. 15, p. 79.

15 Assim, por exemplo, no ano de 1796, Lourenço Vieira entrou com um pedido para obter um alvará de licença para uma "ven-

mente eles deveriam aferir seus pesos e medidas, visando evitar a ocorrência de quaisquer desvios e fraudes no comércio de alimentos à população.[16] Outra obrigatoriedade era atender às exigências da Câmara, a qual obrigava que os produtos vendidos fossem adquiridos no mercado das Casinhas, conforme observamos nas regulamentações impostas por aquele Senado.[17]

Já aqueles que almejavam comercializar bebidas nas tavernas/vendas deveriam obter uma autorização municipal, pagando um imposto chamado de "subsídio literário", o qual era cobrado tanto sobre o vinho como sobre a aguardente. Além disso, os vendeiros/taverneiros eram obrigados a adquirir as bebidas somente do arrematante do contrato, no qual estavam inclusos também o azeite e o vinagre. Nos termos da lei, era ele quem definiria o valor pelo qual estes gêneros poderiam ser vendidos no varejo. De acordo com Maria Aparecida Borrego, os pequenos negociantes só poderiam vender os referidos gêneros por meio de "licença do arrematante, sem a qual seriam punidos de acordo com as disposições colocadas em pregão."[18]

---

da de comestíveis e bebidas dos gêneros da terra e de mar em fora", a qual foi autorizada através do pagamento de 640 réis. No mesmo dia, procurou o Senado da Câmara, Pedro José de Moraes para abrir uma venda de 'efeitos de comestíveis e bebidas,' o qual foi cobrado de licença o valor de 960 réis *Alvarás de Licença.* (06/04/1796). Documentos manuscritos do Arquivo Histórico Municipal de São Paulo.

16 Renato Pinto Venâncio e Júnia Ferreira Furtado. *op. cit.*, p. 96.

17 *Registro Geral da Câmara. op. cit.*, vol. 15, p. 465.

18 Maria Aparecida Borrego. *op. cit.*, 2010, p. 117.

Conforme expusemos anteriormente as bebidas, bem como as carnes, eram produtos sujeitos à arrematação do contrato público, o qual era concedido mediante leilão e pagamento de uma taxa anual. Ainda dentre suas obrigações, os contratadores se comprometiam com a feitura e conservação de obras públicas. Aquele que conseguisse arrematar o contrato poderia distribuir os molhados onde e para quem bem lhe entendesse. Eles também deviam acatar as taxações propostas pela Câmara, embora, conforme nos mostra ainda Maria Aparecida Borrego, caso se sentissem prejudicados pelas medidas de almotaçaria, tinham o direito de tratar os valores com os seus oficiais. Tal negociação, podemos supor, não era uma tarefa complicada, pois tanto os comerciantes como os almotacéis pertenciam à elite local e não raro agiam na defesa de seus interesses, em detrimento aos da maioria da população. No entanto, em algumas ocasiões, as arrematações ficavam suspensas, fazendo com que os vendeiros/taverneiros tivessem que avençar os gêneros molhados diretamente com o Conselho.[19]

De uma forma ou de outra, os comerciantes de pequena monta não tinham como fugir, no âmbito da lei, da obrigação do pagamento dos subsídios e muito menos do controle da almotaçaria estabelecido pelas autoridades municipais.[20] Embora na prática observamos, pelas denúncias da população, que era usual a venda dos gêneros acima do preço estipulado pelas deliberações da Câmara. E isso aconteceu várias vezes durante o período estudado, tal é o

19 *Registro Geral da Câmara. op. cit.*, vol. 11, p. 542.

20 *Registro Geral da Câmara. op. cit.*, vol. 22, p. 11.

caso de 18/04/1798, quando os moradores da cidade apresentaram queixa ao Conselho de que os taverneiros estavam vendendo o vinho por preço excessivo, bem como o azeite de peixe. Pelas posturas estabelecidas, o vinho deveria custar 480 réis a medida, enquanto o azeite 200 réis. No entanto, os taverneiros estavam praticando um valor acima do taxado: o vinho a 560 réis e o azeite a 240 réis a medida.

Se as medidas de almotaçarias eram frequentemente burladas pelos vendedores, o mesmo não ocorria com o pagamento dos subsídios. Anualmente, no mês de janeiro, a Câmara solicitava que os comerciantes que desejassem iniciar ou continuar seus negócios procurassem o Senado para o acerto das devidas taxas de licença.[21] Esse pagamento deveria lhes garantir o direito de exclusividade de comercialização dos produtos almejados, embora, na prática, não era isso o que acontecia. A análise do conteúdo dos documentos oficiais mostra que, muito pelo contrário, este papel estaria longe de ser único e exclusivo deles.

Em 06 de julho de 1765, por exemplo, os oficiais da Câmara mandaram passar um edital em reposta ao requerimento dos vendeiros, proibindo os mercadores de comercializarem, em suas lojas, alimentos e bebidas restritos aos vendeiros: sal, açúcar, lombo, fumo, farinha, feijão, milho e algumas bebidas. De acordo com o texto, tais gêneros eram:

> só pertencentes aos ditos vendeiros, e não a eles mercadores, que não pagavam nenhum tributo nem estavam sujeitos a posturas algumas tendo nisto grave prejuízo e reque-

21 *Registro Geral da Câmara. op. cit.*, vol. 12, p. 353-355.

> rendo que qualquer dos ditos vendedores que usassem vender os ditos gêneros fosse debaixo de licenças desta Câmara e sujeitos as posturas delas.[22]

Os mercadores que descumprissem tais regulamentações estariam sujeitos às seguintes penas: o pagamento de uma multa na quantia de 6 mil réis, além de 30 dias de prisão. Mas o que chama atenção é que, ao voltarmos aos documentos, os mesmos vendeiros, vítimas em certas situações, tornavam-se, em outras, infratores, sendo alvo de punição dos desvios, por eles mesmos imputados aos seus concorrentes.[23]

Prova disso são as constantes denúncias apresentadas contra eles nas reuniões do Conselho. No dia 29/02/1772, notamos na cidade, a presença de vendeiros que disponibilizavam à população mantimentos com medidas não auferidas.[24] Já em 5/8/1797, as denúncias contra os vendeiros concentram-se no fato de que eles, além de venderem o sal fora das medidas estipuladas, também estavam escondendo o dito gênero, para depois o revenderem inclusive para fora da cidade. Ao procederem desta forma, fugiriam do pagamento das taxas e da almotaçaria imposta pelas autoridades, auferindo maiores lucros.[25] O que foi feito por eles várias vezes ao longo do período colonial e mais além.

22 *Registro Geral da Câmara. op. cit.*, vol. 11, p.150.

23 *Actas da Câmara Municipal. op. cit.*, vol. 15, p. 40.

24 *Actas da Câmara Municipal. op. cit.*, vol. 16, p. 123.

25 *Registro Geral da Câmara. op. cit.*, vol. 12, p. 160-161.

Às denúncias apresentadas, seguem-se tantas outras, as quais mostram que o comércio de alimentos e bebidas era alvo de conflito entre diferentes segmentos sociais. Se de um lado, temos as autoridades que queriam "fazer valer as leis", de outro temos a população que reclamava dos preços e da qualidade dos produtos vendidos. A estes dois grupos, deve-se acrescentar também os agentes mercantis, que tentavam, nas brechas abertas, negociar seus lucros mediante as pautas das autoridades e da população. No entanto, devemos lembrar que tais agentes constituíam uma camada heterógena, a qual disputava espaço de atuação e o mercado consumidor.[26] Neste ponto, podemos lembrar que os vendeiros/taverneiros concorriam não só com os mercadores, mas também com as ambulantes, apresentadas no capítulo anterior.

Um exemplo desta contenda fica visível na seção ocorrida em 21/03/1821, em que os vendeiros da cidade apresentam queixas ao procurador do Conselho contra as quitandeiras. Segundo eles, estas estavam varejadamente comerciando arroz, feijão, farinha, carne de charque, fumo e outros 'efeitos' que, de acordo com a regulamentação daquele Senado, estariam restritos somente aos denunciantes. Além disso, segundo lemos no edital, o cerne do litígio era muito mais o fato das quitandeiras não realizarem o pagamento das taxações devidas, do que a verificação dos pesos e medidas estipulados pelas força da lei.

Tal situação, de acordo com o escrivão, traria prejuízo não só para a população como também para os vendeiros sobre os quais

26 João Luiz Máximo da Silva. *op. cit.*, 2008a, p. 112.

> recaiam todos os ônus dos direitos e mais despesas que se achavam sujeitos suplicando-nos por conclusão de sua súplica fossemos servidos mandar passar o presente edital proibindo a venda dos mantimentos declarados por pessoas que não estivessem legitimamente autorizadas.[27]

E, atendendo aos clamores do vendeiros, observamos que os camaristas logo mandaram dar execução ao edital. Pela recorrência de situações como estas, verificamos que as quitandeiras, muito mais do que os mercadores, eram as principais concorrentes dos comerciantes das vendas e tavernas. Não por acaso, isso se explicava pela disputa existente entre essas duas categorias pelo mesmo ramo de atuação: a comercialização de alimentos e/ou bebidas que compunham o básico da dieta do paulistano, tais como aguardente, vinhos, arroz, feijão, etc.

Essa atribuição, tanto das vendas quanto das tavernas, fica latente não só na documentação de caráter normativo até então apresentada, como também na descrição contida nos *Maços de População*, os quais apresentam as atividades econômicas dos domicílios paulistanos. Não raro, os dados daqueles que declaravam tirar o seu sustento de vendas eram acompanhados pelas adjetivações "de efeitos da terra" ou "de gêneros molhados". Deve-se ressaltar que ambas se referiam, de uma maneira geral, a alimentos e bebidas. Pela análise do conteúdo desta documentação, percebemos que, quando o primeiro termo aparecia, ele fazia referência aos comestíveis produzidos localmente. Já

27 *Registro Geral da Câmara. op. cit.*, vol. 16, p. 151.

o segundo estava, frequentemente, associado aos gêneros trazidos de outras áreas coloniais ou mesmo de fora e que chegavam à São Paulo através do porto de Santos.

Mas, para além desta descrição geral, seria possível especificar exatamente quais bebidas e comestíveis eram vendidos nas vendas paulistanas? Para chegarmos a um quadro mais detalhado a este respeito se fez necessário empreender um cruzamento dos *Maços de População* com as informações provenientes de outras fontes como inventários *post-mortem*, crônicas e relatos de viagens, bem como a documentação da Câmara. Nesta última, como já foi possível observar, encontramos um arrolamento destes gêneros em várias ocasiões: quando a Câmara colocava em prática medidas para circunscrever os ramos de atuação do comércio de alimentos e/ou bebidas, quando uma denúncia de contravenção era apresentada à instituição, quando algum agente mercantil era autuado pelos seus almotacéis durante suas verificações, dentre outras situações.

É o que lemos, por exemplo, na sessão do dia 12/02/1803, onde os camaristas, com o propósito de estabilizar o fornecimento de gêneros para os habitantes, se empenharam em estabelecer um controle sistemático sobre o ramo de comércio responsável pela venda de víveres básicos ao povo:

> não poderão as quitandeiras vender nos tabuleiros por miúdo e aos vinténs farinha, milho, feijão, porque tudo isso acima fica reservado tão somente aos taverneiros que pagam direitos das suas negociações. Como

> também ninguém poderá vender fumos as varas pelas ruas, pois da mesma forma fica reservado aos ditos taverneiros.[28]

Embora nem sempre tivemos acesso ao que se comprava nos estabelecimentos fixos, documentos como esses nos apontam um caminho, especialmente quando comparados com outras fontes da mesma natureza ou não. Assim vemos que os gêneros usualmente encontrados nas vendas e tavernas eram aqueles imprescindíveis para a sobrevivência da população: sal, rapadura, feijão, lombo, fumo, farinha, milho bem como vinhos e aguardentes. Grande parte deles, como vimos, era produzido localmente nos sítios circundantes ou vindos de municípios vizinhos.

Havia também os estabelecimentos que comercializavam alimentos e bebidas de fora da capitania e que chegavam pelo porto de Santos, conforme os *Maços de População* nos trazem indícios. A título de exemplo, podemos citar o caso de Bento Xavier que, no ano de 1802, declarou possuir uma venda de molhados de Santos. Tal como ele, no mesmo ano, nos deparamos com João Antônio Aires, morador na rua do Rosário, que declarou a mesma procedência dos produtos que comercializava.[29] Embora esses dados não permitam uma resposta satisfatória quanto ao porte ou o capital que essas vendas envolviam, parece certo que, até a difusão de locais mais sofisticados, era ali onde se encontravam os produtos do Reino como aguardente, vinho, além do azeite e do vinagre.

28 *Registro Geral da Câmara. op. cit.*, vol. 12, p. 614.

29 *Maços de População.* (1802) *op. cit.*, p. 15.

Foi possível identificar, pela descrição dos *Maços*, que nas primeiras décadas de nosso recorte, os locais que comerciavam este tipo de gênero estavam em menor quantidade se comparados com as 'vendas de efeitos da terra' ou mesmo em relação àquelas que apareciam sem especificação. Se analisarmos o ano de 1804, por exemplo, vemos que apenas 9% dos estabelecimentos vendiam gêneros trazidos de fora.[30] Com o decorrer dos anos, ao passo que a cidade vai se transformando, parece provável que alguns vão recebendo a denominação de negócio de molhados. Para validar nossa hipótese, voltamos aos recenseamentos e verificamos que alguns comerciantes, os quais apareciam, no fim do XVIII e início do XIX, tirando seu sustento da venda de molhados de Santos, anos mais tarde, foram arrolados como negociantes de molhados.

Este foi o caso de José Joaquim de Castro, morador na rua do Rosário, o qual declarou, no ano de 1802, viver da venda de efeito da terra e de Santos.[31] Dois anos depois, podemos acompanhar mais detalhes sobre sua atividade comercial, pois ele especificou que comprava sal na vila de Santos para vender em São Paulo. No censo de 1810, podemos nos deparar com o mesmo comerciante vivendo de negócio de molhados. Caso semelhante ocorreu com

30 Infelizmente nem sempre foi possível determinar com exatidão as procedências dos produtos vendidos, pois muitas casas de vendagens apareciam sem especificação. A frequência com que nos deparamos com vendas mais simples nos demais conjuntos documentais nos fez pensar que este tipo de estabelecimento era a maioria dentro da categoria. Com isso, acreditamos que as vendas sem especificação nos Maços eram essas mais simples.

31 *Maços de População.* (1802) *op. cit.*, p. 62.

Francisco Xavier. Acreditamos que tal fato sugere mais uma especialização das vendas do que uma mudança de modalidade de comércio propriamente dita.

Apesar disso, não descartarmos que esta mudança na descrição poderia ter relação com a alternância do responsável pela coleta dos dados do censo. Ou seja, ao longo das décadas subsequentes, aqueles que declararam a vendagem como principal atividade do domicílio em um dado ano, no outro tiveram a sua ocupação denominada de maneira diferente. Mas chamou atenção que essa situação não ocorreu para todos os casos e muitos comerciantes continuaram a aparecer nos *Maços* como vivendo de suas vendas.[32] Provavelmente só mudaram o nome dos negócios nas listas nominativas aqueles que conseguiram acumular certa quantidade de capital. Uma investigação devidamente refinada seria necessária para comprovar essa suposição. Não podemos esquecer que, para mandar vir mercadorias de fora, era necessário uma boa situação financeira.

Pode-se dizer que, nas primeiras décadas de nosso recorte temporal, não temos indícios de que haviam pequenos comerciantes estabelecidos em São Paulo, atuando na importação direta dos produtos do Reino e, certamente, estes produtos eram adquiridos de outros mercadores estabelecidos em Santos ou mesmo no Rio de Janeiro. Tal quadro parece ter mudado, a partir da década de de 1820, quando nos deparamos com vários indícios, na documentação da imprensa, de comerciantes estabelecidos na cidade que mandavam vir mercado-

32 Um bom exemplo desta convivência pode ser percebida no recenseamento do ano de 1814. *Maços de População*. (1814). *op. cit.*

rias da Europa para vendê-las no mercado paulistano. Esse foi o caso de Guilherme Kraeuter que vendia, em sua casa comercial, as seguintes mercadorias récem chegadas do exterior: pelo bergantim Alexandre: "uma porção de chá da Índia em caixas de 2 arrobas (...) chapéus ingleses (...) uma porção de louça fina e vidros de todas as qualidades, vinho do porto da Feitoria, dicto Catalão, genebras em botijas e frasqueiras."[33]

Com efeito, negócios como esse foram ficando casa vez mais presentes na cidade, ao passo que a quantidade de vendas sofre uma considerável diminuição. Pode-se dizer que as mudanças no tecido econômico e demográfico da cidade foram responsáveis por este processo, já que ocasionaram um aumento considerável das trocas e de novos canais de circulação, baseadas, cada vez, mais no livre-mercado. O mesmo se aplica em relação à diversificação dos estabelecimentos fixos, como se verá mais adiante.

Apesar de sofrerem uma diminuição, especialmente a partir da segunda década do século XIX, as vendas de produtos da terra sempre foram onipresentes no universo de nossa pesquisa. Em tais lugares era possível encontrar de tudo um pouco: queijo, sal, milho, feijão, farinhas, arroz, etc. Em se tratando de alimentação, coexistiam duas funções: a de distribuição e de consumo. As vendas, juntamente com as tavernas, eram os comércios mais democráticos em termos de propriedade. Seus donos podiam ser homens ou mulheres, brancos, pardos e negros. Isso porque para abrir um estabelecimento como este não era necessário um investimento alto de capital. Tratava-se de

33 *O Farol Paulistano*. 11/06/1828, p. 492.

um negócio que podia ser feito no próprio domicílio do interessado, sendo exigido pelas autoridades para tanto, o pagamento de taxas municipais, uma porta aberta para a rua e a presença de um balcão. Na percepção das autoridades, a presença deste último artefato era condição imprescindível para receber o aval de funcionamento, como se observa abaixo:

> Tenho que informar a vossa senhoria que na mesma relação não vai incluída a casa de Felipe Neve por me parecer estar na ordem de casa de negócio por não ter balcão mas sei que serve de aguardente do Engenho do Capitão Antônio José de Freitas. Vossa Senhoria julgará sobre isto como lhe parecer.[34]

No entanto, mesmo a ausência deste último aparato não evitava que certas pessoas fossem encontradas vendendo toda a sorte de iguarias em locais fixos. Como foi o caso de Apolônia Maria que, no ano de 1830, tinha uma taverna recém-aberta na freguesia de Santo Amaro, a qual foi descrita no relatório da Câmara como "muito mesquinha", pois possuía "apenas 2 ou 3 garrafas sobre uma mesa sem balcão."[35] Os produtos comercializados nesses espaços, por se tratarem de gêneros de fácil acesso, obtidos geralmente das roças ou dos alambiques presentes nos arredores, da mesma forma não demandavam muito investimento financeiro, especialmente se comparados com as lojas de fazendas secas. A diferença do perfil dos

34 *Papéis Avulsos. op. cit.*, vol. 29, p. 129.

35 *Registro Geral da Câmara. op. cit.*, vol. 20, p. 329.

proprietários destes dois tipos de estabelecimentos deixa isso bem claro.

A título de exemplo, ao analisarmos aqueles que declaravam "viver de vendas ou tavernas," no ano de 1802, percebemos que, em sua maioria, provinham dos setores menos favorecidos da população. Os dados apresentados na análise do perfil do domicílio apontam para essa direção. Em primeiro lugar, notamos que grande parte dos vendeiros e dos taverneiros não acumulavam bens e tinham poucos escravos. Além disso, em sua maioria eram constituídos por pardos e negros, tanto do sexo feminino, quanto do masculino. De seu negócio de venda, declarou tirar sua sobrevivência o pardo Ignácio Gomes. Pela descrição, nota-se que tinha mudado a pouco para a rua da Quitanda, onde provavelmente funcionava o seu estabelecimento. Na mesma rua, encontramos Miliciana Lopes, mulher negra que declarava tirar seu sustento de uma venda, dividindo seu domicílio com mais duas outras agregadas.[36]

Ao analisarmos a composição do comércio de pequena monta para o ano de 1808, observamos que, dos 60 estabelecimentos arrolados entre vendas e tavernas, 36 eram controlados por homens, enquanto 24 tinham mulheres atrás do balcão.[37] Já em 1814, tivemos a menção de 73 vendas, dentre as quais 47 tinham como proprietários pessoas do sexo masculino e 26 do feminino. Esse número de mulheres era significativo e tinha relação com sua presença ostensiva na cidade. Tal como acontecia nas Minas Gerais, na cidade de São Paulo, eram escassas as oportu-

36 *Maços de População.* (1802). *op. cit.*, p. 72.

37 *Maços de População.* (1808). *op. cit.*

nidades para a inserção da mulher no meio urbano para além do pequeno comércio. As possibilidades de sobrevivência abertas por este ramo teriam feito com que, em 09/04/1796, por exemplo, Rosa Gomes fosse até as dependências do Senado para abrir uma "venda de efeitos da terra e de fora". O mesmo pode ser observado em relação à Jacinta Peres no decorrer do mesmo ano.[38]

Se de um lado as fontes que disponibilizamos não nos permitem afirmar se tais mulheres tinham condições melhores do que as que trabalhavam com o comércio ambulante, de outro elas nos mostram que, em sua maioria, elas provinham das camadas baixas da sociedade, de variada condição social. Tal é o caso de Catarina, escrava de Ana Francisca, a qual declarou, no censo de 1810, viver de sua venda.[39] Já em 1822, nos deparamos com Quitéria, escrava de Ana Maria, vivendo deste mesmo negócio. Tais ocorrências, embora raras nas listas nominativas, certamente não foram as únicas no universo paulistano.[40] Evidentemente, elas devem ser entendidas pela complexidade das situações que envolvia a escravidão urbana, em que era possível encontrar várias formas de explorar o trabalho dos cativos.

Para que uma pessoa escravizada conseguisse a permissão para abrir uma dessas casas comerciais, seus proprietários deviam comparecer às dependências do Senado a fim de obter a licença como seu fiador. Assim, provavelmente teria feito o senhor do cativo Francisco que, no ano

---

38 *Alvarás de Licença*. (1796). *op. cit.*

39 *Maços de População*. (1810) *op. cit.*, p. 27.

40 *Maços de População*. (1822) *op. cit.*, p. 29.

de 1830, aparece na relação de pessoas da Freguesia da Penha com comércio aberto durante a festa da padroeira.[41]

De fato, era comum que alguns proprietários desse tipo de negócio não cuidassem pessoalmente de seus estabelecimentos, delegando esta função a outros sujeitos como caixeiros ou mesmo pessoas escravizadas. Essa seria uma estratégia colocada em prática certamente por homens mais remedidos, que não tiravam o grosso do seu sustento daí, mas que lançavam mão do pequeno comércio de alimentos para diversificar suas atividades econômicas, visando aumentar seus rendimentos.[42] Estavam inclusos neste grupo, os dirigentes das vendas e dos negócios de gêneros molhados que traziam mercadorias de Santos, anteriormente mencionados.

Tal composição social demonstra o perfil diversificado dos proprietários das venda e tavernas, sobretudo se comparados com os mercadores de fazenda seca, os quais tinham negócios que envolviam grandes somas de capital. Tal grupo era estritamente homogêneo, já que composto por homens brancos, frequentemente de ascendência lusitana e possuidores de posses, como nos fica acessível na análise dos *Maços de População*. Observa-se que tal grupo, em sua totalidade, declarava ter, frequentemente, além de escravos, vários bens de raiz. Em suas lojas podia-se adquirir artigos importados como armarinhos, tecidos e outros artefatos.

Esse foi o caso de José Pinto Tavares, de 54 anos, cujos registros dos *Maços de População* mostram que ti-

41 *Registro Geral da Câmara. op. cit.*, vol. 20, p. 487.

42 Maria Aparecida Borrego. *op. cit.*, 2010, p. 103.

rava seu sustento do seu negócio de fazenda seca que trazia do Rio de Janeiro. Além disso, ele declarava ter um sítio no subúrbio da cidade, sem contar a posse de 14 escravos africanos, um número consideravelmente alto para o início do século XIX para a cidade de São Paulo. Um dos casos mais emblemáticos de fortunas, que envolviam os negócios de fazenda seca, é o do brigadeiro Luís Antônio de Sousa, o qual enriqueceu com a exportação de açúcar e importação de fazendas secas na passagem do século XVIII e início do século XIX.[43] Um grande capital era necessário para se inserir no comércio de longa distância, seja para comprar os produtos ou arcar com os custos do transporte das mercadorias que procediam do Rio de Janeiro, quando não do Reino ou de outro lugar como a Europa.

No mesmo período, a análise dos domicílios dos comerciantes envolvidos com o comércio de miúdos aponta para um quadro bem diferente. Se os mercadores de fazenda seca encontrados eram pessoas de maior poder aquisitivo, parte considerável dos vendeiros era constituída de pessoas pobres e remediadas que adquiriam suas mercadorias através de uma rede de relações estabelecidas com outros grupos daquela sociedade, como pequenos sitiantes, indigenas e africanos escravizados.

Pensar sobre a condição socioeconômica de tais proprietários pode nos ajudar a entender que os frequentadores desses espaços também estavam longe de ser um grupo homogêneo em termos de condição social e etnia.

43 *Maria Lucilia Viveiros Araújo.* "Lojas e armazéns das casas de morada paulistas". *Revista de História.* vol. 160, p. 285-322, 2009, p. 299.

Embora, pelo que as fontes nos dão a entender, tais pessoas tinham, em comum, o fato de serem provenientes das camadas populares daquela sociedade: brancos empobrecidos, pardos, africanos livres, além, é claro, dos escravizados que podiam procurar estes estabelecimentos com as mais variadas finalidades. Tal perfil era semelhante ao encontrado em outras regiões do Brasil na mesma época, tal qual Luciano Figueiredo nos mostrou com relação à região de Minas Gerais ou Richard Graham com relação à cidade de Salvador.[44]

Mesmo as vendas de molhados de "melhor porte" podiam ser frequentadas por pessoas escravizadas, os quais iriam até esses estabelecimentos para adquirir os gêneros alimentares, senão para eles, certamente para os seus senhores, devido aos valores e à natureza dos produtos ali encontrados. Tal fato seria, de acordo com Maria Luiza Ferreira, uma das peculiaridades da escravidão urbana, na qual os cativos podiam comprar na mesma loja que seus patrões.[45]

A discussão sobre os frequentadores dessas casas comerciais nos remete a um dos principais problemas por nós investigados: a existência ou não do consumo de alimentos e bebidas nestes ambientes. De fato, são escassos os documentos com esses dados, mas acreditamos que um trabalho de cruzamento de fontes pode nos trazer subsídios para chegarmos a um quadro mais próximo sobre esta questão.

---

44 *Luciano Raposo de Almeida Figueiredo. op. cit.*, p. 43-44; Richard Graham. *op. cit.*, p. 84.

45 Maria Luiza Ferreira de Oliveira. *op. cit.*, p.132.

Se as regulamentações camararias nos trazem indícios sobre os alimentos comercializados nas vendas e tavernas, elas nem sempre permitem discernir se havia consumo nesses espaços. Neste contexto, os relatos de viagens podem nos dar uma grande contribuição, mesmo que, frequentemente, a descrição desses espaços seja limitada por convenções sociais, em que surgem retratados como marginais, exóticos ou pitorescos.[46]

O relato de Saint-Hilaire, por exemplo, a destarte de tratar do contexto de Minas Gerais, pode ser aproveitado em nossa pesquisa, pois expõe um universo muito próximo ao de São Paulo no mesmo período. O viajante francês, ao descrever uma das venda que teve o ensejo de conhecer no caminho do Rio de Janeiro para Vila Rica, informa sobre o consumo nestes espaços:

> As mercadorias estão arrumadas sobre as prateleiras alinhadas sobre as paredes ou dependuradas dos vigamentos. Como em todas as lojas, o mercador se posta por trás de um balcão voltado para a porta e é sobre ele que distribui aos bebedores a aguardente, chamada cachaça, cujo sabor detestável tem algo de cobre e de fumaça. Não se encontra nas vendas um só assento, e por conseguinte é obrigado a ficar em pé.[47]

46 Melissa Calaresu; Danielle Van Den Heuvel. *op. cit.*, p. 3.

47 Auguste de Saint-Hilaire. *Viagem pelas províncias do Rio de Janeiro e Minas Gerais*. 1ª ed. São Paulo: Companhia Editora Nacional, 1938, p. 69.

Segundo Saint-Hilaire, as vendas encontradas no país se diferenciavam das tavernas europeias por possuírem um comércio de comestíveis, embora, em relação ao consumo, ele apenas referencie o de bebidas alcoólicas. O fato do autor pouco falar dos alimentos consumidos neste espaço é significativo, já que notamos esta ausência em outras fontes do nosso universo de pesquisa, o que nos leva a crer que ele era ocasional. Minha suposição é a de que, quando ocorria, tratava-se de preparos culinários pouco elaborados e baratos, muito semelhantes aos vendidos pelas ambulantes: alimentos sob a forma de petiscos, vendidos em pequenas porções e que pudessem ser comidos com as mãos. Com efeito, à primeira vista, a dimensão espacial destes locais nos aponta para isso, pois, conforme Saint-Hilaire nos chamou atenção, não havia mesas e cadeiras para se fazer uma refeição. Algumas poucas indicações, no entanto, sugerem que os alimentos presentes em profusão nestes espaços eram os gêneros de subsistência, como farinhas, arroz, milho e feijão, os quais eram vendidos para serem preparados em casa e não consumidos *in loco*.

Tal hipótese é comprovada ao nos debruçarmos sobre a descrição da cultura material presente nas correições da Câmara. Na venda de Joaquim de Jesus Marco, por exemplo, foram encontrados: vinho, vinagre, aguardente do Reino, além de certa quantidade de recipientes como garrafas e vasilhas.[48] Outro documento, que igualmente descreve os utensílios destes espaços, é a correição das tabernas abertas na freguesia da Penha. Nele, nos deparamos com Manoel Pinto, morador "ao pé desta freguesia",

48 *Papéis Avulsos. op. cit.*, vol. 25, p. 179.

dono de um estabelecimento, cuja mobília era constituída apenas por um balcão de tábua com garrafas em cima, onde se servia aguardente temperada.[49]

Nestes documentos, há de se destacar os padrões de mobília, ou melhor, da falta dela. De um modo geral, as evidências materiais encontradas foram: balcão, que podia servir de mesa, além de prateleiras, copos e garrafas. Podemos supor que as prateleiras acomodassem os mantimentos que seriam vendidos à população. No entanto, os alimentos podiam estar espalhados pelos chãos em sacos ou em algum suporte improvisado, como caixote ou tamborete. Lembremos que os prédios, onde estes negócios eram abrigados, não tinham muito espaço físico, sendo frequente o comércio se situar na sala da frente de uma casa térrea, podendo dividir espaço com os trastes da moradia.[50] Não seria errôneo pensar que as mercadorias podiam estar dispostas nas calçadas, invadindo os espaços dos transeuntes, o que explicaria os conflitos dos proprietários destes estabelecimentos com as vendedoras ambulantes, que estacionavam seus tabuleiros no passadiço, conforme vimos no capítulo anterior.

A ausência descritiva de instrumentos como panelas e outros artefatos, usados para cozinhar ou manter as coisas quentes nas vendas, também endossa que o preparo de refeições não era muito usual. Acrescentamos a isso, a inexistência de recipientes de consumo como pratos, potes ou talheres. Vale ressaltar, no entanto, que tudo isso são apenas hipóteses, levantadas com base nas parcas in-

49 *Papéis Avulsos. op. cit.*, vol. 29, p. 159.

50 Maria Luiza Ferreira de Oliveira. *op. cit.*, p. 253.

formações disponíveis nas fontes. De fato, os documentos trabalhados têm um perfil claramente regulatório, no qual o consumo de bebidas merece mais atenção do que o de comidas, por envolver a manutenção da ordem social.[51]

Além disso, as fontes são mais profícuas em relação ao consumo de bebidas, pois sua venda era um negócio mais lucrativo, o que justificaria a maior atenção dada pelas autoridades ao seu comércio. O próprio poder público reconhecia uma maior incidência de inadimplência com relação aos pagamentos das taxas de alimentos do que com as de bebidas, como o próprio relato da Câmara nos dá a entender:

> Porque excelentíssimo senhor que os vendeiros que pagam esta contribuição, na Câmara por meio de avenças que fazem com o procurador dela é tão somente para poderem vender bebidas e não gêneros comestíveis porque os que só vendem estes nunca pagaram a Câmara cousa alguma pela licença.[52]

Assim, se por várias razões, o consumo de alimentos nesses espaços não é tão fácil de escrutinar, o de bebidas, por sua vez, nos é mais acessível. É evidente que o caráter da documentação acima apresentado contribui para este fato, o que não descarta a possibilidade deste tipo de consumo ter sido mais frequente de toda a maneira, como indica a própria literatura que se debruçou sobre o tema na

51 Marc R.Forster; Maren Mohring. "Introduction" *Food & History*. vol. 7, n. 2, p. 1–12, 2009, p. 4.

52 *Registro Geral da Câmara. op. cit.*, vol. 12, p. 160-161.

Europa, onde a bebida alcoólica era o principal objeto deste comércio.[53] Embora acreditemos que, para São Paulo, esta tendência possa ter se transformado ao passo em que foram surgindo novos estabelecimentos dedicados à alimentação no transcorrer do século XIX.

O consumo de bebidas alcoólicas, ao invés de comida, talvez possa ser explicado pelo alto nível calórico, especialmente no caso da aguardente que, de acordo com Leila Mezan Algranti, assumia um papel importante na dieta parca e insatisfatória dos escravos e homens pobres.[54] Isso tudo sem contar a questão do alcoolismo.[55] Quanto à predominância de seu consumo nestes locais, Saint-Hilaire já tinha chamado atenção, ao descrever que ela seria um dos produtos sempre presente nas vendas que visitou.[56] Para esse fato também apontam as muitas relações de entrada de aguardente nas tavernas, tal qual notamos na coleção dos *Papéis Avulsos*.[57]

Os principais frequentadores das vendas e tavernas acabavam por encontrar nesta bebida um poderoso aliado contra o cansaço proveniente de suas árduas rotinas de trabalho. Não resta dúvida que a presença difundida da aguardente no cotidiano das classes menos favorecidas fez com que ela fosse vista como um problema pelas autoridades da época, cuja postura era contraditória: se de um

53 Jean-Robert Pitte."Nascimento e expansão dos restaurantes."*in* Jean Louis Flandrin e Massimo Montanari. (org.) *op. cit.*, p. 752.

54 Leila Mezan Algranti. op. cit., 2005, p. 85.

55 *Idem*, p. 86-87.

56 Auguste de Saint-Hilaire. *op. cit.*, 1938, p. 74.

57 *Papéis Avulsos*. *op. cit.*, vol. 32, p. 165.

lado seu consumo podia ser estimulado para amenizar a fadiga e a tensão social, ou mesmo como complemento alimentar, por outro, ele foi combatido pelos órgãos controladores da ordem pública, especialmente seu excesso, por servir como propulsor de desordens e tantos outros "maus-hábitos."[58]

A preponderância do consumo de álcool nestes ambientes também estaria relacionada a momentos de relaxamento e convívio social da população pobre e, especialmente, cativa. Devemos lembrar que, conforme aponta Leila Mezan Algranti, em relação a este último grupo, as condições da escravidão urbana levavam-os para fora de casa com certa frequência. Em tais ocasiões, estes segmentos aproveitavam-se para fugir as rotinas de trabalho, circulando livremente pelo espaço público citadino. Nas palavras da autora, "não só os negros de ganho escapavam à fiscalização constante dos senhores, mas também aqueles que se dedicavam ao serviço doméstico."[59]

As regulamentações da Câmara, visando conter este ajuntamento tanto nas vendagens como nos botequins – que passaram a se expandir no universo paulistano –, nos

58 Ao mesmo tempo em que o consumo da bebida estava ligado, sob o ponto de vista das autoridades, a um comportamento desordeiro, também era entendido como capaz de incitar a rebeldia ou revoltas. Semelhante constatação já havia sido anunciada por Carlos Magno Guimarães em seu estudo sobre o significado do consumo da aguardente no universo quilombola mineiro. "Os quilombos, a noite e aguardente nas Minas coloniais" *in* Renato Pinto Venâncio; Henrique Carneiro. *op. cit.*, p. 101.

59 Leila Mezan Algranti. *op. cit.*, 1988, p. 50.

indicam como esses espaços tinham uma função social no cotidiano das classes subalternas que para lá se direcionavam para beber, conversar ou jogar. Tais medidas de controle, no entanto, não tiveram sucesso, pois a presença assídua de escravizados só crescia, obrigando as autoridades a publicar um edital no *Observador Constitucional* em 29/07/1831, no qual os donos das casas comerciais são alertados que, ao consentirem ajuntamento de escravos, deveriam pagar "multa de 4$ e 2 dias de cadeia e o dobro nas reincidências e aos escravos sofrerem 50 açoites com as formalidades e penas marcadas no artigo 24 e assim no caso de se reunirem na rua, praça ou estrada."[60] Outro grupo de pessoas, que também tinha presença restrita nestes espaços, eram os galês, responsáveis por serviços públicos. Foi determinado, em reunião ocorrida em 28/01/1826, que os soldados não deveriam consentir que os galês entrassem nas vendas para beber aguardente.[61]

Além disso, as vendas e os botequins eram locais de jogos, o que incomodava de sobremaneira moradores e autoridades da cidade, como nos dão a entender as frequentes denúncias nos jornais. Uma denúncia no *Farol Paulistano* dizia que havia, na rua da Esperança, nº 26, uma "casa de jogos de bilhar e azar" para onde se dirigiam cotidianamente soldados, escravos e filhos de família, sendo, por isso, constante ali a presença de rixas e desordens. O denunciante invoca que as autoridades públicas dirijam suas atenções para esse lugar a fim de zelar pela tranquilidade pública.[62]

60 *O Observador Constitucional*. 29/07/1831, p. 662.

61 *Registro Geral da Câmara. op. cit.* vol. 18, p. 437.

62 *O Farol Paulistano*. 28/09/1830, p. 1690.

Neste ponto, é importante observar que alguns estabelecimentos paulistanos tinham significado similar ao das tavernas e estalagens existentes na Europa desde o início do período moderno: espaços onde o comércio de bebidas e comestíveis tinha não só uma função evidentemente econômica, mas também de sociabilidade.[63] Em relação à esta última função, chamou atenção que, num curto transcorrer de tempo, ela passou a ser cada vez mais frequente dentro das vendas e, como veremos mais adiante, isso também se estendeu aos estabelecimentos frequentados por pessoas de melhor situação financeira.

Para nos aproximarmos dessa função de sociabilidade, foi preciso concentrar nos documentos que tangenciaram a esfera do cotidiano e do comportamento dos frequentadores desses espaços. Embora, nem seja preciso dizer que era a massa de desclassificados sociais que aparecia como maior alvo das preocupações dos oficiais da Câmara. Tal fato nos é acessível mediante o aumento das posturas direcionadas aos proprietários desses estabelecimentos que deviam evitar as contravenções que por ventura fosse causada pelo consumo excessivo de álcool entre classes populares.

No dia 28/10/1809, por exemplo, buscando evitar qualquer tipo de desordem decorrente do ajuntamento de escravos nestes espaços, o Senado da Câmara mandou publicar um edital estabelecendo o horário das nove horas da noite para fechar as vendas na cidade, proibindo igualmente, após esta hora, a circulação de pretos e pretas que vendiam quitandas, "debaixo da pena de que qual-

63 Marc R.Forster; Maren Mohring. *op. cit.*, p. 6.

quer das pessoas acima declaradas que forem achadas na contravenção do que fica determinado irremissivelmente presas na cadeia da dita cidade."[64] A justificativa para esta resolução seria, na visão das autoridades, os constantes

> danos e as péssimas consequências que resultam ao povo do mau costume de estarem as vendas em que se vendem molhados abertas de noite até fora de horas vendendo bebidas a quem as querer comprar, sendo finalmente seu resultado pendencias, ferimentos das quais vem a resultar morte.[65]

Percebemos o que está por trás desta ideia de contravenção presente na documentação é um discurso de controle sobre esses estabelecimentos, que eram tão caros às classes subalternas. De acordo com os registros das Atas, tais situações eram corriqueiras à noite, especialmente porque, neste período, as pessoas escravizadas tinham mais liberdade, longe do controle de seus senhores. As tentativas de restringir a presença de cativos nesses ambientes além de cercerar a liberdade que tais grupos tinham nesses espaços, também visava impedir que eles gastassem todo o jornal, que deveria ser pago aos seus senhores, comprando comestíveis, fumo e, principalmente, a aguardente.[66]

---

64 *Registro Geral da Câmara. op. cit.*, vol. 14, p. 147.

65 *Loc. cit.*

66 Leila Mezan Algranti observou a presença das mesmas medidas de controle sobre os lugares de consumo de bebida para a corte carioca no decurso do mesmo período. Leila Mezan Algranti. *op. cit.*, 2011 p. 31-32.

À medida que sistematizávamos informações expressas nas Atas, elas nos deixaram transparecer que seria responsabilidade dos comerciantes evitar a permanência dos escravizados mais tempo do que o necessário em sua venda. Outro ponto que deveria ser reprimido era o envolvimento de tais indivíduos em jogos ou rixas. A preocupação em relação a estes ocorridos era tamanha que, no dia 2/03/1829, por exemplo, o oficial da Câmara José Antônio dos Reis, em resposta a um ofício recebido, propôs o aumento das avenças para o funcionamento de vendas. Ao mesmo tempo que buscava aumentar a arrecadação para o governo, tal medida objetivava restringir a abertura de mais estabelecimentos dessa natureza, por conta dos prejuízos que traziam, a seu ver, à "utilidade pública":

> Proponho que sendo ao presente o preço mínimo das avenças a quantia de 1600 se aumente de agora em diante ao menos em duplo e isto não só porque deve necessariamente o comércio ter-se avultado pelo crescimento da população como mesmo por ser também este um meio indireto de coibir por outro lado a multiplicação de primeiras vendas que sem ofereceram um fundo real só servem para promover e fomentar a dissolução da moral pública, favorecer roubos e muitos crimes.[67]

À luz dessas considerações, podemos nos indagar porque, em nenhum momento, as autoridades públicas cogitaram o fechamento destes locais. Na verdade, era

67 *Papéis Avulsos. op. cit.*, vol. 28, p. 163-170.

de seu próprio interesse mantê-los em funcionamento, já que eram fontes de recursos para o Estado. Além disso, de maneira semelhante ao que Maria de los Ángeles Pérez Samper mostra para a Barcelona do século XVIII, tais lugares poderiam ser vistos como necessários e, até mesmo, convenientes para a sociedade da época, já que os trabalhadores podiam ali descansar e distrair-se, voltando com os ânimos renovados à labuta cotidiana.[68]

Assim, o Estado teve que criar formas de controlar as atividades desses epaços através de posturas e editais. Isso explica o motivo pelo qual, muitas vezes, os fiscais da Câmara faziam vistas grossas para diversas situações, inclusive para a presença de cativos, que eram de fato seu principal público frequentador. Ademais, a mesma sociabilidade, que era um potencial catalisador de conflito, ajudava na manutenção da ordem escravista, conforme já observamos.

De uma forma ou de outra, se levarmos em consideração as várias funções envolvidas em torno desse espaço, não é de se estranhar que tanto as vendas, como as tabernas e, mais tarde, os botequins, estivessem espalhados pelos quatro cantos da cidade. Em nosso trabalho de cruzamento de informações presentes nos *Maços de População* e na documentação da Câmara Municipal, conseguimos visualizar que todos esses estabelecimentos podiam ser encontrados tanto nas ruas mais centrais da cidade, como também nos seus arredores.

68 María de los Ángeles Perez Samper. "Espacios e prácticas de sociabilidad en el siglo XVIII: tertulias, refrescos y cafés de Barcelona". *Cuadernos de Historia Moderna*, n. 26, p. 11-55, 2001,. p. 38.

Na área de urbanização mais densa, percebemos sua concentração em áreas mais movimentadas, que incluíam os seguintes endereços: rua da Esperança, do Rosário, de São Gonçalo, das Flores, da Direita, do Comércio, de São Bento, do Carmo, do Ouvidor, entre tantas outras, às quais faremos referências na tessitura deste trabalho. Nesses locais, as vendas e tavernas dividiam espaço com os casarões assobradados e também com outros estabelecimentos de serviço ou de comércio como as lojas de grosso trato, que trabalhavam com produtos manufaturados: armarinhos, roupas e outras mercadorias vindas de fora. Maria Lucília Viveiros Araújo demonstra, em seu estudo sobre o comércio paulistano da primeira metade do século XIX, que este se localizava em diferentes edificações na São Paulo daqueles tempos. Os comerciantes mais modestos mantinham lojas nos corredores ou na sala da frente das casas térreas. Alguns ocupavam o pavimento térreo dos sobrados, que tinham na parte superior uma residência onde o proprietário ou locatário podia morar. Isso contribuía para que, conforme nos mostra a autora, fosse frequente a sobreposição de funções, fazendo com que estoques comerciais e os trastes domésticos convivessem num mesmo espaço.[69]

Ao se entrar no século XIX, de acordo com Beatriz Piccolotto Siqueira Bueno, era na área mais central – entre as ruas do Carmo, do Comércio, do Rosário, da Direita e de São Bento – que estavam abrigados os imóveis mais caros da cidade e onde residiam alguns de seus moradores mais abastados.[70] Não é de se estranhar que ali também

69 *Maria Lucilia Viveiros Araújo. op. cit.*, p. 287.

70 Beatriz Piccolotto Siqueira Bueno. "Tecido urbano e mercado imobiliário em São Paulo: metodologia de estudo com base na

estivessem o maior número de vendas, inclusive aquelas consideradas de melhor porte e que passaram a ser identificadas como negócios de molhados. Esse teria sido o caso de Domingos Gonçalves, comerciante branco, que tinha, em 1802, uma venda de molhados situada na Rua de São Bento.[71] Semelhante perfil pode ser vislumbrado em João Antônio Aires que, em 1804, declarou viver de molhados trazidos de Santos.[72] Além disso, foi nestas regiões onde se estabeleceriam os negócios mais diversificados, que surgiam no perímetro urbano, como veremos mais adiante.

As ruas centrais apresentavam uma variedade de classes sociais, que circulavam pelos seus espaços para dali tirar sua sobrevivência, por ser um ponto de escoamento estratégico de comércio. Onde houvesse uma aglomeração de pessoas, podia surgir uma venda, ou melhor, várias delas. Devido à grande quantidade de fregueses, algumas ruas possuíam estabelecimentos que podiam dividir uma mesma casa, cada um ficando com um dos lanços, como ocorreu na rua do Rosário em 1809. De seus negócios de venda declararam viver José Antônio Fernandes, Ângelo Teixeira da Silva, Antônio Francisco Braga e Miguel Joaquim, todos fogos recenseados de maneira sequencial neste logradouro.[73]

Apesar de alguns moradores mais abastados terem ali propriedades, podemos perceber a existência de pes-

---

décima urbana de 1809". *Anais do Museu Paulista.* vol. 13, n. 1. p. 59-97, 2005, p. 75.

71 *Maços de População.* (1802) *op. cit.*, p. 27.

72 *Maços de População.* (1804) *op. cit.*, p. 49.

73 *Maços de População.* (1809) *op. cit.*, p. 44.

soas pobres e remediadas residindo nas ruas secundárias do centro, inclusive escravizadas, que tinham nas imediações, quartos alugados, como nos mostra Maria Odila Dias da Silva.[74] Tal fato é importante e nos ajuda a pensar sobre a convivência de diferentes classes naquele local, ao longo principalmente das primeiras décadas do oitocentismo.

No exame dos recenseamentos para os anos disponíveis, entre 1765-1832, chamou atenção a quantidade de pessoas escravizadas e empobrecidas morando em travessas – como as da Conceição, do Comércio ou do Colégio – ou em becos – do Inferno, da Cachaça, das Casinhas, do Bexiga e das Minas–, todos incrustados nas áreas centrais. Certamente esse seria o público da venda de José Pinto Nunes, localizada no Beco da Caçacha, ou do vendeiro Henrique Álvares, que morava descendo o Beco da Quitanda em direção à Rua do Rosário.[75] Esta última viela concentrava grande movimento de escravizados que trabalhavam tanto no comércio estável quanto no ambulante de alimentos. Fator que explica a incidência de vendeiros localizados naquela região.[76]

74 Maria Odila da Silva Dias. *op. cit.*, p. 126.

75 *Maços de População.* (1767) *op. cit.*, p. 327.

76 Essa especialização ocupacional do território, em que diferentes agentes sociais e os ofícios ficavam restritos a lugares fixos e determinados, também foi notada por Maria Fernanda Bicalho para a cidade do Rio de Janeiro setecentista. De acordo com suas palavras, assim "como na Lisboa pombalina, o espaço social, político e econômico do Rio de Janeiro da segunda metade do século XVIII deveria ser plenamente codificado. Deveria submeter-se tanto às determinações naturais quanto aos imperativos estratégicos e econômicos que faziam com que os pré-

Conforme os *Maços* nos dão a entender, tais casas de vendagens também se faziam presentes nos lugares um pouco mais afastados – ainda que urbanizados –, onde, segundo Beatriz Piccolloto Siqueira Bueno, encontravam-se os imóveis mais baratos da cidade, junto das várzeas ou além-rios.[77] Isso tem a ver, como nos adverte Marcelo Bressanin, com a característica do povoamento polinuclear de São Paulo, que privilegiou as áreas mais altas do município, "reservando as suas várzeas as funções outras que não as de sediar capelas, paróquias e bairros."[78] O que, evidentemente, transformava tais lugares em moradias da população mais humilde.

Esse foi o caso do negro Joaquim Policarpo que, em 1802, declarou viver de uma venda na rua de Santa Efigênia. Neste mesmo logradouro, outros homens de poucas posses viviam destes pequenos negócios.[79] Na rua do Rego, igualmente, foi possível encontrar várias vendas que certamente eram pequenas e atendiam às necessidades das pessoas de poucos recursos que por ali residiam.[80] Essas seriam as funções das vendas presentes na rua do Piques que, além de atender os moradores das redondezas, matavam a fome e a 'sede' dos sitiantes e pessoas es-

dios públicos e a escolha por parte dos grupos profissionais obedecessem a uma lógica disciplinadora." *A cidade e o império: o Rio de Janeiro no século XVIII*. Rio de Janeiro: Civilização Brasileira, 2003, p. 240.

77 Beatriz Piccolotto Siqueira Bueno. *op. cit.*, 2016, p. 49.

78 Marcelo Bressanin. *op. cit.*, p. 142.

79 *Maços de População. (1802) op. cit.*, p. 48.

80 *Maços de População. (1817) op. cit.*, p. 65-66.

cravizadas que vinham para a cidade fazer seus negócios. As entradas da cidade, assim como os caminhos que para ela conduziam, foram pontos privilegiados para a instalação do comércio de pequena monta. Para os indivíduos sem muitos recursos, esta seria uma boa possibilidade de sobrevivência, tal qual ocorreu com João Manuel de Castro que teve uma venda pobre listada na Freguesia de Nossa Senhora do Ó.[81]

A propósito disso, a presença das vendas e tavernas ia muito além do núcleo arruado da cidade, sendo marcante também nos seus arredores, como nas Freguesias da Nossa Senhora do Ó, da Penha, de São Miguel de MBoi e de Santana, onde comercializava-se de tudo um pouco. Muitos destes lugares eram concentrações de africanos, pardos e indígenas que viviam como prestadores de serviços e não podiam se dar ao luxo de depender dos estabelecimentos situados no meio urbano para prover o seu abastecimento.

Tal fato teria estimulado a implantação de pequenos comércios por estes locais como, por exemplo, as de propriedade de Alberto José e de Manoel Lopes, ambas localizadas na Freguesia da Penha, conforme vemos nos Maços de População de 1802. Para o contexto da freguesia de Santana, dois anos mais tarde, pôde-se verificar a presença de uma única venda, a do pardo, Salvador Pereira, que deve ter tido papel importante no suprimento da população local.[82]

De fato, diferentemente das regiões centrais, marcadas por uma diversidade de tipos de estabelecimentos,

81 *Registro Geral da Câmara. op. cit.*, vol. 20, p. 388.

82 *Maços de População. (1804) op. cit.*, p. 9.

tais lugares contavam apenas com poucas vendas para atender diretamente os moradores e viajantes, de passagem por São Paulo, em todas as suas necessidades. Apesar do pequeno porte, acreditamos que elas podiam contar com uma diversificação de mercadorias, inclusive alguns gêneros manufaturados que garantiriam a manutenção da vida material da região. Além disso, possivelmente favoreciam também os encontros e momentos de lazer das referidas comunidades.

Logo, a presença disseminada do pequeno comércio de comestíveis e bebidas pelo tecido social da cidade e seus arredores indica como, em torno destes espaços, gravitavam significações diversas. Desde a distribuição dos gêneros de consumo ligeiro e de primeira necessidade, abarcando até as atividades de lazer da população, especialmente daquela de baixa renda. No item a seguir, mostraremos como, a partir da primeira década do século XIX, as transformações vivenciadas em São Paulo foram responsáveis por uma maior diversificação comercial tanto pelo aumento do número de casas existentes na região central como pelo surgimento de novos tipos de estabelecimentos fixos, os quais congregavam, aos poucos, novos públicos em suas rotinas de alimentação e divertimento.

Novos espaços de alimentação da capital paulistana

A efervescência econômica da capital paulistana tornou-se cada vez mais pungente no decorrer do século XIX, sobretudo após a chegada da Corte portuguesa no Rio de Janeiro. Isso ficou visível não só no crescimento numérico dos estabelecimentos, como no surgimento de tantos outros ligados ao comércio a retalho. O caso dos botequins é sintomático dessas mudanças, uma vez que, até o início do século XIX, não há menção a eles na documentação. Acreditamos que os mesmos distinguiam-se das outras casas comerciais por se especializarem no consumo de bebidas, não comercializando alimentos de primeira necessidade. Tal suposição é embasada nos próprios indícios que dispomos na documentação normativa, como os termos de abertura e os editais de aferição para as medidas de molhados.[83]

Na documentação da Câmara, por exemplo, vemos menção aos botequins somente nos editais que os oficiais mandavam publicar para regulamentar seu funcionamento. Na sessão de 30/01/1801, por exemplo, ficou resolvido que os interessados em abrir negócios de botequins deveriam tirar uma licença anual, para com essa:

> poderem vender nos ditos botequins avençando-se juntamente com este Senado, cujas avenças de hoje em diante como também as dos negociantes de tavernagens serão nesta casa da Câmara, ficando todos geralmente obrigados assim o cumprir, e os donos de botequim a avençarem-se pela razão de venderem as aguardentes se bem que destiladas e preparadas, gênero em que cabe a avença (...).[84]

Assim, percebemos que os botequins foram incluídos lado a lado com as vendas e tavernas no conjunto de

83 *Registro Geral da Câmara. op. cit.*, vol. 22, p. 175.

84 *Registro Geral da Câmara. op. cit.*, vol. 12, p. 488.

regulamentações da Câmara. Ao nos atermos aos capítulos das correições direcionados ao controle de suas atividades, notamos que tais espaços passaram, cada vez mais, a estar ligados à uma ideia de sociabilidade, possibilitando momentos de encontro, de intercâmbio e de consolidação das relações sociais.

Como nos demais comércios de pequena monta, a análise dos *Maços de População* demonstrou que o perfil dos proprietários dos botequins era bem diverso, abarcando desde mulheres – forras ou livres – até homens – brancos, negros ou pardos. Perfil semelhante dispomos nos poucos *Registros de Licença* encontrados para o universo de nossa pesquisa.[85] Tais espaços pareciam, por esse motivo, estar associados ao convívio dos mesmos estratos sociais.

Embora, vale ressaltar que, com o adentrar da década de 1820, observou-se a presença de botequins com um perfil diferente daquele frequentado pelos indivíduos das classes mais baixas. Esse foi o caso, por exemplo, do *Independência*, aberto no início dos anos de 1830. Situado em uma das principais ruas da cidade, a do Carmo, o lugar servia chá, café, chocolate, limonadas frias e quentes, vinhos de todas as qualidades, petiscos, frutas, queijos e cervejas. Pelo conteúdo do anúncio publicado no *Farol Paulistano*, fica claro o desejo do proprietário em diversificar a clientela. A maior prova disso foi o aviso que alertava: só seriam admitidos em suas dependências "pessoas de bem."[86]

Esse alerta, como se pode notar, remetia ao estigma, tão comum à época, de que os botequins seriam mal fre-

85 *Papéis Avulsos. op. cit.*, vol. 32, p. 155.

86 *O Farol Paulistano.* 17/08/1830, p. 1620.

quentados, o que espantava o público almejado por seu proprietário. Isso explicaria porque, um ano depois, ele mudou a denominação de seu estabelecimento para *casa de pasto*, Independência e Filantropia, como vemos em anúncios posteriores.[87] Tal ponto é importante, pois com a chegada de uma grande leva de estrangeiros e estudantes no final da década de 1820, tais espaços se converteriam nos principais núcleos da vida social de São Paulo, ao lado de outros estabelecimentos que mencionaremos mais adiante.

Percurso semelhante aos dos botequins, na documentação, tiveram os armazéns. Cabe notar que suas primeiras referências na documentação da Câmara relacionam-se ao seu papel de armazenamento de provisão, como vemos nos dicionários de época. No de Raphael Bluteau, entre os significados para este termo, nos deparamos com o de "lugar destinado a guardar qualquer tipo provisão ou material em quantidade."[88]

Ainda sob esta definição, várias vezes os oficiais da Câmara se referem aos armazéns destinados à guarda de sal, tanto de Santos como da própria cidade de São Paulo. Em relação à esta última, podemos citar o exemplo ocorrido em 12/06/1797, quando foram discutidas as providências que deviam ser tomadas sobre a falta do gênero na cidade. No registro desta sessão, vemos o uso da palavra armazém com tal significado:

87 *O Farol Paulistano*. 08/01/1831, p. 1858; /15/02/1831, p. 1920.

88 Raphael Bluteau. *Vocabulário Portuguez e Latino* (1712-1728). Coimbra. Disponível *on-line* http://www.ieb.usp.br/online/index.asp. Acesso em 23/07/2107.

> Em atenção ao que vossa excelência nos pondera respeito a falta de sal que há no armazém geral de santos já na segunda feira dez do corrente mês nos juntamos em Câmara para determinarmos o melhor modo de acautelar, obviando os extravios e escandalosos monopólios havido neste gênero (...).[89]

Em seguida, como solução ao problema de Santos, os oficias da Câmara acordam por estocar o sal em "um armazém embaixo das casas do Senado", elegendo como um responsável pela sua distribuição à população.

Ao que tudo indica, com o passar dos anos, este termo também adquiria outro significado, ao designar estabelecimentos que vendiam mercadorias variadas. Pela descrição dos jornais, os armazéns eram similares a outros espaços – lojas e casas de negócios – que começaram a ganhar destaque no começo do século XIX em São Paulo; embora seja possível pensar que se tratassem do mesmo estabelecimento, só variando as denominações. Seja como for, tais locais tinham funções semelhantes. As fontes não deixam claro, contudo, se ali havia ou não consumo de alimentos ou bebidas. A falta de informações nos periódicos, indicando tal prática, nos faz supor que não seria muito usual.

Com base na análise dos discursos da Câmara, tais casas de negócio se diferenciavam das vendas, tabernas e botequins não só pelos consumidores, mas por uma variedade de mercadorias disponíveis para a venda. São os jornais que fornecem dados sobre isso, embora somente

89 *Registro Geral da Câmara. op cit.*, vol. 12, p. 141.

sua análise não nos permita definir quando esses locais se alastraram pela cidade exatamente. Isso porque a imprensa periódica se instalou em São Paulo apenas em 1827 e, em suas primeiras publicações, nos deparamos com os anúncios e avisos dos armazéns já em funcionamento. É quase certo que tais casas surgiram a partir da década de 1820, concomitante à intensificação da lide comercial e à chegada cada vez maior de estrangeiros na cidade.

Esse é um ponto importante para a reflexão aqui apresentada, já que a análise da imprensa periódica nos remeteu diretamente à uma das principais mudanças ocorrida na alimentação de rua: ela, pouco a pouco, extrapola o domínio do abastecimento para se configurar como um âmbito de sociabilidade, na medida em que a segunda década do século XIX vai chegando ao fim.

A perspectiva de trabalho apresentada por cada conjunto documental teve um papel fundamental na definição das questões deste livro. Não podemos esquecer que as fontes podem apontar ou limitar nossa visão sobre o objeto estudado, realçando alguns aspectos em detrimento de outros. Os jornais, por exemplo, constituem um corpo documental muito profícuo para apreendermos a relação estabelecida entre alimentação e vida urbana, salvaguardado o fato deles – e, especialmente, seus anúncios – apontarem para as práticas e o gosto, do ponto de vista alimentar, próprios das pessoas de melhores condições financeiras, seu maior público alvo.

Isso fica visível, visto que, os indícios dos estabelecimentos mencionados nos jornais não foram encontrados nem na documentação camarária e, muito menos, nos *Maços de População*. Para entendermos essa discrepância, se fez necessário nos reportarmos às especificidades de cada corpo documental com relação à nossa problemática. Sobre a documentação dos recenseamentos, o período que os armazéns ganharam espaço na vida paulistana correspondeu, por exemplo, à diminuição do controle e detalhamento das atividades presentes nas listas nominativas.

Já sobre a documentação da Câmara, é importante ressaltar que, embora os armazéns apareçam eventualmente, suas incidências são menores se comparados com as vendas, tabernas ou mesmo botequins. Os motivos para essa lacuna são vários. A hipótese que trabalhamos é a de que a Câmara direcionava parte de seus esforços para o controle das atividades ligadas aos gêneros de primeira necessidade, razão pela qual as vendas e tavernas recebiam mais atenção do que outras casas comerciais. Além disso, devido ao seu porte menor, elas tinham uma maior probabilidade de trabalhar fora da legalidade ou mesmo ocultas, burlando a vigilância das autoridades urbanas, o que, em contrapartida, tornava-as um alvo maior dessa fiscalização.

Por fim, é certo que a Câmara era uma instituição que expressava as percepções e anseios dos grupos dominantes, enxergando os locais de ajuntamento de pessoas pobres e escravizadas como espaços de desordem e contravenção. Essa mesma razão explica porque, dentre os espaços que começaram a despontar na cidade, apenas os botequins foram alvo de preocupação dos camaristas. O aparente silêncio sobre os demais estabelecimentos permite inferir que talvez seus consumidores fossem outros.

Se este era o quadro na documentação administrativa, na imprensa periódica o contexto era outro. Sua leitura nos permitiu entrar em contato com uma diversidade de estabelecimentos, assim como a casa de comércio de Gabriel Henrique Pessoa, onde se vendia uma grande variedade de produtos tais como:

> aparelhos ricos de louça francesas para chá e para café (...) copos para água e para vinho em barricas, ou em dúzias, barricas de bacalhau, barricas de cerveja, barris de manteiga, tachos de alambique de cobre, cadeiras americanas de assento de palha, genebras em frasqueiras (...)[90]

Percorrendo as notícias publicadas entre o final da década de 1820 e início da seguinte, percebemos que, nestas casas comerciais, podiam ser encontrados desde aparelhos de louça até cervejas e conservas de diferentes países europeus. Um anúncio publicado em 20/12/1833 apresenta uma loja de grande porte, estabelecida na rua das Casinhas nos números 4 e 5, que disponibilizava, a partir de uma variedade de preços e tamanhos:

> manteiga de boa qualidade a 320 réis a libra, os barris, a libra 400 réis e, em caixa a 6000. Vinho moscatel a 720 a garrafa, cerveja muito boa e licor por 400 réis a garrafa, presunto a 640 libras, chá Hison 1700 a libra, e a caixa por 1920 e, por isso, vinho de Lisboa a 200 réis a garrafa.[91]

Os anúncios revelam a mudança que se estabeleceu no mercado paulistano e que tinha ligação direta com a

90 *O Farol Paulistano*. 26/01/1828, p. 342.

91 *O Farol Paulistano*. 20/12/1833, p. 982.

expansão das atividades econômicas em curso na cidade. Elas são visíveis no aumento não só do volume, como na variedade dos produtos comercializados nestes novos locais, pouco acessíveis à população como um todo.

Tal como demonstrado anteriormente, o público alvo desses novos produtos se constituía por uma clientela de maior poder aquisitivo. Da mesma forma, seus proprietários eram outros: em sua maioria estrangeiros que passaram a vir para São Paulo interessados em explorar as potencialidades do seu mercado consumidor. Esse parece ter sido o caso de Guilherme Kraeuter, que trazia vários gêneros importados para vender em seu armazém. No local, podiam ser encontrados vinhos, chá da Índia em caixas, manteiga inglesa, genebras em botijas bem, como uma infinidade de roupas e armarinhos.[92] Além de apresentar um grande número de estrangeiros, percebemos, na análise dos anúncios, que estes estabelecimentos eram chefiados por homens brancos, provenientes dos grupos mais abastados do universo de nossa pesquisa. Se não estavam diretamente à frente dos negócios, usavam deste expediente como forma de diversificar ganhos e investimentos.

É revelador das mudanças na alimentação de rua, o crescimento do comércio tanto de atacado como a varejo na cidade, ocorrido em função das potencialidades de seu mercado consumidor. Muitos foram os estabelecimentos abertos com a finalidade de distribuir gêneros alimentícios e bebidas para casas de menor porte. No armazém de José Antônio Martin, por exemplo, situado na rua do Rosário nº 57, vendia-se "barris de vinho de Lisboa, por 14.000 réis, uma garrafa do mesmo restituindo-se a garra-

92 *O Farol Paulistano*. 11/06/1828, p. 492; 02/01/1828, p. 310.

fa custa 180 e ficando custa 290."[93] Além de bebidas, vendia-se muitos produtos importados, como os encontrados no já citado armazém de Guilherme Kraeuter: "chumbo de munição, manteiga inglesa muito boa em barris de 20 litros – chá da Índia em caixinhas pequenas (...) óleo de linhaça em barris."[94]

É necessário esclarecer que a presença massiva de mercadores do setor de atacados, após a década de 1820, é sintoma do próprio aumento na venda a varejo, já que eram através de suas lojas, que os pequenos comerciantes adquiriam suas mercadorias. É o que se observa por meio do anúncio feito pelo negociante, Ernesto João de Figueiredo. Tendo chegado recentemente do Rio de Janeiro, ele manda avisar que trouxe "um grande sortimento de todas as qualidades de molhados, por atacado, todas as pessoas que negociaram este gênero e quiserem comprar na sua casa podem dirigir-se à mesma onde acharão tudo de muito boa qualidade."[95]

A abertura destes estabelecimentos representava transformações na alimentação da cidade, que passou por um processo de diversificação à medida que a década de 1820 chegava ao seu fim. No entanto, outra mudança é possível presenciar neste período: o surgimento de espaços voltados à venda de refeições prontas para o consumo. O caso mais emblemático é o aparecimento das casas de pastos, consideradas, pela literatura especializada, como as precursoras dos restaurantes.[96] Seus primeiros indícios no

93 *O Farol Paulistano*. 21/02/1827, p. 12.

94 *O Farol Paulistano*. 27/11/1832, p. 518.

95 *O Farol Paulistano*. 29/09/1832, p. 454.

96 Deve-se ressaltar que para o período contemplado em nossa pesquisa, não encontramos menção na documentação ao termo

universo desta pesquisa também remontam aos anos finais da década de 1820, como o trecho abaixo nos é indicativo:

> Francisco Boyeé tem a honra de participar ao público que na rua do Ouvidor nº 21 abriu uma casa de pasto onde se acha toda a qualidade de comidas que produz o país como também alguns preparados culinários prontos a consumir como salames da Itália, presuntos americanos, conservas diversas, entre vários outras mercadorias.[97]

---

restaurante, a exemplo do que se sucedeu a partir da segunda metade do século XIX, quando as menções a tais estabelecimentos passaram a ser frequentes nas fontes disponíveis para o tema da alimentação de rua paulistana, conforme constatado por João Luiz Máximo em sua pesquisa de doutorado. Cf. o item da tese 3.2. *Restaurantes, cafés e confeitarias. op. cit.* 2008a p. 167-186. De fato, segundo a literatura especializada no tema, a palavra restaurante só passou a ser utilizada para designar o lugar que servia refeições fora de casa para quem pudesse pagar, a partir das décadas finais do Setecentos, embora estabelecimentos similares já existissem na Europa desde pelo menos o início da época moderna, como as estalagens e as casas de pasto. Tais lugares vendiam bebidas e "propunham pratos simples e baratos – preparados no próprio local ou fornecidos por uma estalagem ou butique de alimentação vizinha – além de vinho, cerveja ou aguardente, objeto principal de seu comércio." Seria somente em 1835, por exemplo, que o dicionário da Academia francesa viria a oficializar a utilização da palavra *restaurante* no sentido mais próximo que conhecemos hoje em dia. Jean-Robert Pitte. *op. cit.*, p. 752-756.

97 *O Farol Paulistano.* 8/11/1830, p. 396.

O anúncio dizia ainda que era tudo preparado com muito asseio e que seu proprietário fazia "jantares para fora, o gosto das pessoas que quiserem encomendar". Pelas descrições deste anúncio vemos que a casa de pasto de Boyeé vendia, além de refeições preparadas, alimentos importados. Ou seja, era um local onde se podia adquirir pratos quentes e frios para serem levados para casa, pois Boyeé não servia refeições para serem comidas no lugar. Tal como ocorria na Europa, é provável que estabelecimentos como o dele estavam localizados em espaços reduzidos, contando apenas com um balcão, quando muito, com alguns assentos para seus clientes.[98]

Já a casa de pasto aberta por Amato Auby, na rua da Direita nº15, pela mesma época, certamente servia refeições para serem consumidas *in loco*, como o anúncio publicado em 14/05/1833 deixa claro:

> a este respeitável público que acaba de abrir uma casa de pasto aonde acharão almoços, jantares assim como toda a qualidade de refrescos, a satisfação dos consumidores, tanto de pastelaria como de confeitarias. Os almoços estão prontos às 9 horas da manhã e as jantas às 2 horas da tarde e tudo por preços cômodos.[99]

Vários pontos deste anúncio demonstram as mudanças pelas quais a alimentação de rua passou na virada da década de 1830. Em primeiro lugar, observamos a va-

98 Jean-Robert Pitte. *op. cit.*, p. 754.

99 *O Farol Paulistano*. 14/05/1833, p. 710.

riedade de opções disponibilizada aos clientes: comidas preparadas, refrescos, artigos de pastelaria e confeitaria, muitos similares às disponíveis no universo europeu. Em segundo, a possibilidade de se fazer refeições fora do ambiente doméstico. Certamente, isso tinha relação com o aumento das pessoas com diferentes poderes aquisitivos circulando no ambiente urbano, seja como trabalhadores ou clientes desses novos serviços.

O aumento da presença e da mobilidade de um maior número de pessoas pelas ruas da capital demandava a criação de toda uma rede de serviços para atendê-las em suas necessidades cotidianas, especialmente alimentares. Assim, muitos estabelecimentos passaram a servir pratos em horários estabelecidos, sendo que, de acordo com a denominação corrente na época, os almoços eram servidos às 9 horas da manhã e o jantar às 2 horas da tarde.

Estabelecimentos com este tipo de serviço atendiam às demandas de um mercado em expansão. De maneira rápida, a alimentação de rua ganhou novos espaços de consumo, inclusive fazendo com que, os que antes não tinham essa comodidade, passassem a ter. Esse parece ter sido o caso das padarias que despontaram servindo outras guloseimas além do pãozinho do dia a dia. Um anúncio da época, nos dá indícios dessa mudança e do grau de diversificação encontrada nesses ambientes:

> Padaria francesa, rua direita nº46, Claudio Legousat tem a satisfação de participar ao público que amanhã em diante achar-se há em sua casa toda a qualidade de pão, biscoito salgado e doces, roscas tanto em miúdo

> quanto em atacado. Igualmente se encarregará de encomendas para fora e de mandar pão à casa das pessoas que quiserem honrar sua freguesia, esmerando-se em contentar a todos quanto em si couber.[100]

Enquanto algumas casas de pasto buscavam suprir as necessidades alimentares de diferentes grupos sociais, outras se especializavam nas atividades de sociabilidade. Podia-se beber nestes lugares e, ao que tudo indica, eles se constituíam como espaços de crime e contravenção. O proprietário de uma casa de pasto, situada na região central, adverte que, na noite em que ocorreu o famoso assassinato do jornalista Libero Badaró, dois alemães haviam ido armados de pistolas beber no seu estabelecimento.[101]

Os anúncios deixam entrever as diferenças que parecem ter existido entre tais casas comerciais e as vendas, anteriormente referenciadas. Enquanto nas últimas, as pessoas escravizadas estavam entre os principais clientes, nas casas de pasto outros segmentos é que marcavam presença. Se nas vendas e similares, a cachaça era a bebida, por excelência, a ser consumida, nas casas de pasto, os vinhos e cervejas tinham mais espaço na predileção dos clientes, apesar da aguardente nunca ter deixado de ser apreciada. Se bem que seu consumo adquiria mais um caráter de aperitivo do que complementação alimentar. Leila Mezan Algranti nos lembra que, em uma sociedade hierarquizada como foi a brasileira em seus primeiros tempos, os mesmos alimentos

100 *O Farol Paulistano*.27/09/1828, p. 628.

101 *O Farol Paulistano*.10/12/1830, p. 431.

podiam ser apreciados por indivíduos de vários segmentos sociais, embora adquirissem "significados diferenciados de acordo com a condição de quem os consumia."[102]

Outro aspecto que chamou atenção em relação aos novos estabelecimentos é que eles se localizavam na rua do Comércio, do Rosário, da Direita, do Ouvidor, dentre outros lugares centrais da cidade, os quais compunham a paroquia da Sé. Tudo leva a crer que sua instalação nestes espaços se fez através da expulsão de vários moradores e dos pequenos estabelecimentos comerciais presentes ali, os quais tínhamos encontrado nos *Maços de População* décadas antes. O que pode nos apontar para uma especialização espacial que, aos poucos, ia se impondo na cidade.

Frente ao quadro esboçado, a análise dos estabelecimentos fixos nos permite detectar várias transformações pelas quais a alimentação de rua passou entre finais do século XVIII e início do XIX. A primeira delas, e mais evidente, foi seu aumento e diversificação. Paulatinamente, multiplicaram-se não só locais que vendiam produtos destinados à sobrevivência da população, mas também os que se dedicavam ao comércio sofisticado de novos produtos.Isso sem contar, nos estabelecimentos que serviam refeições à sua clientela. Com o passar dos anos, percebemos uma ampliação deste último segmento, já que antes a função de servir preparados culinários cabia às quitandeiras e, eventualmente, aos locais fixos, especializados mais em bebidas do que em comidas.

Se anteriormente, este comércio de miúdos cumpria um papel importante no suprimento alimentar e nas ativi-

102 Leila Mezan Algranti. *op. cit.*, 2005, p. 86.

dades de lazer da população mais pobre, com o adentrar da última década de nosso estudo, podemos afirmar que os novos estabelecimentos visavam matar a fome e a sede das classes mais abastadas, além, é claro, de proporcionar momentos de lazer e interação social.Vislumbramos, portanto, o surgimento de espaços cada vez mais relacionados à uma ideia de sociabilidade e consumo.

Tal fato aponta para uma cidade bem distante daquele núcleo pacato e vazio, que só iria se desenvolver a partir da segunda metade do Oitocentos. Na verdade, essas são as principais mudanças pelas quais a alimentação de rua passou ao longo de todo o período estudado. No entanto, vale lembrar que não foram as únicas. Nas páginas que se seguem, iremos analisar as metamorfoses ocorridas em nosso objeto de estudo. Evidentemente tais mudanças não aconteceram do dia para a noite, concentrando-se especialmente, nas décadas finais do recorte selecionado por esta pesquisa. A ideia será mostrar as relação de complementaridade estabelecida entre as práticas relativas ao universo doméstico da alimentação paulistana com aquelas estabelecidas no universo da rua.

5. Entre o domicílio e a rua: as metamorfoses da alimentação paulistana

Nos capítulos anteriores, vimos que a cidade de São Paulo vivenciou um movimento de expansão econômico e populacional que teve início no século XVIII e aumentou progressivamente no decorrer do século XIX. Isto fez com que a região se tornasse um entreposto de distribuição de mercadorias e estivesse, cada vez mais, vinculada à dinâmica internacional de circulação de mercadorias e capitais. A disponibilidade de novos estabelecimentos, animada pela multiplicação dos serviços urbanos, transformou os espaços da cidade e foi responsável por mudanças na alimentação da cidade que não se restringiram apenas ao âmbito da rua.[1]

Embora o objetivo deste trabalho não seja abordar, particularmente, as formas de cozinhar, servir ou compor-

---

1 Neste sentido, deve-se ressaltar que, para nos aproximarmos das transformações pelas quais a alimentação paulistana passou, tivemos sempre como parâmetro comparativo as informações levantadas em nossa pesquisa de mestrado, a qual finaliza seu recorte em 1750, praticamente no mesmo período de início do presente trabalho.

tar-se à mesa no universo doméstico, ao longo das páginas que se seguem, iremos também nos remeter a algumas transformações da alimentação que afetaram esse ambiente. Isso porque acreditamos que o domínio da casa estava em contínua comunicação com o universo da rua. Pode-se dizer que, na maior parte das vezes, os novos estabelecimentos de alimentação, surgidos na cidade, vendiam produtos/pratos para serem confeccionados e consumidos no interior dos domícilios. À medida que o século XIX avançava, portanto, veremos que parte considerável dos paulistanos foi confrontada com novos comportamentos alimentares, que englobaram desde o surgimento de estabelecimentos onde se podia fazer refeições, como as casas de pastos, até a difusão de novos gêneros comestíveis e bebidas disponíveis à venda no mercado local para consumo na hora ou para serem preparados em casa. Isso sem falar nas novas práticas alimentares, cada vez mais associadas à uma ideia de sociabilidade, observadas intra e extramuros.

Todavia, como veremos a seguir, essas metamorfoses que se instalaram na alimentação paulistana ocorreram no início do período estudado de maneira lenta, embora foram crescendo à medida que chegamos em seu fim, ou seja, no segundo decênio do século XIX. Além disso, elas não foram universais para toda a sociedade, revelando, muito pelo contrário, uma série de desigualdades que estavam relacionadas não só às possibilidades de aquisição de seus habitantes, como também à disponibilidade de produtos e serviços diversificados no mercado local.

A grande variedade de estabelecimentos, visualizados no capítulo anterior, é indicativa dos padrões de vivência urbana que, pouco a pouco, se firmaram na São

Paulo do Oitocentos. Como observa Vânia Carneiro de Carvalho: "o dinamismo dos relacionamentos sociais e da vida urbana conjugados à heterogeneidade crescente das elites e aos novos segmentos em ascensão exigiam uma vida social mais intensa, engajando a casa nessa nova rotina de encontros."[2] Visualiza-se, portanto, o desenvolvimento de uma sociabilidade que passa a ocorrer não apenas nos espaços públicos, como também nos ambientes domésticos, transformados em lugares de encontros e reuniões, em que a arte de receber passa paulatinamente a estar incrustada no dia a dia das elites.

É importante lembrar que, conforme vimos no primeiro capítulo, alguns moradores tinham conseguido adquirir fortunas de grande vulto com o desenvolvimento de atividades mercantis e agrárias na capital ou em seu termo. Com efeito, isso assume importância em nossa investigação, pois esses novos níveis de riqueza acarretaram mudanças nos padrões de vida e, consequente, de consumo daquela sociedade.[3] Não podemos esquecer que a posse de artefatos domésticos de luxo, tal como nos propõe

2 Vania Carneiro de Carvalho. *Gênero e artefato: o sistema doméstico na perspectiva da cultura material – São Paulo, 1870-1920*. São Paulo: Edusp/Fapesp, 2008, p. 165.

3 Deve-se destacar que esse movimento de modernização dos hábitos alimentares não é exclusivo se São Paulo se fazendo presente em outras partes do Império português já a partir da segunda metade do século XVIII, como no caso do Rio de Janeiro, realidade a qual Leila Mezan Algranti devota atenção em seu estudo sobre a posse de bens de mesa por parte dos membros das elites. Entre os objetos disponíveis a autora destaca a posse de talheres, considerados indicadores de modernização dos hábitos à mesa. Leila Mezan Algranti. *op. cit.*, 2016.

Paulo Garcez, foi "aos poucos seduzindo ao mais abonados, que viam na adoção de novos hábitos importados sinal de ascensão social e insinuação do poder."[4] O mesmo pode ser aplicado em relação aos hábitos alimentares.

No que diz respeito à São Paulo, ao nos engajarmos nessa empreitada, tivemos que levar em consideração as mudanças em curso na cidade que, tomada pelas atividades comerciais e de serviços, atraiu indivíduos de diversas procedências, até mesmo do exterior, interessados em explorar as potencialidades locais. Devemos lembrar que, a partir do início do século XIX, o número de europeus, que chegaram às costas brasileiras, aumentou vertiginosamente por conta, sobretudo, da transferência da Família Real portuguesa para o país. No caso de São Paulo, a documentação, por nós trabalhada, mostra que várias nacionalidades se estabeleceram na cidade, dentre as quais destacamos, além dos portugueses, os franceses, os ingleses e os alemães. Muito significativa também foi a estadia de viajantes, que não deixaram de trazer suas influências culturais para São Paulo, influindo na organização do mercado local. A presença destes mesmo que transitória, não deixou de influênciar nos hábitos alimentares, ao introduzir novos produtos e novas sociabilidades na cidade.

Ao longo das duas primeiras décadas do Oitocentos, tal quadro demográfico foi aumentando gradativamente até que, a partir de 1828, a conjugação de dois fatores te-

---

4 Paulo Garcez Marins. "Sociabilidades paulistanas." *in Através da rótula: sociedade e arquitetura urbana no Brasil, séculos XVII a XX*. São Paulo, Tese de Doutorado. FFLCH-USP, 1999, p. 228.

ria conduzido, de acordo com Ernani Silva Bruno, a um aumento da população para além do seu crescimento normal. Os fatores levantados pelo autor são:

> a afluência dos estudantes de fora e de escravos de família que muitas vezes acompanhavam esses moços durante o seu curso de Direito, como também pela fixação cada vez mais frequentes (...) de fazendeiros na capital da província pois de São Paulo podiam orientar melhor os seus negócios, e controlar a passagem do seu açúcar serra-abaixo a caminho do mercado.[5]

A partir da observação de Ernani Silva Bruno, podemos propor que, ao lado dos estrangeiros radicados, a presença dos estudantes e dos homens de negócio acabou por introduzir novos hábitos de consumo à cidade. É o que também mostra Daniel Roche para o contexto citadino europeu entre o século XVII e o início do século XIX. Segundo o autor, o afluxo populacional – temporário ou definitivo –, para cidades como Paris teria acarretado: "uma ativação da demanda que não se traduzia de maneira homogênea no consumo, e sim por meio dos comportamentos de apropriação ligados às capacidades econômicas (às rendas) e às capacidades culturais (de preferência)."[6]

5 Ernani Silva Bruno. *História e tradições da cidade de São Paulo: burgo dos estudantes (1828-1872).* Rio de Janeiro: Livraria José Olympio, 1954, p. 467.

6 Daniel Roche. *História das coisas banais: nascimento do consumo nas sociedades do século XVII ao XIX*. Rio de Janeiro: Rocco, 2000, p. 59.

Tendo em vista as considerações de Daniel Roche, não é possível ignorar, em nosso estudo, a existência de diferentes níveis de consumo entre os segmentos da população paulistana. Não é de se surpreender que o principal corpo documental utilizado para analisar esta problemática, a imprensa periódica, tinha circulação restrita às pessoas de melhores condições financeiras. Diante de tal constatação, o presente capítulo foi dividido em duas partes. Ao passo que na primeira, nos concentraremos nas mudanças que se processaram em decorrência da chegada de estrangeiros e da ampliação do poder aquisitivo das elites, na segunda, abordaremos o impacto ou não que tais mudanças tiveram nos hábitos alimentares da grande maioria dos paulistanos, sejam estes livres ou escravizados.

Novas práticas alimentares, novas sociabilidades

Enquanto a documentação dos *Maços de População* e da Câmara Municipal nos deram indícios sobre aspectos da produção e circulação dos gêneros alimentícios básicos, apontando para os hábitos mais rotineiros da população, para nos atermos às novas mercadorias e práticas, que emergiram na cidade de São Paulo, precisamos cotejar outros tipos de fontes. Tendo isso em vista, utilizamos de alguns conjuntos documentais já trabalhados nos capítulos precedentes, como a imprensa periódica, os *Inventários pós-mortem* e as narrativas dos viajantes, ao lado de outras fontes complementares, entre as quais destacamos: as *Balanças de Comércio* e a coleção *Passaportes: Requerimentos, entrada e saídas de embarcações* que, em conjunto, permitiram identificar, ainda que em linhas gerais, algumas mudanças ocorridas na alimentação paulistana.[7]

O principal corpo documental trabalhado neste capítulo foi a imprensa periódica, cujas informações mencionadas anteriormente, nos permitiram vislumbrar as práticas de consumo que começaram a se afirmar na cidade. Nela, além da grande variedade de anúncios de produtos e serviços disponibilizados localmente, nos deparamos com os preços de gêneros de importação e exportação, além de notícias sobre o movimento das embarcações no porto de Santos, onde desembarcava o grosso das mercadorias que abasteceriam o comércio paulistano. Ademais, havia a sessão de variedades que trazia crônicas e anedotas, as quais, se tomadas como indicativas dos comportamentos cotidianos, podem revelar alguns hábitos alimentares. A despeito de tudo isso, como sublinhamos páginas atrás, tal conjunto documental abarca apenas os anos finais do recorte selecionado para esta pesquisa, o que trouxe a necessidade de confrontarmos suas informações com aquelas presentes nas fontes sublinhadas há pouco.

Entre as fontes documentais complementares, e que ainda não foram trabalhadas, estão as informações referentes às *Balanças de Comércio*. Diferentemente dos jornais,

---

7 *Balança Geral do Comércio do Reyno de Portugal com os seus domínios e nações estrangeiras.* 1796-1799. Biblioteca Nacional. Seção dos Manuscritos. (CD-ROM) As cópias dos arquivos originais foram disponibilizadas para consulta através da Cátedra Jaime Cortesão–USP. *Passaportes, requerimentos, entradas e saídas de embarcações/ Mapa de Importação e Exportação do porto de Santos (1818-1821).* Ordens Manuscritos do Arquivo Público do Estado de São Paulo.

esta coleção cobre um período mais extenso de tempo, os anos entre 1796 e o início da década de 1830. Elas, segundo José Jobson de Arruda, foram criadas com o intuito de controlar as transações comerciais de importação e exportação portuguesas, visando combater o comércio ilegal que tanto dano causava ao Erário Régio.[8]

Apesar deste corpo documental ser muito amplo, englobando tanto os produtos exportados pelo Brasil como os que vinham do Reino e de outros domínios – África, Ásia e 'Ilhas' –, iremos considerar aqui somente os dados referentes às importações, tendo em vista apreendermos mais informações sobre o tipo de consumo existente no universo paulistano. Outro ponto a ressaltar é que os dados sobre a capitania, depois província de São Paulo, são muito lacunares. Isso porque só houve a contabilização da praça santista, principal pólo importador/exportador paulista e, ainda assim, para um curto período de tempo: entre 1796 e 1799. Tal laconismo não se explica pela ausência de comércio direto entre Santos e os portos sob o domínio de Portugal, mas pelo volume destas atividades ser muito baixo, se comparado a outras regiões brasileiras como o Rio de Janeiro, a Bahia ou Pernambuco.

Se em um primeiro momento, tal constatação se apresentou como um problema, logo em seguida, ela nos motivou a questionar por onde estava passando todo o volume comercial da capitania que, como tivemos o ensejo de observar, não era nem um pouco pequeno. Para tanto, o clássico estudo de José Jobson de Arruda sobre as

---

8 José Jobson de Arruda. *O Brasil no comércio colonial.* São Paulo: Ática, 1980, p. 62.

Balanças de Comércio foi de grande ajuda ao mostrar que, parte das transações de importação e exportação concernentes à capitania de São Paulo, ocorria por intermédio do Porto do Rio de Janeiro.[9] Lembremos das palavras de Alcir Lenharo, quando ele observou que esta última cidade era "então o maior centro de importação/exportação do país, polarizador da produção das regiões circunvizinhas, além de entreposto de gêneros oriundos do Sul, do Prata e da África portuguesa."[10] Do seu porto, portanto, as mercadorias eram distribuídas ao porto de Santos ou mesmo à Paranaguá, através do comércio de cabotagem.

Apesar de José Jobson de Arruda focar-se nas relações estabelecidas entre São Paulo e a comunidade carioca, estudos posteriores lançaram luz sobre outras praças do Império Luso às quais a capitania estaria ligada, como o realizado por Renato de Mattos, sobre as relações mercantis estabelecidas pelos paulistas após a abertura dos portos ou o estudo de Renato Leite Marcondes a respeito do comércio interprovincial durante a vigência da escravidão no século XIX.[11] Tais obras nos mostraram que a circulação interna de mercadorias de importação e exportação ocorria através do comércio costeiro interprovincial.[12]

9 *Idem*, p.158.

10 Alcir Lenharo. *op. cit.*, p. 33.

11 Renato de Mattos. *Política e negócios em São Paulo: da abertura dos portos à Independência (1808-1822).* Tese de Doutorado.FFLCH-USP, São Paulo, 2015; Helen Osório. *op. cit.*

12 Como nos mostra Renato Leite Marcondes, a "concentração natural ou por conta do exclusivo de comércio dos produtos de exportação nos portos mais importantes facilitou o embarque para os mercados estrangeiros. De forma semelhante, a distri-

Assim, para termos um quadro dos novos produtos e utensílios que eram importados da Europa, além de nos remetermos aos registros da imprensa periódica, foi necessário cotejarmos a movimentação mercantil não apenas do porto de Santos, como também das principais praças costeiras com as quais a capitania estabelecia comércio, a fim de complementá-las. Para confirmarmos a existência de um comércio praticado entre o litoral paulista e as várias regiões costeiras, nos reportarmos à coleção presente no Arquivo do Estado de São Paulo, denominada *Passaportes, requerimento, entradas e saídas das embarcações*. A emissão destes passaportes, implementada pela administração joanina, fazia parte de uma política cujo objetivo era, em última instância, "ampliar o controle do comércio praticado nos portos brasileiros e a arrecadação dos recursos fundamentais à sua instalação no Brasil (...)"[13]

Neste conjunto documental, temos as informações sobre o proprietário das embarcações, seu porto de origem e destino, bem como a data da emissão do passaporte. Além disso, nele foi possível encontrar algumas listas avulsas denominadas *Mapas de Importação e Exportação* que se referem aos produtos que entravam e saiam de Santos. É importante frisar que, similar ao que ocorreu com as fontes até então mencionadas, só tivemos indícios

buição dos bens importados a partir destes portos para o restante da colônia consistiu na contrapartida do exportado" *in* "O mercado brasileiro do século XIX: uma visão por meio do comércio de cabotagem."*Revista de Economia Política*. vol. 32, n. 1, p. 142-166, 2012, p.143.

13 Renato de Mattos. *op. cit.*, p. 134-135.

de passaportes expedidos a partir dos anos compreendidos entre a década de 1810 e início da seguinte. Como nos interessa vislumbrar somente a movimentação das importações concentradas naquele porto, não realizamos um tratamento exaustivo dos dados, limitando-nos em coletar aqueles em que Santos aparece como local de destino ou escala. Como era de se esperar, o Rio de Janeiro foi de longe o lugar que mais direcionou embarcações e, consequentemente, mercadorias, para a praça santista.

De acordo com Renato de Mattos que, no estudo já citado, fez um trabalho de pesquisa pormenorizada com esta documentação, do total de 59 registros de *Passaportes* existentes na coleção, o porto carioca figurou como a principal origem das embarcações que chegavam em Santos: contabilizou a emissão de 36 documentos, seguidos pela Bahia (10), Pernambuco (3), Rio Grande e Santa Catarina (3 passaportes). Isso sem contar aquelas que saíram dos portos da mesma capitania (São Sebastião, Vila Bela, Cananeia e São Francisco do Sul), as quais, juntas, contabilizaram 06 passaportes. Além disso, Santos também podia aparecer como porto de escala. Nesta situação, foram encontrados, de acordo com o autor, 19 passaportes, entre os quais 12 haviam sido expedidos para as embarcações saídas do porto carioca e que tinham como destino final as praças da região Sul e da região do Rio da Prata.[14]

Mais do que os passaportes, o que nos interessou neste conjunto documental foi a relação dos *Mapas de Importação e Exportação*, que remetiam aos produtos que saiam e principalmente chegavam na praça santista. Tal

14 *Idem*, p. 210.

conjunto, assim como o das *Balanças de Comércio*, embora não nos permitia apreender os pormenores das mercadorias que possivelmente abasteciam o mercado paulistano, não deixou de ser um ótimo demonstrativo do funcionamento das redes de comércio à qual a cidade de São Paulo estava integrada. Como assinalamos anteriormente, era, a partir do porto de Santos, que parte substancial dos gêneros importados chegavam à cidade de São Paulo. Seria dali que a cidade receberia artigos como tecidos, munições, louças, equipamentos e ferramentas e, o que nos interessa de maneira especial, alimentos e bebidas de origem europeia: queijos, vinhos, bacalhau, sal, embutidos que abasteceriam os estabelecimentos fixos mais proeminentes. No ano de 1796, por exemplo, de acordo com as *Balanças de Comércio*, entre os produtos que desembarcaram diretamente de Lisboa na praça de Santos estavam:

> 1 pipa de aguardente, 26 arrobas de aletria, 40 almudes de azeite, 22 quintais de bacalhau, 274 quintais de bolacha, 1 arroba de cominho, 16 arreteis de chocolate, 11 arrobas de erva doce, 13 arrobas de figos passados, 94 e ½ arrobas de manteiga, 10 arrobas de presunto, 1 dúzia de paios, 295 unidades de queijo flamenco, 567 moios de sal, 106 pipas de vinho e 420 almudes de vinagre.[15]

Pouco mais de vinte anos depois, a composição das mercadorias chegando de Lisboa em Santos, manteve-se

15 *Balança Geral do Commercio do Reyno de Portugal.* (1796) *op. cit.*, p. 302.

similar, conforme se vê em uma das listas dos *Mapas de Importação*, em que destacamos:

> 107 pipas de vinho, 5 pipas de aguardente de Portugal, 37 dúzias de garrafas de vinho, 9 ½ dúzias de garrafas de licores, 1 pipa de azeite doce, 8 quintais de bacalhau, 8 barris de azeitonas, 69 arrobas de figo, 9 arrobas de passas, 26 alqueires de nozes, 24 arrobas de massas, 700 queijos, 30 arrobas de manteiga, 9 e ½ arrobas de presunto, 19 ½ dúzias de paio, 2017 ½ alqueires de sal.[16]

Embora, infelizmente, não seja possível determinar com exatidão o destino destas mercadorias, ou seja, quais delas abasteceriam a capital paulista e em que quantidade, podemos pensar que parte considerável das importações eram enviadas para a cidade de São Paulo, haja vista a diversificação de sua economia e a concentração de comerciantes, cujo capital garantia a importação direta e, quando não, a aquisição dos gêneros acima citados por intermédio de comerciantes estabelecidos em Santos ou no Rio de Janeiro. Fato este, que pode ser confirmado pelas publicações presentes na imprensa periódica, as quais noticiam a circulação destas mercadorias no âmbito local como veremos adiante.

Por ora, há de se destacar que a leitura dos *Mapas de Importação* nos permitiu ver a existência de todo um circuito mercantil, que tinha Santos como um entreposto de

16 Mapa de Importação e Exportação do porto de Santos. Ordem 321 (1819), *op. cit.*

redistribuição, que foi se tornando mais intensa ao longo das últimas décadas por nós estudadas. Pela leitura dessa documentação, pode-se confirmar que grande parte das mercadorias importadas que abastecia a capitania de São Paulo entrava por meio do comércio costeiro com as outras praças brasileiras, as quais enviavam para São Paulo também pessoas negras escravizadas e alguns gêneros nacionais. Assim, no dia 05 de novembro de 1819, chegou em Santos, a sumaca Maria José, que vinha do Rio de Janeiro, com as seguintes mercadorias: "16 cascos vazios, 1 pipa de aguardente do Reino, 30 barricas de cerveja, 50 barricas de farinha de trigo, 20 frasqueiras de Genebra, 20 fardos de fazenda, 12 caixas de molhados, 4 embrulhos de tachos."[17]

Como esta lista, os *Mapas de Importação* contêm várias outras de produtos importados que chegavam em São Paulo através do Rio de Janeiro. Todavia, deve-se ressaltar que essas mercadorias provinham também de outras praças, inclusive da própria província paulista como Iguapé, Cananéia, São Sebastião e Paranaguá. No ano de 1819, por exemplo, aportaram em Santos mercadorias importadas procedentes da Bahia. Além de uma diversidade de fazendas secas, vieram os seguintes produtos de nosso interesse:

> 384 arrobas de farinha de trigo, 10 pipas de vinho de Lisboa, 1 ½ pipa de aguardente de Portugal, 1 pipa de azeite doce, 3 pipas de vinagre, 88 arrobas de manteiga e 24 frasqueiras

17 Mapa de Importação e Exportação do porto de Santos. Ordem 321 (1819), *op. cit.*

> de genebra, 35 dúzias de garrafas de cerveja, 17750 alqueires de sal, drogas e especiarias.[18]

Se por um lado, a leitura tanto das listas das *Balanças de Comércio* quanto dos documentos presentes na coleção dos *Passaportes* nos permitiu visualizar o trajeto que as mercadorias percorriam até chegar ao seu destino final, por outro, ela não nos possibilita afirmar com certeza quais destas mercadorias subiam a serra do mar para serem vendidas na cidade de São Paulo. Em situação diferente estaria a documentação dos jornais, já que essa nos permite analisar o mercado de gêneros alimentícios da região: quando não informou os produtos vendidos na cidade, revelou as mercadorias provenientes dos mais diversos cantos do mundo que, ao menos, interessavam os comerciantes ativos naquela área.

A título de ilustração, na década da independência, era frequente a publicação nos jornais que circulavam na cidade de São Paulo, de informações sobre o fluxo das embarcações a partir dos portos da capitania, especialmente de Santos. Podemos supor que essas notícias objetivavam atingir aqueles que tinham interesses mercantis na cidade, seja na compra de mercadorias para a revenda, seja no escoamento da produção agrícola feita nos arrebaldes. No início do ano de 1830, por exemplo, os paulistanos tomaram conhecimento da chegada das embarcações em Santos:

> A 26 de janeiro entrarão a brigue vigilante vinda de Lisboa pelas ilhas da Madeira e

18 Mapa de Importação e Exportação do porto de Santos. Ordem 321 (1819), *op. cit.*

> Pernambuco com 89 dias de viagem, cargas de vinho, vinagre, sal e várias miudezas – a escuna Chiquinha vinda do Rio de Janeiro com 07 dias de viagem, carga de fazendas, farinha de trigo, cerveja. A 28, de Pernambuco o Patacho Bella necessidade com 17 dias de viagem: carga sal e vinho e a 29, a sumaca Pensamento Feliz vinda de Pernambuco com 19 dias com carga de sal e vinho.[19]

Assim como sublinhamos páginas atrás, este anúncio nos permite ver que muitas dessas mercadorias eram provenientes de outras praças do Império Luso, revelando o papel que o comércio de cabotagem tinha no suprimento de gêneros importados para São Paulo. Observamos também que a lista de produtos era bastante variada e contava com velhos conhecidos dos moradores locais, como o vinho, a farinha de trigo, o sal, o vinagre, com exceção da cerveja, a qual passa a marcar sua presença nos hábitos locais.

Os produtos mencionados eram similares aos encontrados em uma seção do jornal *O Justiceiro*, em que publicava-se os preços de importação, com a diferença que, nesta última, nos deparamos com informações um pouco mais detalhadas sobre as mercadorias. Na data de 09/10/1834, temos:

> Azeite Doce: 140.000-150.000 réis a pipa; Bacalhau: 9.000-10.000 réis a barrica; Farinha de Trigo: 12.000-16.000 réis a barrica; Genebra: 720-800 réis a medida; Sal Fino: 700-800 réis o alqueire; Sal Grosso: 800-900 réis o alqueire; Cerveja: 3520-3840 réis a dúzia; Vinagre:

19 *O Farol Paulistano*. 04/02/1830, p. 1348.

> 40.000-45.000 réis a pipa; Vinho Porto: 140.000-150.000 réis a pipa; Vinho Lisboa: 80.000-90.000 réis a pipa; Vinho Terragona:45.000-50.000 réis a pipa.[20]

Ao analisarmos o trecho em questão, percebemos que as medidas/preços estavam voltadas ao atacado, o que mostra as possibilidades comerciais da cidade, conforme expusemos no capítulo anterior. Outro dado significativo é o fato de nos depararmos com produtos de consumo já estabelecidos, como o vinho, em uma maior variedade. Sua oferta no mercado paulistano congregava produtos sofisticados de diferentes 'qualidades' – Lisboa, Branco, Porto, Moscatel, Bordeaux – que podemos supor, só estavam acessíveis aos bolsos de uma parcela restrita da população. Tal parcela certamente, não ficava sem consumi-lo, ao menos nas reuniões sociais, tal qual atestam, mais de uma vez, as referências dos viajantes de passagem por São Paulo.[21] Para o consumo do dia a dia, sem dúvida, a produção de vinho local atendia às necessidades dos paulistanos que não abriam mão de manter os hábitos refinados.

Se de um lado, os anúncios demonstram uma variedade de produtos que já tinha espaço consolidado nos hábitos alimentares de certos grupos sociais, por outro, per-

20 *O Justiceiro*. 09/10/1834, p. 12.

21 Gustavo Beyer. *Viagem a São Paulo no verão de 1813*. 2.ed. Campinas: PUC, Instituto de Ciências Humanas, 1992., p. 36; Daniel Kidder. *Reminiscências de Viagens e Permanência no Brasil. (Rio de Janeiro e Província de São Paulo) Compreendendo notícias históricas e geográficas do Império e de diversas províncias*. São Paulo, Livraria Martins, 1951, p. 227.

mitem observar um rol de mercadorias importadas, até então pouco consumidas: genebras, licores, cervejas, massas, embutidos (salames, presuntos e paios) e uma imensa variedade de queijos, conservas e frutas secas (azeitonas, passas, figos, avelãs e amêndoas). Podemos supor que tais mercadorias começaram a ser anunciadas provavelmente para atender aos gostos de uma elite estabelecida em São Paulo, como também dos europeus recém-chegados. Num anúncio publicado em 31/08/1830, oferece-se, em uma casa de negócio estabelecida na rua da Direita, n°39: "rapé princesa a 2.000 reis a libra, chocolate a 240 reis, presunto a 320 reis e paios a 3200 reis a dúzia, tudo chegado proximamente de Lisboa."[22]

Conforme vimos no capítulo anterior, os anúncios dos jornais mostram como um comércio sofisticado de móveis, equipamentos domésticos, comidas e bebidas foi ganhando espaço no universo que estudamos. Para elucidarmos melhor esse processo, centraremos, a seguir, em alguns produtos que, além de estarem ligados à conjuntura do mercado da época, reuníam certas mudanças empreendidas no âmbito do consumo alimentar paulistano. Embora alguns deles não necessariamente fossem novidade para muitos paulistanos, como era o caso do trigo e do açúcar, sua maior difusão no mercado local fez com que eles fossem responsáveis pelo surgimento de novos segmentos culinários, – especializados em massas, pastéis e confeitos,– e estivem associados aos novos epaços e práticas alimentares.

22 *O Farol Paulistano*. 31/08/1830, p. 1640.

O açúcar

O açúcar, ao longo do período apreendido por nossa pesquisa, passou de uma curiosidade para se estabelecer, cada vez mais, como um gênero de consumo alimentar. Tal transformação, além de se relacionar ao aparecimento das bebidas quentes localmente – como veremos mais adiante –, tinha ligação com a disseminação da produção de cana na capitania, especialmente nas regiões que compunham o quadrilátero açucareiro paulista. Conforme expusemos anteriormente, além do estímulo à produção, presente nas políticas dos governadores, o aumento do seu volume produtivo não deixou de ter relação com a difusão do consumo do açúcar na Europa, impulsionada pelo movimento de refinamento dos gostos alimentares.[23]

Em relação à cidade de São Paulo, o cultivo de cana, que teve maior importância devido à produção da aguardente do que do açúcar, iniciou-se, nos seus arredores, em meados do século XVIII.[24] Apesar disso, acreditamos que, somente décadas mais tarde, seu volume ganhou força a ponto de apresentar uma ampla rede de abastecimento, por meio de um fluxo constante desta mercadoria na cidade. Conforme as informações presentes nas entradas das Casinhas nos dão a entender, não era pouca a quantidade de açúcar que por ali circulava. Isto certamente contribuiu

23 Tânia Andrade Lima. "Chá e simpatia: uma estratégia de gênero no Rio de Janeiro oitocentista." *Anais do Museu Paulista*. vol. 5. p. 93-127, 1997, p. 102.

24 Como vimos no capítulo 1, a aguardente estava entre as principais mercadorias produzidas nos arredores da cidade e que se destinavam ao mercado interprovincial.

para a adoção de novas preparações, que tinham o açúcar, mais do que nunca, como sua principal matéria-prima. Se tomarmos somente os dados referentes ao ano de 1823, por exemplo, vemos que, no mês de abril, entraram no mercado urbano 326 arrobas de açúcar, já em maio esse volume contabilizou 124 arrobas, seguido pelas seguintes quantidades nos meses subsequentes: 280, 151, 188, 255, 94, 203 arrobas.[25]

Além disso, nos deparamos com várias ofertas de sua comercialização nos estabelecimentos que proliferavam nas ruas centrais da cidade, tal como no armazém situado no pátio da Sé, o qual anunciou à população, em 28/12/1828, que vendia "açúcar por grosso e miúdo e também vende açúcar refinado de superior qualidade por preços cômodos."[26] Da mesma forma, em 8/8/1831, nos deparamos com uma casa comercial estabelecida na rua do Carmo nº 44, especializada na venda deste produto. De acordo com o anúncio vinculado no *Observador Constitucional*, podemos visualizar que se negociava neste espaço: "açúcar branco de mui excelente qualidade sendo por arrobas a 1400 réis e por libras a 50 réis assim como também há o redondo a 1100 cada arroba."[27]

No entanto, nem todos os habitantes adquiriam o produto no mercado citadino, uma vez que os dados de nossa pesquisa documental sugerem a existência de uma produção caseira, tal qual pode-se notar no anúncio de um sítio, onde se encontrava um "engenho e fábrica de açúcar e seus pertences."[28] Deve-se ressaltar que nem sempre

25 *Papéis Avulsos. op. cit.*, vol. 19, p. 236-257.

26 *O Farol Paulistano.* 28/12/1828, p. 168.

27 *O Observador Constitucional.* 08/08/1831, p. 676.

28 *O Farol Paulistano.* 15/11/1828, p. 686.

foi possível determinar com exatidão a orientação da produção, em virtude da falta de registros detalhados, mas podemos supor que essa extrapolava a mera subsistência doméstica, especialmente nos sítios localizados nos arredores da cidade ou em paragens mais distantes. Foi o caso da produção encontrada no inventário de Modesto Antônio Coelho Neto, aberto em 1803. Entre os bens herdados por um de seus filhos, temos a menção a 80 arrobas de açúcar, sendo 40 do alvo e 40 referente ao açúcar redondo. A alusão à uma grande quantidade de cana à espera de moagem, aliada à posse de 30 escravos, aponta para uma produção que extrapolava o consumo próprio.[29]

A presença de uma pequena indústria do açúcar, estabelecida na cidade de São Paulo, também pode ser apreendida nos anúncios de venda de escravos especializados no seu beneficiamento. É o que observamos, por exemplo, no *Farol Paulistano* do dia 7/7/1827: "Vende-se para fora desta cidade uma escrava de nação, idosa sadia e muito ágil, lava muito bem, engoma é boa cozinheira, refina açúcar e é boa parteira. Quem pretender comprá-la dirigir-se ao Coronel José Pedro Galvão."[30] Também se anunciava a venda de equipamentos "próprios para engenho de açúcar", como os que Gabriel Henrique Pessoa tinha em comércio na rua do Rosário.[31]

Acreditamos que o processamento doméstico do produto seria um ótimo indicativo do seu consumo entre

29 Inventário de Modesto Antônio Coelho Neto. *Inventários e Testamentos manuscritos* não publicados do Arquivo Público do Estado de São Paulo, 1803, p. 51.

30 *O Farol Paulistano.* 07/07/1827, p. 104.

31 *O Farol Paulistano.* 22/09/1827, p. 192.

a população da época que certamente passou a confeccionar uma diversidade de preparações culinárias derivadas deste ingrediente. Não podemos nos esquecer da centralidade do açúcar na cultura alimentar de São Paulo, na qual, desde o início do período colonial, era utilizado na confecção de tortas, papas, doce, bolos, entre tantos outros acepipes de origem lusitana.

Porém, antes que imaginemos a existência de uma dada universalidade no seu consumo, devemos lembrar que diferentes qualidades de açúcar estavam disponíveis no mercado, as quais, acreditamos, podiam atender às necessidades de diferentes segmentos sociais. Segundo os anúncios, havia o açúcar refinado de superior qualidade, o açúcar redondo e, por fim, o mascavo.[32] A diferença entre eles residia no processo de refino e era visível nos preços que possuíam no mercado. Embora seja difícil saber qual tipo de açúcar era consumido por cada grupo, e em quais ocasiões, podemos supor que as camadas populares não faziam uso do açúcar refinado na mesma frequência que as pessoas de melhor condição social.

O trigo

O trigo já era um produto bem conhecido dos paulistanos desde o início da colonização. Apesar das muitas dificuldades na aclimatação dos primeiros grãos, já encon-

32 Segundo um dicionário da época, o açúcar redondo correspondia a um produto de melhor qualidade que o mascavo, mas ainda inferior ao claro. Antonio Moraes Silva. *Diccionário de língua portuguesa*. Lisboa: Literatura Fluminense, 1889. Disponível *on-line*: http://dicionarios.bbm.usp.br/pt-br/dicionario/edicao/2. Acesso em 03/03/2018.

tramos menções à semeadura deste cereal nas propriedades da região ainda no XVI. Isso porque, conforme mencionamos em um trabalho anterior: "O consumo do trigo integrava uma série de esforços para a manutenção dos hábitos alimentares dos colonos, atendendo à necessidade de recomposição de seu sistema de vida deixado para trás."[33]

Ao passo que a agricultura de São Paulo se mercantilizava, parece que o trigo foi perdendo espaço para a mandioca, o milho e, posteriormente, em menor escala, para o arroz. O aumento demográfico e a mercantilização da agricultura praticada nos arredores da cidade foram responsáveis pela especialização produtiva dos supracitados gêneros, particularmente do milho, que em comparação com o cereal europeu tinha um excelente custo-benefício para atender às necessidades do mercado local. Isso tudo sem contar que, como veremos no próximo item deste capítulo, o seu consumo dispensava grandes tratos culinários, podendo ser feito sob as mais diversas formas:cru, assado e cozido, prescindindo a panificação.[34]

Mesmo assim, devido à centralidade do trigo no sistema alimentar dos habitantes de ascendência lusitana, é possível que muitas chácaras, instaladas nos arredores da cidade, prosseguiram com o cultivo do cereal, como o próprio Luiz D'Alincourt, no ano de 1818, em sua *Memória sobre a viagem do porto de Santos à cidade de Cuiabá*, teve o ensejo de perceber.[35] Acreditamos que tais plantações estavam voltadas para atender as necessidades domésticas e

33 Rafaela Basso. *op. cit.*, 2014b, p. 3.

34 *Idem*, p. 66.

35 Luiz D'Alincourt. *op. cit.*, p. 34.

não para a venda no mercado local. Tal fato é confirmado pela própria ausência do trigo ou de sua farinha tanto nas descrições dos *Maços de População*, como na *Relação* dos produtos que tinham entrada no mercado das Casinhas.

Apesar disso, a farinha de trigo já tinha um espaço considerável na predileção dos paulistanos, que só viria a aumentar com a chegada de outras nacionalidades europeias na cidade as quais, provavelmente, esperavam ansiosos por ela e outros produtos importados para abastecer suas despensas.[36] Assim, tão logo a economia mercantil se integrou a circuitos mais distantes, os comerciantes estabelecidos em São Paulo passaram a investir na importação desse gênero por intermédio de atacadistas concentrados no Rio de Janeiro e em Santos, como os dados da *Balanças* e dos jornais nos dão a entender.[37] No dia 03/04/1830, por exemplo, foi publicada a notícia da chegada em Santos, "da lancha Sra. do Amparo vinda do Rio de Janeiro com 05 dias carga de farinha de trigo"; Já no dia 21/04 chegou do Rio de Janeiro, a S. Liberal, com 3 dias de viagem, traendo a seguintes cargas: "vinhos, fazendas, farinha de trigo (...)"[38]

Além dessas notícias, o anúncio publicado na imprensa, em 28/03/1827, também aponta para o enraizamento dos

36 Perfil semelhante de consumo entre os segmentos mais abastados é encontrado por Leila Mezan Algranti, para a cidade do Rio de Janeiro, em seu artigo sobre a posse de bens de mesa já citado. *op. cit.*, 2016, p. 22-23.

37 Os dados dos *Mapas* nos mostram que este produto também era proveniente das praças localizadas na Bacia do Prata, como Buenos Aires. Mapa de Importação e Exportação do porto de Santos. Ordem 322 (1820), *op. cit.*

38 *O Farol Paulistano*. 03/04/1830, p. 1412; 04/05/1830, p. 1456.

interesses dos atacadistas da praça de Santos no mercado paulistano: "No armazém de Aguiar Viúvo Filhos e Co, em Santos se vende farinha de trigo de superior qualidade, chegada proximamente de Filadélfia em porções de 30 barricas para cima à 12.000 reis a barrica, de 6 arrobas ou a 12.800 réis, sendo em menor porção tudo a dinheiro."[39]

Como os comerciantes locais tinham redes mercantis bem estabelecidas, tanto na praça santista como na carioca, não é de se estranhar que a notícia acima atingisse seu público alvo, podendo, por sua vez, ser tomada como um indicativo de que o mercado paulistano era bem abastecido desta farinha. Um exemplo que reafirma esse argumento é a quantidade de negócios envolvendo este produto na cidade, pelo menos na última década de nosso estudo, tal como se observa no anúncio de uma loja situada na rua do Rosário publicado em 17/10/1830: "Acha-se a venda uma porção de barricas e meias barricas de farinha de trigo chegadas ultimamente do Rio de Janeiro."[40]

Como aparece mencionado em muitos documentos, a farinha de trigo era um dos principais gêneros de importação da cidade. Na análise dos *Mapas de Importação* de Santos, ela está entre as mercadorias que mais circulavam no comércio costeiro.[41] Porém, antes que imaginemos a existência de uma dada universalidade no seu consumo entre os paulistanos, temos que atentar para o fato de que, mesmo no continente europeu, a farinha de trigo foi um

39 *O Farol Paulistano*. 28/03/1827, p. 32.

40 *O Farol Paulistano*. 17/10/1830, p. 1706.

41 Mapa de Importação e Exportação do porto de Santos. Ordem 321 (1819), *op. cit.*

luxo reservado a poucos, não fazendo parte do repertório culinário de grande parte dos homens.[42]

Isso significa que, apesar do apreço da população local, ela nunca esteve ao alcance de todos consumidores. Consequentemente, o pão branco, a principal receita preparada com essa farinha, marcava presença apenas nas mesas mais abastadas, sendo considerado à época, segundo Leila Mezan Algranti, alimento básico das elites.[43] Fato que explica a difusão de mais de uma qualidade do produto no mercado. Em um comércio da rua Direita, por exemplo, a população podia encontrar: "uma porção de farinha de trigo que se vende, da primeira qualidade 2560 réis a arroba e da segunda qualidade a 2000 réis."[44] O consumo de pão feito de farinha de qualidade duvidosa ou fabricado com misturas de outras farinhas também era um hábito que estava enraizado na cidade desde o século XVII.[45]

Além de ser a matéria prima básica na confecção do pão, a farinha de trigo servia para preparar doces e mas-

42 De acordo com Piero Camporesi, grande parte dos europeus estavam "(...) tiranizados pelo consumo diário de pães ignóbeis, onde a mistura de cereais de má qualidade, muitas vezes podres ou deteriorados por uma má conservação ou, como acontecia frequentemente, misturados (também dolosamente) com vegetais e trigo tóxico e estupefaciente. *O pão selvagem*. Lisboa: Editorial Estampa, 1980, p. 11.

43 Leila Mezan Algranti. "A arte de cozinha e as plantas do Brasil séculos XVI-XIX". *in* Lorelai Koury. (org.) *Usos e circulação de plantas no Brasil séculos XVI-XIX*. Rio de Janeiro: Andrea Jakobson Estúdio, 2013, p. 142.

44 *O Farol Paulistano*. 15/11/1828, p. 686.

45 Rafaela Basso. *op. cit.*, 2014b, p. 6.

sas, bem como outros pratos que sempre tiveram espaço na dieta dos paulistanos abastados, tais como empadas, pastéis e tortas. Ademais, podemos supor que a demanda por tais produtos só aumentou com a presença cada vez maior de estrangeiros radicados na cidade. Não podemos esquecer que, ao passo que o século XIX se desenrolava, crescia substancialmente o número de padarias na cidade, as quais além de servirem pão a qualquer hora, disponibilizavam à população tortas, pastéis, biscoitos, brioches e outras preparações culinárias.[46]

É o que se depreende de um anúncio publicado em 04/02/1830 sobre uma padaria alemã, situada na rua São Bento, onde era possível encontrar: "pão, bolachas doces e salgadas, biscoitos à moda alemã para chá, trabalho tudo feito com asseio."[47] Outro estrangeiro com padaria na cidade foi o francês Claúdio Legoussat. Localizada na rua Direita, nº 46, ela oferecia aos paulistanos a possibilidade de comprar: "pão, biscoitos, salgado e doce, roscas tanto em miúdo quanto em atacado."[48]

Como se observa pela descrição acima, o uso da farinha de trigo por esses comerciantes certamente extrapolava aquele que o produto tinha até então entre os paulistanos de ascendência portuguesa.Ao nosso ver, tais estrangeiros foram responsáveis pela difusão de outros hábitos alimentares na cidade, na medida em que trouxeram em sua bagagem, novos produtos e práticas culinárias. Isto lhes permitiria reproduzir com mais familiaridade o co-

46 *O Farol Paulistano*. 29/03/1831, p. 1988.

47 *O Farol Paulistano*. 04/02/1830, p. 1348.

48 *O Farol Paulistano*. 27/09/1828, p.628.

tidiano alimentar que tinham deixado para trás.Assim, o que estava em jogo não era a alimentação em si, mas a constituição de sua identidade.[49] Não podemos esquecer das palavras de Massimo Montanari, que não nos deixa esquecer que a cozinha, tal como a linguagem:

> contém e expressa a cultura de quem a pratica, é depositária das tradições e das identidades de grupo. Constitui, assim, um extraordinário veículo de autorepresentação e de comunicação: não apenas é um instrumento de identidade cultural, mas talvez seja o primeiro modo para entrar em contato com culturas diversas (...).[50]

É neste contexto de constituição de hierarquias e identidades sociais que a disponibilidade cada vez maior no mercado citadino de matérias-primas como o trigo e o açúcar parece ter modificado a oferta dos preparados culinários vendidos nos estabelecimentos comerciais que eram abertos na cidade. E, por falar nisso, iremos, nas páginas seguintes, voltar nossa atenção às bebidas que forjaram novos hábitos de consumo naquele universo e que estavam da mesma forma vinculadas ao aumento da circulação interna de mercadorias de importação e exportação em São Paulo.

---

49 Sobre a temática do intercâmbio e identidade alimentar ver: Martin Bruegel, Bruno Laurioux (org.) *Histoire et identités alimentaires em Europe*.Paris: Hachette, 2002.

50 Massimo Montanari. "A cozinha, lugar da identidade e das trocas." *in O mundo na cozinha: história, identidade, trocas.* São Paulo: Estação Liberdade:Senac, 2009, p.11.

As bebidas quentes: o chá, o café e o chocolate

Ilustrativa das mudanças que a alimentação de São Paulo vivenciou no decorrer do período aqui estudado foi a difusão do consumo de bebidas que, até então, tinham pouca presença no cardápio dos moradores da cidade. De um lado, encontravam-se as alcoólicas – a cerveja, a genebra e os licores – e, de outro, as quentes como o chá, o café e o chocolate. Vendidas largamente nos novos estabelecimentos da cidade e anunciadas nos jornais da época, tais bebidas passaram a integrar o lazer das classes mais abastadas não só nos espaços púbicos, como também nos privados. Nas páginas que se seguem, devotaremos atenção às bebidas quentes, as quais, de fato, são a grande novidade em termos de alimentação paulistana que invadiriam não só os domicílios como os novos espaços de comércio da cidade.

Vários fatores podem ser elencados para explicar sua difusão no universo estudado. O primeiro tem relação com o próprio crescimento do consumo do açúcar verificado acima. Ao lado dele, podemos destacar a inflexão de novas práticas de consumo. A oferta dessas novidades no mercado local estaria diretamente ligada à presença de uma elite na cidade, adepta de valores, modas e costumes importados. Além disso, elas elucidam as mudanças na alimentação paulistana, cada vez mais ligada à uma ideia de sociabilidade.

Tal como nos mostra Maria de los Angeles, tais bebidas eram elementos imprescindíveis das novas práticas e dos novos espaços de convívio – privados e públicos – que surgiram na Europa a partir do século XVIII.[51] Conforme

51 María de los Ángeles Perez Samper. *op. cit.*, p. 11.

expusemos anteriormente, no decorrer do Oitocentos, foram abertos, na área mais central de São Paulo, locais que proporcionariam momentos de lazer e descontração social às classes abastadas, particularmente para o público masculino. Nestes locais, além de algumas guloseimas, eram oferecidos aos clientes bebidas de diversos tipos, como limonadas, refrescos, chás, café e chocolate.

Todavia, como veremos adiante, tais bebidas além de estarem ligadas às mudanças na alimentação de rua, também ilustram as atividades sociais que ganhariam espaço no universo doméstico paulistano, tais como os jantares, bailes, entre outros. Da mesma maneira que ocorria com os vinhos importados, presença expressiva no mercado local, podemos propor que elas eram consumidas em ocasiões especiais. Tal fato não deixou de chamar a atenção dos viajantes europeus, como John Mawe, que esteve em São Paulo entre o final de 1807 e início de 1808. Descrevendo as reuniões sociais que participou, o inglês relata:

> Em ocasiões públicas ou quando se oferece uma festa a muitos convidados ornamentam-se a mesa suntuosamente, servem-se de uma só vez de 30 a 50 pratos, arranjo pelo qual se evita uma série de mudanças de pratos. O vinho circula copiosamente, repetindo-se os brindes durante o banquete que dura em geral de duas a três horas, seguido de doces o orgulho da mesa, depois do café, os convidados passam a noite dançando, ouvindo música ou jogando cartas.[52]

52 John Mawe. *op. cit.*, p. 73.

Daniel Kidder, anos mais tarde, também teve oportunidade de participar de uma série de jantares realizados nas casas dos paulistanos abastados, como o oferecido por Gertrudes Galvão de Moura Lacerda Jordão, viúva do Brigadeiro Manoel Rodrigues Jordão, sobre a qual comenta:

> a senhora sentia-se orgulhosa de servir aos seus hóspedes exclusivamente produtos de suas terras: o chá, o café, o açúcar, o leite, o arroz, as frutas, os legumes, as carnes, tudo exceto a farinha de trigo, os vinhos e o sal – sendo que este último vinha do outro lado do Atlântico.[53]

Devemos lembrar que os dois viajantes, assim como tantos outros estrangeiros que visitavam São Paulo nas primeiras décadas do Oitocentos, foram recebidos como hóspedes de distinção pelos moradores e autoridades, os quais, desejosos de mostrar seu status, os convidavam para jantares e outras ocasiões festivas, dando-lhes a oportunidade de experimentar os melhores comes e bebes disponíveis em suas dispensas. Gustavo Beyer, por exemplo, ficou hospedado na casa do cônego João Ferreira de Oliveira Bueno. O médico sueco não poupou elogios em seu relato à hospitalidade paulistana. Sobre festa realizada no convento da cidade, comenta:

> os convidados foram conduzidos por um extenso corredor até a sala de jantar, onde todos se acomodaram ao longo de uma imensa

53 Daniel Kidder. *op. cit.*, p. 215.

> mesa que quase vergava sob o peso do que poderia haver de superior e melhor nesta terra. Em todos os cantos da sala havia mesas para trinchadores. O serviço era feito exclusivamente por noviços e bebiam-se os melhores vinhos europeus como se estivéssemos em qualquer capital do velho continente.[54]

As imagens criadas pela reprodução desses relatos demonstram como a arte de receber integrava uma nova vivência paulistana que tinha o modelo europeu como referência. Saint-Hilaire, por exemplo, narrou com detalhes o banquete em homenagem à rainha Carlota, para o qual foi convidado em sua estadia em São Paulo:

> Cheguei ao palácio as três horas e ai encontrei reunidas as principais autoridades locais, bem como vários oficiais da Guarda Nacional, todos em uniforme de gala. Enquanto esperávamos o jantar, o general organizou uma partida de uíste. Depois de servida a sopa, ele se levantou para brindar à saúde do rei, a banda do regimento, postada à entrada da sala, executou uma marcha militar. (...) jantar decorreu em ambiente de jovialidade, mas ao mesmo tempo de decoro, demonstrando os convivas um elevado grau de sociabilidade.[55]

A narrativa de Saint-Hilaire nos mostra que os jantares na cidade eram tratados como ocasião de convívio en-

54 Gustavo Beyer. *op. cit.*, p. 36.

55 Auguste de Saint-Hilaire. *op. cit.*, 1976, p. 144.

tre os homens da elite local. Assim, cumpre assinalar que, por meio deste e dos testemunhos supracitados, podemos identificar, ainda que em linhas gerais, o surgimento de uma nova sociabilidade intramuros composta por conversas, cantorias e jogos de cartas, a qual integrou um quadro mais amplo de mudanças nos modos de vida da elite brasileira, visíveis também em outros centros urbanos.[56]

E no rol das bebidas que compunham esse novo cenário, o chá, ao que parece, teve um lugar de destaque.[57] Não foram poucos os indícios encontrados nas fontes documentais que apontam para este fato. Nesse sentido, podemos citar o baile, dado pelo governador das armas de São Paulo, que recebeu grande destaque na imprensa da época, no qual, segundo uma nota publicada no *Observador Constitucional*, foram distribuídos "para o deleite dos convidados muitos refrescos e depois um delicado chá."[58]

O consumo de chá chegou ao Brasil juntamente com a corte portuguesa, como deixam entrever os registros de época, a exemplo do feito por Maria Graham, segundo o qual D. João VI não teria poupado esforços para prover a importação das plantas e de especialistas chineses para o Brasil.[59] Acreditamos que o desejo de imitação dos hábitos das elites europeias foi uma das principais razões da in-

56 Tânia Andrade Lima. *op. cit.*, p. 97.

57 Cabe ressaltar que o chá em questão trata-se do *Camellia sinensis*, cuja origem é o sudeste asiático, mas que teve seu consumo difundido no ocidente devido ao papel ocupado nos hábitos ingleses.

58 *O Observador Constitucional*. 27/11/1829, p. 31.

59 Maria Graham. *op. cit.*, p. 324.

serção do chá no mercado local. No entanto, havia outros motivos que também justificavam a presença proeminente deste produto no universo paulistano.

O memorialista Francisco de Assis Vieira Bueno, por exemplo, considerou como explicação para o fenômeno as facilidades de importação que o produto tinha no comércio português.[60] Em suas memórias, indica ainda que na capital oitocentista:

> qualquer taverna tinha o seu caixote de chá da Índia, como então se dizia tão bom como hoje não se encontra e com quarenta réis ali se comprava um cartucho de chá que dava par um bule. E também já se fazia um chá bem regular na chácara do Arouche, cujos terrenos começavam do campo dos Currais (hoje praça da República) abrangendo toda a área ora ocupada pela vila Buarque e pelas edificações da Santa Casa de Misericórdia.[61]

De acordo com o seu escrito, além da grande disponibilidade deste produto no comércio, as facilidades de seu cultivo nos arredores da cidade justificariam sua presença no mercado local. O Marechal José Arouche de Toledo Rondon, por ele referenciado, teria sido o responsável por introduzir tal cultura em solo paulistano no ano

60 Nesse contexto, o chá apareceu por exemplo, no *Mapa* dos gêneros importados que chegaram em Santos, através do porto carioca, no ano de 1819, ano em que só por ali entraram 68 arrobas do produto. Mapa de Importação e Exportação do porto de Santos. Ordem 321 (1819), *op. cit.*

61 Francisco de Assis Vieira Bueno. *op. cit.*, p. 32.

de 1825. Ao que tudo indica, as condições aparentemente favoráveis que, a planta encontrou, fizeram com que ela proliferasse, sendo cultivada desde a região do Brás, Ibirapuera, Bexiga Morumbi até freguesias vizinhas.[62]

A dimensão atingida por sua lavoura em São Paulo era tamanha que, não raro, os anúncios vinculados aos jornais faziam referências ao 'chá paulista', sendo comercializado nas lojas do centro, tal como encontrado na Rua Direita, casa nº 4, onde mais de uma variedade era oferecida à população "por preço cômodo."[63]

A produção local, em nenhum momento, eliminou a importação do chá, como deixam entrever trechos retirados da imprensa e dos *Mapas de Importação*.[64] Podemos supor que isso tinha ligação com as diferenças presentes na destinação do chá autóctone em relação ao asiático. Enquanto que, para o consumo do dia a dia, os moradores poderiam fazer uso das folhas cultivadas na terra, em ocasiões especiais, como festas ou jantares, o produto importado poderia ser preparado e servido com a ajuda de todo um aparato material, demonstrando assim o domínio de certa cortesia perante os convidados.

Importante ressaltar que, como ocorria no Velho Mundo, junto com o chá, foi importada uma gama de equipamentos para o seu consumo.[65] Tal como os *Inventários post-mortem* nos permitem identificar, o ritual da bebida en-

---

62 Ina Gracindo.*Viagem ao mundo do chá.* Rio de Janeiro: Casa da Palavra, 2013, p. 148.

63 *O Farol Paulistano.* 28/10/1830, p. 1742.

64 *O Farol Paulistano.* 11/06/1828, p. 492.

65 Tânia Andrade Lima. *op. cit.*, p. 95.

volvia bules, xícaras e pires, leiteiras, açucareiros, manteigueiras, bandejas, colheres, isso sem contar as mesas, devidamente especificadas para essa finalidade. A necessidade destes aparatos para a reprodução dos costumes, tal como se fazia no universo europeu, justificou os numerosos aparelhos de chá vendidos na cidade, como na loja de Gabriel Henrique Pessoa ou na casa de negócio de Thomaz de Molina.[66] Havia também a possibilidade de adquirir os itens de maneira avulsa, além da própria bebida, que era vendida nas duas lojas de fazenda seca de José Pinto Tavares.[67]

Os artigos relativos ao chá aparecem nos *Inventários* não só nos estoques das lojas de fazenda seca, como também no arrolamento de bens dos inventariados. A título de exemplo, como se vê no inventário de Ana Francisca Novaes, havia "01 fogareiro para fazer chá de prata, que pesava 96 oitavas".[68] Não só neste caso, como em tantos outros sobre os quais dispomos de informações, nota-se que os utensílios ligados ao serviço de chá eram confeccionados com materiais nobres como prata, vidro e louças ricamente adornados, tal qual atestam os dois conjuntos lançados no inventário do brigadeiro Luís Antônio de Sousa Queiroz. No primeiro caso, temos um aparelho de prata com peso de dez libras e quatro oitavas, avaliado no valor de 138.400 réis. Já o segundo conjunto, de louça da

---

66 *O Farol Paulistano*. 26/01/1828, p. 342; 28/02/1829, p. 834.

67 Inventário de José Pinto Tavares. (1815) *Inventários e Testamentos. op. cit.*, p. 60.

68 Inventários de Ana Francisca Novaes. (1805) *Inventários e Testamentos. op. cit.*, p. 22.

Índia, servia tanto para o serviço de chá como de café e foi avaliado com todos os seus pertences no valor de 51.200.[69]

O custo destes equipamentos pode comprovar o argumento de que o consumo dessa bebida esteve associado aos segmentos economicamente favorecidos da sociedade paulistana. Da mesma forma, a análise cruzada das fontes trouxe subsídios pra afirmarmos que o hábito de tomar chá se difundiu com mais veemência em São Paulo nos ambientes domésticos do que nos espaços públicos. Isso porque a maior parte dos anúncios, que disponibilizavam ou equipamentos ou o próprio chá, mostra que ele seria preparado em casa e não consumido *in loco*. Obviamente tal fato ligava-se à pouca presença de casas especializadas que, com certeza, se difundiram na cidade a partir da segunda metade do Oitocentos.

Em relação à esta questão, Tânia Andrade Lima explica que a adoção do chá teria seguido uma trajetória diferente no Brasil, daquela observada na Inglaterra. Centrando no caso do Rio de Janeiro, ela mostra que o seu consumo penetrou diretamente nos ambientes domésticos, onde foi incorporado como uma prática essencialmente feminina.[70] Da mesma forma em São Paulo, a cerimônia do chá se firmou nesse espaço e esteve ligada às recepções sociais. Para além desta ocasião, a bebida podia ser consumida à noite, antes de dormir. Não podemos esquecer que, à época, os paulistanos faziam a refeição simi-

69 Inventário de Luís Antônio de Sousa Queiroz. (Brigadeiro): Inventários do 1º cartório de família, Arquivo do Tribunal de Justiça do Estado de São Paulo (proc. 5301819) p. 12; p. 16.

70 Tânia Andrade Lima. *op. cit.*, p. 106.

lar ao nosso jantar de hoje, bem mais cedo, por volta das 14 horas, justificando, assim, a existência de uma refeição mais frugal à noite, acompanhada pelo chá, tal como notamos no registro feito por Maria Paes de Barros:

> Almoçava-se às nove horas; às duas em ponto era servido o jantar; às oito, já o mulato Joaquim trazia uma grande bandeja com xícaras de chá, que iam passando a toda a família instalada em volta da mesa. Tinha esta, no centro, três altos castiçais de prata, a cuja luz mortiça se viam pratos de torradas, biscoitos e pão de ló.[71]

Seja como for, o consumo deste produto e de outras bebidas quentes teria sido responsável por unir homens e mulheres numa sociabilidade conjunta, fato que merece destaque, se levarmos em consideração as oportunidades que as mulheres da elite tinham e o convívio social no passado paulistano.[72]

Em relação ao café, podemos supor que o seu consumo, apesar de presente, ainda não era tão difundido, como veio a ser anos mais tarde na cidade. Isso se devia ao fato de que, durante o período apreendido por esta

71 Maria Paes de Barros. *No tempo de dantes.* São Paulo: Paz e Terra, 1998, p. 21.

72 Um relato da sociabilidade, da qual as mulheres participavam nos é legado por John Mawe: "As senhoras, que consideram o dia como de festa, em seus vestidos de gala, enchem as sacadas das casas, de onde se tem melhor visão do espetáculo; a noite termina em geral, com chá e partidas de cartas e danas." John Mawe. *op. cit.*, p. 72.

pesquisa, sua produção não estava ainda generalizada na província de São Paulo, sendo que as exportações totais do produto ainda eram pouco expressivas.[73] Apesar disso, foi possível encontrar indícios de seu cultivo – mesmo que ínfimo – em algumas propriedades situadas nas redondezas da cidade, como, por exemplo, na propriedade de Luiz Pereira de Macedo ou na fazenda do ex-governador Antônio José da Franca e Horta, ambos moradores da Freguesia de Nossa Senhora do Ó.[74]

Tal cultivo não escapou à observação dos estrangeiros que estiveram de passagem por São Paulo, como Auguste de Saint-Hilaire e Luiz D'Alincourt. No relato deste último, vemos a seguinte descrição sobre os arredores da capital: "Os habitantes desta freguesia cultivam a cana de açúcar para extraírem aguardente, o que forma o principal ramo

73 No que tange aos outros gêneros produzidos na capitania de São Paulo, o café, no período final desta pesquisa, tinha pouca expressão no comércio interprovincial ou mesmo naquele de longo curso para o exterior. Os dados, por exemplo, das exportações do Porto de Santos no ano de 1819 confirmam nossa afirmação. Vejamos, a título de exemplificação, a quantidade de café exportada em relação aos demais gêneros alimentícios que foram enviados para o porto da Bahia: "200 arrobas de açúcar branco, 17.881 arrobas de toucinho, 787 arrobas de banha, 2.424 arrobas de carne de porco, 611 arrobas de fumo de minas, 40 arrobas de café, 270 libras de arroz, 1.540 alqueires de farinha de mandioca,112 algodão em rama, 480 alqueires de feijão, 8924 queijos da terra e 2.225 caixetas de marmelada". *Grifo nosso.* Mapa de Importação e Exportação do porto de Santos. Ordem 321 (1819), *op. cit.*

74 *Maços de População.* (1816) *op. cit.*, p. 10; p. 38.

do seu negócio, colhem café, mandioca, algodão, plantam milho, e legumes, quanto bastem para o consumo."[75]

Os jornais igualmente fazem referências às plantações de café nas regiões circunvizinhas ao núcleo urbano, tal como a encontrada no sítio denominado Morumby que, segundo anúncio de 1832, estava a cerca de duas léguas da cidade. Entre as benfeitorias da propriedade foram mencionadas: "uma boa casa de vivenda, perto de 30 mil pés de café, dos quais uma grande porção já dá fruto, uma grande plantação de bananas, e canas com extensos campos de criar muito bons, todos fechados."[76]

Na medida em que a produção de café dava os primeiros passos na Província, seu preço ainda era muito caro, fazendo com que sua bebida fosse considerada um gênero de luxo, pouco acessível à maioria da população. Da mesma forma que o chá, seu preparo e, especialmente, seu consumo dependiam da existência de uma série de artefatos. Encontramos em nossa amostra de inventários, cafeterias, moedores/moinho nos domicílios de indivíduos mais abastados, como no de Manoel Cardoso de Abreu, em cujo inventário, datado de 1804, havia 02 cafeteiras, sendo que uma delas foi arrolada em conjunto com outros equipamentos da seguinte maneira: "Um bule, uma cafeteira, uma açucareira, uma leiteira tudo de prata no valor de 84.600 réis."[77] O fato destes equipamentos serem assim avaliados pode indicar que estavam ligados ao mes-

75 Auguste de Saint-Hilaire. *op. cit.*, 1976, p. 148/ Luiz D'Alincourt. *op. cit.*, p. 44.

76 *O Novo Farol Paulistano*. 04/06/1832, p. 732.

77 Inventário de Manoel Cardoso de Abreu. (1804) *Inventários e Testamentos. op. cit.*, p. 4.

mo serviço. Situação semelhante ocorreu no inventário de Genebra de Barros Leite, onde foram avaliadas 02 cafeteiras em conjunto com os mesmos utensílios: bules, leiteiras, açucareiros, manteigueiras, pratos e xícaras.[78]

Podemos supor que o consumo do café também só se disseminou em lugares públicos a partir da segunda metade do século XIX, como bem nos mostrou o trabalho de João Luiz Máximo, em estudo citado. No entanto, já na década de 1820, encontramos alguns estabelecimentos onde ele podia ser consumido, como na já mencionada casa de pasto Independência. Ali, além do chá e café, os paulistanos tinham a oportunidade de experimentar chocolate e outras bebidas espirituosas.[79]

Já em relação ao chocolate, também tivemos indícios que apontam para sua existência em São Paulo, seja nos *Inventários* ou na imprensa periódica. Sua incidência, mais baixa em relação às bebidas supracitadas, pode sugerir que seu consumo foi menor. Isso se explica, em parte, pelo caráter aristocrático e afrodisíaco associado ao produto, o qual certamente deveria ser tomado em ocasiões especiais.[80]

Diferentemente delas, o chocolate não tinha produção local, sendo que os interessados em seu consumo deveriam adquirir o preparo em lojas especializadas ou pronto para o consumo nas casas de pastos.[81] Tal fato te-

78 Inventário de Genebra de Barros Leite. (1838) *Inventários e Testamentos. op. cit.*, p. 47-48.

79 *O Farol Paulistano.* 17/08/1830, p. 1620.

80 Henrique Carneiro. *Comida e sociedade*: *uma história da alimentação.* Rio de Janeiro: Campus, 2003, p. 91.

81 Apesar de existir uma produção de cacau e chocolate na região da Bahia e do Maranhão naqueles tempos, chamou atenção

ria contribuído e, muito, para que ele ficasse restrito às camadas abastadas. A propósito disso, não foram poucos os domicílios destes grupos onde era possível encontrar a chocolateira, equipamento que permite supor seu consumo. No arrolamento feito em razão do falecimento de Maria Josefa Mendes da Silva, em 1806, por exemplo, foram registradas três chocolateiras da seguinte forma: "uma chocolateira velha grande, muito danificada sem tampa no valor de 640 reis, mais outra dita menor forrada sem tampa no valor de 400 réis e, por fim, um dita mais pequena com tampa em bom uso no valor de 800."[82]

Ao avaliarmos o restante do espólio de Maria José Mendes da Silva – valor de propriedades, escravizados e bens materiais – vemos que tratava-se de um domicílio

---

o fato de só encontramos referências ao chocolate forncedido no mercado paulistano proveniente do Reino. Isto não significa que não havia um comércio direto deste produto com os portos de São Paulo. Na verdade, é bem provável que o cacau consumido em Portugal e depois enviado para São Paulo e demais partes do Império Luso, era procedente da própria colônia americana. Entretanto, a documentação que encontramos não nos permite precisar mais detalhes sobre a origem ou mesmo usos deste produto. De qualquer maneira, a baixa quantidade em que era importado só vem a reafirmar que ele era um produto de luxo, destinado a poucos. Mappa de importação e exportação do porto de Santos. Ordem 321 (1819) *op. cit.* Sobre a presença da planta do cacau selvagem no Norte do Brasil e sua aclimtação e cultivo no Maranhão e na Bahia, a partir dos incentivos da Coroa portuguesa ver Leila Mezan Algranti. *op. cit.*, 2013, p. 170.

82 Inventário Maria Josefa Mendes da Silva. (1806) *Inventários e Testamentos. op. cit.*, p. 17.

abastado, onde as chocolateiras, ao lado de outros utensílios como pratos, sopeiras e talheres, provavelmente seriam utilizadas como elementos de distinção social, exibidas nos jantares para impressionar as visitas. A nosso ver, as descrições "de bom uso" e "muito danificada," embora possam indicar um uso regular, não nos permite afirmar com certeza os usos deste objeto ou mesmo a frequência que ele ocorria.

Mas, alguns detalhes presentes nas fontes consultadas, particularmente nos Inventários, nos permitem algumas inferências. Ela poderia, por exemplo, ser utilizada para preparar ou mesmo servir a bebida. Sua presença no rol dos bens dos paulistanos ao lado de recipientes – como copos e xícaras próprios para seu uso – sugere o argumento de que havia um consumo doméstico desta bebida. É digno de nota que encontramos referências a tais objetos apenas na loja de José Pinto Tavares, onde havia 05 copos de vidro lisos e 06 xícaras com asas no estoque, ambos "para chocolate".[83] A venda destes utensílios no mercado local apontava para a presença do chocolate, se não nas mesas, pelos menos nos desejos dos moradores daquela região, já que poderia poderia estar associados ao consumo de luxo.[84]

83 Inventário de José Pinto Tavares. (1815) *Inventários e Testamentos. op. cit.*, p. 48.

84 Leila Mezan Algranti em seu artigo sobre as posse dos artefatos de mesa no Rio de Janeiro na segunda metade do século XVIII, mostra como já vinha se estabelecendo na Améria Portuguesa, desde o período em questão, um crescente mercado de produtos de luxo, que teria contribuído para atenuar as fronteiras culturais no que diz respeito aos hábitos à mesa no Reino e nos seus domínios americanos. Leila Mezan Algranti. *op. cit.*, 2016, p. 48.

Entretanto, não podemos esquecer que os inventários nos quais as chocolateiras apareciam, também possuíam jogos de xícaras e pires sem nenhuma especificação e, portanto, podiam ter a mesma utilidade, tal como foi aventado acima. Assim ocorreu no inventário de Domingos Fernandes Lima, no qual vemos, além da chocolateira, uma grande quantidade destes recipientes.[85]

Muito além de sua funcionalidade no cotidiano doméstico, a chocolateira podia garantir um certo padrão de ostentação para quem a possuía, nem tanto pelo valor, mas principalmente por estar associada a uma bebida que, ainda na época, era um luxo reservado a poucos.[86] Acreditamos que o chocolate era componente obrigatório nas ocasiões festivas, tal como o relato do segundo quartel do Oitocentos, feito por Maria Paes de Barros, demonstra: "As refeições, nos intervalos das danças, eram abundantes. Logo à chegada servia-se chá com os afamados sequilhos paulistas; à meia-noite, uma lauta ceia, pela madrugada, a tradicional canja; por último o chocolate."[87]

Conforme viemos demonstrando nas páginas anteriores, a presença tanto desta última bebida, assim como do chá e do café, esteve associada às mudanças nas sociabilidades paulistanas, visualizada, no período final de nossa pesquisa, tanto nos espaços públicos como nos pri-

---

85 Inventário de Domingos Fernandes Lima. (1812) Inventários *e Testamentos. op. cit.*, p. 24.

86 Pelo que observamos, a chocolateira era um equipamento considerado barato, sendo possível encontrá-la a 480 réis, tal qual notamos no inventário de Bento Dias Vieira (1823). *Inventários e Testamentos. op. cit.*, p. 10

87 Maria Paes de Barros. *op. cit.*, p. 49.

vados. Muito significativo deste processo, como exposto, foi o aumento, nesse mesmo período, dos equipamentos relacionados ao seu preparo e/ou consumo nos inventários. O mesmo pode ser dito em relação aos móveis relacionados aos jogos, como a mesa de gamão, arrolada no inventário de Diogo José da Silva.[88]

Todavia, deve-se ressaltar que não foi somente este tipo de mobiliário que invadiu o ambiente doméstico da capital paulista. Tal como apontou Maria Aparecida Borrego, a consolidação das fortunas e a sedimentação dos habitantes em solo piratiningano, a partir do Setecentos, "tornaram possível o atendimento ao conforto interno das casas, observando-se então não só o aumento do número de móveis, mas a entrada de peças especializadas e de objetos de decoração."[89] Segundo Leila Mezan Algranti, este fenômeno ocorreu em várias partes da América Portuguesa e se relacionava à valorização, cada vez mais presente, da intimidade dos indivíduos e da própria vida familiar. Segundo as palavras da própria autora, isso fica evidente no "gosto por morar bem e confortavelmente, que se expressa na decoração e mobília, das casas dos indivíduos mais abastados, na maneira de receber os amigos e hóspedes, de se divertir, e até de gerir os próprios bens e educar os filhos (...)"[90]

88 Inventário de Diogo José da Silva. (1824). *Inventários e Testamentos. op. cit.*, p. 10.

89 Maria Aparecida de Menezes Borrego. "Comportamentos domésticos e dinâmicas sociais em São Paulo colonial." Comunicação apresentada no *I Colóquio Cultura e Educação na América Portuguesa*. Belo Horizonte, 2012. (texto cedido pela autora)

90 Leila Mezan Algranti. "Famílias e vida doméstica". *in* Laura de Mello e Souza (org.). *História da vida privada no Brasil*. v. 1. São Paulo: Companhia das Letras, 1997, p. 153.

Desta forma, para além da valorização da intimidade, as transformações nos interiores domésticos reafirmam a ampliação de novas formas de sociabilidade, entre os habitantes da cidade de São Paulo, que estavam começando a ocorrer fora de casa mas especialmente, portas adentro.[91] De acordo com Maria Aparecida Borrego e Rogério Félix, os lares paulistanos:

> transformaram-se em espaços de maior convívio social – dado o número elevado de móveis de assento – dispondo de peças de aparato – bufetes de quatro gavetas e leitos – eventualmente importadas, e investindo em conforto e ostentação que bem se ilustra pela ocorrência de delicados cortinados de dosséis e preguiceiros profusamente ornamentados.[92]

O mobiliário destinado a receber – como os assentos individuais e coletivos – também foi aumentando paulatinamente. Neste sentido, um bom exemplo, é o arrolamento de 97 cadeiras das mais diversas qualidades no inventário de Genebra de Barros Leite.[93] Outro caso são as 25 cadeiras, entre as de sola, veludo e jacarandá, presentes no inventário de Maria Josefa Mendes da Silva.[94] Os mesmos autores

91 Maria Aparecida de Menezes Borrego e Rogério Ricciluca Matiello Félix. "Ambientes domésticos e dinâmicas sociais em São Paulo colonial". *Revista de História*. n. 175, p. 91-132, 2016, p. 99.

92 *Idem*, p. 126.

93 Inventário de Genebra de Barros Leite. (1838) *Inventários e Testamentos. op. cit.*, p. 34.

94 Inventário Maria Josefa Mendes da Silva. (1806) *Inventários e Testamentos. op. cit.*, p. 8.

esclarecem ainda que esses mobiliários constituem um perfeito exemplo de como o ambiente doméstico deixa de ser um local voltado apenas ao abrigo ou ao trabalho, ganhando uma nova dimensão social, visível nas:

> novas salas de recepção destinadas a momentos de convívio com pessoas alheias ao núcleo familiar e, como decorrência deste fenômeno, o despojamento material gradualmente cede espaço à entrada de mais móveis nos aposentos, que eram confeccionados "não apenas para conter e suportar, mas ainda para serem vistos.[95]

Ao longo de nossa pesquisa documental nos deparamos nas residências mais abastadas, para além dos móveis supracitados, com utensílios extremamente luxuosos e de alto valor – salvas, talheres e sopeiras –, os quais cumpriam uma função fundamental neste novo modo de vida que aos poucos se desenvolvia. Na imprensa da época, também havia registro de comércio de móveis, utensílios de mesa e cozinha de luxo, como se observa no anúncio publicado em 23/08/1828 no *Farol Paulistano*, em que há menção a móveis ingleses sendo comercializados na rua Direita, casa nº2. Da mesma forma, muitos equipamentos podiam ser encontrados na loja de Gabriel Henrique.[96]

A análise dos inventários, em conjunto com os jornais, demonstrou, portanto, uma transformação nos pa-

95 Maria Aparecida de Menezes Borrego; Rogério Ricciluca Matiello Félix. *op. cit.*, p. 95.

96 *O Farol Paulistano*. 23/08/1828, p. 586; 21/02/1829, p. 824.

drões de consumo citadino, especialmente se comparados ao período anterior, ao qual dedicamos atenção em nossa pesquisa de mestrado. No que se relaciona especificamente à alimentação, vemos que a proliferação de móveis e utensílios também aponta para algumas metamorfoses. A primeira delas diz respeito à individualização do ato de comer. Na análise da documentação, por nós realizada, foi possível perceber a proliferação de uma série de utensílios – copos, garfos, facas, colheres e pratos – raros na centúria anterior e que nos leva a pensar no progresso do individualismo no âmbito dessas práticas.[97] No inventário de Manoel Cardoso de Abreu, por exemplo, encontramos 47 talheres de prata entre garfos e colheres.[98] Além disso, destacam-se um conjunto considerável de xícaras, pires, copos e canecas no seu espólio.

Acreditamos que o uso destes utensílios relacionava-se, portanto, à modernização dos hábitos à mesa, pro-

97 De acordo com Jean Louis Flandrin, tal processo, na Europa ocidental, remonta aos seiscentos. Diferentemente do que ocorria na época medieval, onde os comensais levavam a mão aos pratos para fazer suas refeições ou compartilhavam os mesmos utensílios como facas, talheres e copos, entre os séculos XVII e XVIII, cada comensal passaria a ser "dono de um prato, um copo, uma faca, uma colher, um garfo, um guardanapo, um pedaço de pão. Tudo que é retirado das travessas, molheiras e saleiros comuns deve ser pego com os utensílios adequados e depositados no prato antes de tocá-lo com os próprios talheres e levá-lo à boca. "A distinção do gosto." *in* Roger Chartier. (org.) *Da renascença ao século das luzes*. São Paulo: Companhia das Letras, 1999. (coleção *História da vida privada*, vol. 3, p. 268.

98 Inventário de Manoel Cardoso de Abreu. (1804) *Inventários e Testamentos. op. cit.*, p. 5.

cesso que se fazia presente na Europa desde o século XVII. Sua incorporação em São Paulo, por sua vez, tinha a ver com a presença de uma elite cuja intenção era garantir que o ato de comer se tornasse uma oportunidade de demarcação do status social. Ao se cercarem de uma série de aparatos para fazer suas refeições dentro do ambiente doméstico, é de se imaginar que, raramente, as faziam fora de casa. E a presença de móveis e utensílios de cozinha arrolados nos inventários com a descrição de "bastante uso," pode indicar que sua utilização durante as refeições em família era usual. Quadro este que parece ter mudado sensivelmente a partir da década de 1820, quando alguns estabelecimentos trouxeram a oportunidade para que tais camadas sociais eventualmente saíssem do conforto de seus lares e variassem o cardápio do dia a dia. Embora fique claro, que quando tais práticas passaram a se difundir entre as classes mais abastadas, elas tinham mais relação com o ato de sociabilidade do que de se alimentar.

De qualquer maneira, o estudo comparado entre as práticas de dentro e fora do espaço doméstico demonstrou que a alimentação estava ganhando, pelo menos entre as elites, um ar mais refinado e especializado. Através dos inventários de nossa amostra, nos deparamos com uma diversidade de equipamentos e utensílios como sopeiras, caçarolas, saladeiras, frigideiras, além de copos, potes, talheres e pratos com diferentes finalidades.[99] Os

99 Inventário de José Rodrigues Pereira; Inventário de Modesto Antônio Coelho; José Pinto Tavares; José Vaz de Carvalho; Antônio José Vieira Barbosa; Inácia Maria Rodrigues. *Inventários e Testamentos. op. cit.*

anúncios dos jornais igualmente faziam referências à uma "indústria" especializada, que pode ser apreendida, quer através da venda de equipamentos e utensílios de produção e consumo alimentar, quer do surgimento de uma mão de obra, seja livre ou escravizada, aperfeiçoada em diferentes setores da culinária como doceiros, pasteleiros e artífices de massas.[100] Aliás, a procura por profissionais de comida e bebidas parece só ter aumentado no mercado local, tal qual o seguinte anúncio é ilustrativo: "Quem quiser dar a qualquer escravo a aprender a cozinhar e a fazer massas de todas as qualidades sem que despenda coisa alguma, dirija-se a rua do Ouvidor casa n° 2 que acharão com quem tratar."[101]

No entanto, cabe aqui ressaltarmos que esses serviços, assim como a esmagadora maioria dos produtos elencados até agora, não estavam acessíveis à maioria da população. Mesmo para os afortunados de nossa amostra, é necessário precisar o contexto em que eles "faziam uso" de alguns alimentos ou objetos. Parece bem provável que eles lançavam mão de certos hábitos alimentares apenas em dias festivos ou nos finais de semana, quando os almoços ou jantares mais formais eram comuns.

Somente nessas ocasiões, haveria uma diversidade de alimentos e bebidas nas refeições tais como massas, assados ou sobremesas. Também se tirariam do armário,

100 É importante notar que inclusive o ofício de doceira apareceu nos *Maços de População*, tal qual o caso de D. Ana Jacinta em 1818 e também o de Maria Felizarda, em 1822. *Maços de População.* (1818) p. 10/(1822), p. 13.

101 *O Farol Paulistano*. 30/11/1830, p. 1800.

segundo Paula Pinto e Silva, os aparelhos de jantar, "a louça da Índia, branca ou azul, os guardanapos e a toalha de mesa, as jarras de prata", os quais tivemos oportunidade de ver arrolados nos inventários paulistanos para serem postos à mesa e servirem como elementos de distinção social.[102] Neste mesmo sentido, a ocorrência de tais repastos justificaria a compra de produtos importados, cujos sucedâneos locais certamente seriam de melhor qualidade.[103] Ocasionalmente ainda seria possível variar o cardápio, encomendando alguma comida ou petisco pronto. Como se verá, a comida de todo o dia dos segmentos mais abastados tinha uma base muito semelhante a das pessoas mais humildes ou mesmo da escravaria e tais ocasiões garantiriam algum tipo de distinção social para os indivíduos que tivessem acesso aos produtos e equipamentos, incrementando o repasto cotidiano ou mesmo as maneiras de estar à mesa.[104]

Portanto, como se procurou mostrar, muitas das transformações pelas quais a alimentação paulistana passou na transição entre o período colonial e o Império estiveram re-

102 Paula Pinto e Silva. *Papagaio cozido com arroz: livros de cozinha e receitas culinárias no Rio de Janeiro do século XIX*. Tese de Doutorado. FFLCH-USP: São Paulo, 2007, p. 91.

103 Em função do longo tempo de viagem, é possível pensar que muitos alimentos chegavam rançosos e estragados ao destino final, como as manteigas, ou que, com certa frequência, apareceriam entre os gêneros importados. *O Farol Paulistano*. 26/01/1828, p. 342.

104 Neste sentido, podemos mencionar o aviso que Francisco Boyeé mandou publicar no *O Observador Constitucional* dizendo que, em sua casa de pasto, fazia "jantares para fora o gosto das pessoas que quiserem encomendar."08/11/1830, p. 396.

servadas aos moradores mais abastados. No entanto, como veremos nas páginas a seguir, mesmo aqueles que tinham uma dieta mais variada e sofisticada, contavam em seu cotidiano com um cardápio ordinário, constituído por arroz, feijão, milho, farinha de mandioca, frutas e verduras, além, é claro, das carnes suína e bovina.

As semelhanças, que acreditamos ter existido na alimentação dos vários segmentos sociais aqui estudados, não são um fenômeno específico deste universo citadino. Muito pelo contrário, se nos reportarmos à Europa desde os tempos medievais, podemos nos deparar com um cenário muito similar. De acordo com Massimo Montanari, a destarte de todas as estratégias de diferenciação impostas pelas elites, elas não deixavam de compartilhar gostos e práticas alimentares com as camadas mais baixas do mesmo período:

> A rigidez dos esquemas simbólicos que opõe o estilo de vida dos camponeses àquele dos senhores (ou dos cidadãos, de acordo com uma variante tipicamente italiana) convive serenamente com a presença de produtos e de sabores 'camponeses' na cozinha de elite. Antes, em alguma medida a pressupõe: justamente a contaminação real entre as duas culturas torna de certa forma indispensável a construção de barreiras ideológicas, de símbolos de diferença e separação.[105]

Acreditamos que as mesmas barreiras percebidas por Massimo Montanari no universo europeu também eram

105 Massimo Montanari. *op. cit.*, 2013, p. 64.

presentes em São Paulo, porém, certamente, pautadas em outros parâmetros, ligados ao tempo e espaço aqui estudados e, que podem ser visualizados a partir dos seguintes itens em termos de dieta cotidiana: na aquisição de produtos importados, nas formas de preparo ou consumo dos alimentos e até na diferenciação dos lugares onde se faziam as refeições. Frente ao quadro esboçado, acreditamos que quanto maior a distância física e/ou simbólica em relação à rua, menor a possibilidade de ser confundido com suas gentes.

Cardápio cotidiano e ressignificações alimentares

Como mostramos nas páginas precedentes, ao passo que São Paulo se mercantilizava, novos códigos e elementos de distinção social se espalhavam pelos diferentes cantos da cidade e os hábitos alimentares tiveram uma grande importância nesse sentido. Embora, na maioria das refeições, como veremos adiante, os produtos não variavam muito, os lugares onde elas ocorriam, as formas de preparo e consumo e o emprego neste ritual de uma série de equipamentos e utensílios importados eram lançados como estratégias entre os indivíduos de algumas posses para se diferenciar do grosso da população. Enquanto apenas uma pequena parcela dos paulistanos tinha acesso às mercadorias apresentadas na primeira parte deste capítulo, a grande maioria tinha sua dieta baseada nos gêneros de subsistência, como o milho, a farinha de mandioca, o arroz e o feijão, que eram ou produzidos por conta própria ou adquiridos no comércio ambulante ou fixo.

Os paulistanos, portanto, incorporavam as modas e os produtos que chegavam em abundância no mercado citadino, segundo suas condições financeiras e sociais. Isto significa que a maioria da população – grupos de negros escravizados, forros e indivíduos livres pobres (pardos e brancos) – passaram ao largo das mudanças mostradas na primeira parte do capítulo, seguindo um regime alimentar muito mais monótono e restrito. Todavia, não devemos nos precipitar, frente às novas mercadorias e práticas de consumo há pouco apresentadas, e supor que os antigos padrões alimentares tenham sido rompidos, mesmo entre os indivíduos mais abastados.

Os próprios *Inventários*, os quais demonstraram o requinte nos domicílios de certos paulistanos, também indicaram que eles mantinham, se não na residência citadina, ao menos em seus sítios e chácaras: mandiocais, milharais, entre outras roças e equipamentos passíveis de serem tomados como indicativos dos alimentos que proviam a mesa do dia a dia. Como exemplo, podemos citar o caso de José Vaz de Carvalho, que teve arrolado, em uma de suas fazendas, um pilão de pau de "serventia da cozinha", juntamente com meio alqueire de milho, os quais provavelmente estavam ligados à subsistência familiar. Ou mesmo de Modesto Antônio Coelho Neto, que teve avaliado, em seu inventário, uma roça de seis alqueires de milho, já madura, pela quantia de 30000 réis.[106]

A referência a toda uma série de apetrechos de produção e/ou processamento também é um ótimo indicativo da alimentação cotidiana. Se pensarmos no caso da farinha

106 Inventário de José Vaz de Carvalho. (1825) *Inventários e Testamentos. op. cit.*, p. 132; Inventário de Modesto Antônio Coelho (1803) *Inventários e Testamentos. op. cit.*, p. 52.

de mandioca, foi possível observar que os equipamentos ligados ao seu beneficiamento estiveram presentes em muitos domicílios, como no de Maria Josefa Mendes da Silva, mulher de posses – conforme vimos anteriormente –, cujo sítio no caminho de Santo Amaro continha os seguintes pertences: "três prensas, uma roda de ralar mandioca, uma moenda de cana, um carro e duas cangas 3 estrados, 3 bancos grandes, um oratório com 5 imagens de barro e um crucifixo de marfim e 4 painéis já usados (...)"[107]

Não podemos esquecer que era comum naquela época, muitos paulistanos, inclusive os mais abastados, possuírem sítios nas regiões circunvizinhas onde se cultivava para o consumo da unidade familiar. Este parece ter sido o caso do Capitão Manoel F. de Sales, cujo sítio foi colocado à venda depois de sua morte, conforme nota-se no seguinte anúncio:

> Em sua propriedade 2 léguas e meia distante da cidade possui (...) engenho de moer canas e de fazer farinha de mandioca, sendo as rodas tocadas por água e com bastante arvoredos dirija-se a casa de D. Maria Joaquina de Oliveira viúva do Capitão Manoel F. de Sales, na rua do Carmo, defronte à Igreja da Boa Morte.[108]

Como dito anteriormente, embora nosso objetivo não fosse focar em um grupo social específico, as análi-

107 Inventário de Maria Josefa Mendes da Silva. (1806) *Inventários e Testamentos. op. cit.*, p. 38.

108 *O Farol Paulistano* 24/07/1830, p. 1580.

ses dos inventários indicaram que os principais gêneros de subsistência foram mencionados tanto em inventários abastados, como também naqueles mais modestos. Fato este confirmado pela análise dos *Maços de População* empreendida no primeiro capítulo, em que as roças de milho, mandioca, feijão e arroz "para o gasto da casa" ou "sustento da família" se faziam presentes na heterogeneidade dos lares paulistanos, sugerindo a existência de uma base alimentar comum. Tal suposição vai de encontro às descrições legadas pelos viajantes estrangeiros durante suas andanças pela capital paulista e arredores. Apesar de, na maioria das vezes, poucos especificassem o grupo social sobre o qual discorriam, não parece errôneo supor que se tratassem de seus anfitriões, ou seja, das pessoas de melhor condição financeira, com os quais travaram uma convivência durante suas estadias e pousos.

As mesmas pessoas, que convidavam os estrangeiros para ocasiões festivas, compartilhavam com eles a mesa do dia a dia, onde provavelmente a monotonia do cardápio imperava. Luiz D'Alincourt, por exemplo, reserva um trecho para a subsistência paulistana, vislumbrada ao visitar o sítio do tenente João Pinto Guedes, a algumas léguas do centro da cidade. De acordo com ele, os moradores:

> criam gado vacum e mandam diariamente vender à cidade grande porção de leite, sustentam-se de legumes, fazendo maior uso do feijão: comem milho branco cozinhado em água e sal a que chamam canjica, o seu pão é a farinha de milho: para a fazerem lançam o grão de molho até fermentar, pilam-no depois e torram a farinha, a qual deitada em água

> forma uma bebida a que chamam de jacuba que tem por muito saborosa e fresca, fazem uso do leite do toucinho, e de alguma carne salgada ou seca, mas não todos os dias.[109]

Na descrição acima, vemos que Luiz D'Alincourt dedicou, em sua narrativa, atenção especial aos alimentos e bebidas locais. O inglês John Mawe, da mesma maneira, mencionou os víveres que teve ocasião de conhecer em sua estadia em São Paulo:

> Não tivemos dificuldade em nos acomodar ao método geral de vida, em São Paulo. O pão é muito bom e a manteiga tolerável, mas usada raras vezes, exceto no café da manhã e no chá da noite. Prato bastante comum no almoço, é uma variedade de ervilhas, muito gostosa denominada feijão, cozida ou misturada com farinha de mandioca.[110]

O feijão parece ter chamado a atenção de Mawe por seu preparo ser muito similar a outros pratos que ele estaria acostumado em sua terra natal. Sua utilização, ao lado do milho, no sustento diário dos moradores de São Paulo e, em especial, dos mais necessitados, é perceptível nos vários tipos documentais pesquisados. Mais adiante, o mesmo viajante descreve um almoço 'típico' paulistano, revelando que as leguminosas, os tubérculos e as frutas complementavam o repasto:

109 Luiz D'Alincourt. *op. cit.*, p. 45.

110 John Mawe. *op. cit.*, p. 72.

> O almoço servido usualmente ao meio-dia, ou mais cedo, consiste em geral numa quantidade de verduras fervidas com carne de porco gorda, ou bife, uma raiz da espécie da batata e uma galinha recheada, com excelente salada, seguida por grande variedade de deliciosas conservas e doces. Tomam muito pouco vinho às refeições. A bebida usual é a água.[111]

O trecho acima pode ser tomado como indicativo do que se comia na casa dos paulistanos. Muito mais que a presença de uma cozinha elaborada, era a variedade que caracterizava as refeições de um domicílio abastado. No entanto, cabe lembrar que praticamente os mesmos alimentos integravam o cardápio de outros grupos sociais, a julgar pelo testemunho fornecido pelos documentos. Podemos citar, por exemplo, o caso da crônica de Manoel da Fonseca sobre o padre Belchior de Pontes, que teria vivido num contexto de pobreza e privação. Seus hábitos modestos repercutiram em sua alimentação, como fica evidente nesta passagem:

> Era o seu sustento parco e vil, rezando as mais das vezes feijão e canjica, guisado especial de São Paulo e mui próprio de penitentes. A canjica é o sustento dos pobres, pois só a pobreza dos índios e a falta de sal por aquelas partes podiam ser inventores de tão saboroso manjar.[112]

---

111 *Idem*, p. 73.

112 Manoel da Fonseca. *Vida do venerável padre Belchior de Pontes da Companhia de Jesus (1752)*. São Paulo: Melhoramentos, s/d. *op. cit.*, p. 55.

A nosso ver, ao falar da parcimônia alimentar do seu biografado, Manoel da Fonseca forneceu indícios dos hábitos alimentares daqueles que tinham poucos recursos. Tais hábitos, como observado, eram compostos, principalmente, de gêneros nativos como o feijão e o milho. O relato em questão, escrito na segunda metade do setecentismo, se apresentou como um rico depoimento sobre o cotidiano doméstico das gentes de São Paulo e, consequentemente, de sua alimentação, tal qual deixamos claro em nossa pesquisa de mestrado.[113]

Conforme já referido, nem todos os relatos especificam, assim como este, o público ao qual pertencia a dieta relatada, embora possamos supor que dificilmente tratava-se dos africanos ou indígenas, com os quais os viajantes estrangeiros teriam tido pouco contato durante sua estadia na cidade. Tendo em vista o impacto da presença de pessoas escravizadas no entendimento da sociedade observada pelos viajantes – se por ocasião tiveram a oportunidade de conhecer seu cotidiano – não deixaram de escrever sobre sua dieta, como fez Gustavo Beyer:

> A banana é a sobremesa preferida dos brasileiros, tão nutritiva quanto saborosa, constitui ela a comida principal dos negros, junto com a mandioca. O milho empregado como forragem e o arroz são os produtos mais comuns e ricos do país.[114]

113 Rafaela Basso. *op. cit.*, 2014a p. 70.

114 Gustavo Beyer. *op. cit.*, p. 46.

No entanto, se os testemunhos dos viajantes nem sempre deixaram detalhes evidentes sobre o passadio de certas categorias da população, as demais fontes, até então utilizadas, nos permitiram traçar um quadro consistente sobre essa questão.

Entre os menos favorecidos economicamente, focaremos, nas páginas seguintes, na dieta dos africanos escravizados, já que eles foram os principais agentes da alimentação de rua desenvolvida na cidade, seja como produtores, distribuidores ou mesmo consumidores. Cabe destacar, no entanto, que a presença deles não se restringia apenas ao universo da rua. Levando em conta as informações fornecidas pelos anúncios de escravos de época, podemos afirmar que os mesmos indivíduos, que atuavam naquele espaço, também eram responsáveis pela cozinha das classes mais abastadas, tal qual notamos nos seguintes anúncios de venda e aluguel:

> Vende-se um preto ladinho bom cozinheiro do ordinário de uma casa, bem feito, bonito que parece criolo, de idade de 15 a 20 anos, sem moléstias, nem vícios por motivos que a vista se dirá podem dirigir-se a rua da Quitanda na loja das fazendas pegada ao nº 08.[115]
> Quem quiser comprar 1 escravo criolo de idade de 40 anos com as qualidades seguintes: bom cozinheiro, lava e engoma bem a roupa.[116]
> Há para alugar uma negra cozinheira, lavandeira e costura sofrivelmente na casa do relojeiro francês Boulte na rua do Ouvidor.[117]

115 *O Farol Paulistano* 18/03/1829, p. 858.

116 *O Farol Paulistano* 15/10/1830, p. 1690.

117 *O Farol Paulistano* 20/11/1830, p. 1782.

Inclusive, chama atenção, nos anúncios publicados na época, que os negros escravizados também trabalhavam na cozinha dos estabelecimentos voltados à elite, como o seguinte anúncio de 15/01/1831 nos deixa entrever: "Na casa de pasto Independência precisa-se alugar um bom cozinheiro-mor, cativo."[118]

Considerando a reflexão desenvolvida na primeira parte deste capítulo, podemos imaginar que parte considerável dos alimentos importados da Europa pela elite era preparada pelas pessoas escravizadas. Apesar disso, é muito difícil chegarmos a um quadro definido sobre sua dieta propriamente dita, a não ser por algumas menções esparsas encontradas nos relatos de época, como exposto acima.[119]

118 *O Farol Paulistano* 18/01/1831, p. 1874.

119 Ana Carolina Viotti em sua tese de doutorado ao procurar compreender de que maneira se configuravam as relações entre senhores e escravos no que concerne a provisão do sustento desses últimos no período colonial, apresenta um conjunto variado de fontes, nos permitindo o conhecimento de algumas das práticas alimentares dos escravos em várias localidades da América portuguesa. Neste sentido, ela destaca a impossibilidade de estabelecer um único padrão de dieta entre estes, mostrando que os gêneros variaram no tempo e no espaço coloniais, entre a escravaria urbana e rural. Apesar de não tratar do caso específico de São Paulo, seu trabalho não deixa de trazer uma ótima contribuição para as questões que se colocam neste item do capítulo. Com relação às fontes relacionadas à alimentação, pode-se destacar: os relatos, manuais e crônicas, legados por religiosos, letrados, viajantes, isso sem contar, de acordo com a própria autora, a documentação salvaguardada pelo Arquivo Histórico Ultramarino, na qual se incluem os requerimentos, ofícios, petições, avisos, cartas, entre tantos outros documentos de natureza diversa, elencados ao longo do seu estudo. p. 26-

Um das explicações para este laconismo é apresentada pela historiadora Mary Karasch, segundo a qual "a reconstrução exata deste fato é quase impossível porque uma boa parte da dieta dos escravos em um ambiente urbano estava fora do controle do dono, uma vez que havia muitas alternativas de abastecimento."[120] E, como vimos, tais alternativas não foram poucas na São Paulo de outrora. Além disso, temos que levar em consideração, vários elementos que se associavam na constituição da dieta da escravaria, os quais são citados por Ana Carolina Viotti em seu estudo sobre o sustento dos escravos no Brasil colônia: "a sazonalidade das safras de produtos mais comezinhos, a possibilidade de plantio e acesso a ingredientes mais ou menos diversos, o número de escravos a alimentar, o tipo de atividade exercida por esses cativos e mesmo o caráter do senhor (...)"[121] Lembrando que todos eles podiam variar muito de um domicílio para outro ou de um ano para outro, dificultando o estabelecimento de um padrão alimentar entre os negros escravizados paulistanos, o que se torna ainda mais difícil se pensarmos na definição de um cardápio partilhado de norte a sul do país.[122]

A solução que encontramos foi entrecruzar vários tipos de fontes, cujas informações já foram citadas nos capítulos anteriores deste livro e nos permitiram apreender

---

27. Ana Carolina de Carvalho Viotti. *Três palavras sobre o sustento dos escravos: Brasil, colônia de Portugal, 1633-1808*. Tese de Doutorado. Unesp, Franca, 2017.

120 Mary Karasch. *op. cit.*, p. 197.

121 Ana Carolina de Carvalho Viotti. *op. cit.*, p. 179.

122 *Loc. cit.*

o funcionamento de toda rede produtiva e de distribuição do pequeno comércio alimentício, em que os escravizados adquiriam parte considerável dos alimentos de sua dieta. As fontes sobre este circuito de abastecimento, apesar de não informar detalhes sobre o que era consumido e em que quantidade, não deixaram de oferecer elementos importantes para reconstruirmos algumas práticas alimentares dessa comunidade.

Tal caminho nos permitiu perceber que sua alimentação estava restrita ao mínimo necessário, compondo-se da tríade americana: milho, farinha de mandioca e feijão. Ao lado destes alimentos, havia as hortaliças e frutas de fácil acesso nos pomares e hortas e, por fim, as proteínas animais, provenientes especialmente dos porcos e da carne bovina. Isso sem falar dos produtos que eles mesmo pescavam, coletavam ou caçavam nos arrebaldes da cidade. Embora o meio tivesse um papel essencial na definição do regime alimentar desta camada da população, que estava sujeita não só às questões de ordem ambiental, como também à economia local, não podemos esquecer o papel das escolhas alimentares.

Entre tantos produtos disponíveis no universo citadino, havia certamente os que mais agradavam o paladar dos escravizados de ascendência africana, especialmente se levarmos em consideração que parte significativa desta população estava 'ao ganho' e tinha um relativo grau de autonomia para prover a sua sobrevivência cotidiana, não só em relação ao trabalho, mas também em relação às suas necessidades elementares, como a alimentação. Grande parte dos escravizados, como vimos no segundo capítulo, tirava sua sobrevivência do pequeno comércio de alimentos, especialmente as mulheres. A esse respeito, Richard Graham nos lembra que "as vendedoras muito provavelmente comiam o que vendiam e isto era uma das vantagens de ser autônoma, em vez de empregada doméstica, era a possibilidade de determinar a própria dieta e o modo de prepará-la."[123]

Apesar disso, acreditamos que suas escolhas não estavam distantes das pessoas escravizadas que dependiam de seus senhores para prover sua subsistência, inclusive como nos mostra Mary Karasch, "as famílias de renda média ou baixa não alimentavam seus escravos melhor do que a si mesmos."[124] Tanto em um caso como no outro, os modos como os cativos eram alimentados se assemelhavam muito entre si, especialmente no que diz respeito às restrições presentes, tanto na liberdade de criação-experimentação, quanto na escolha dos ingredientes.[125] Tal ressalva deve ser feita para não darmos a impressão, nas páginas seguintes, que, como bem advertiu Sidney Mintz sobre a realidade do Caribe, "os escravos comiam o que eles gostavam, ou mesmo que eles comiam bem."[126] Isto

123 Richard Graham. *op. cit.*, p. 75.

124 Mary Karasch. *op. cit.* p., 201.

125 Sobre este ponto, Carlos Alberto Dória não deixa de questionar as possibilidades que os africanos escravizados teriam tido para a (re)construção de sua culinária no Brasil. Descreve o autor que "um componente necessário para o desenvolvimento de uma culinária é a liberdade: a produção ampla de ingredientes, a escolha, a experimentação, a formação do gosto. (...) Carlos Alberto Dória. *A formação da culinária brasileira*. São Paulo: Publifolha, 2009, p. 46.

126 "We have seen that the slaves were poorly provided, often half starved. Despite the many laws prescribing cultivation or ra-

porque, apesar de ser difundida na lógica senhorial os benefícios de se ter uma escravaria bem alimentada, como nos mostra este último autor, diversas vezes sua dieta era inadequada e insuficiente, razão pela qual muitos cativos frequentemente morriam de fome.[127]

O mesmo autor esclarece, em um ensaio magistral sobre significados da alimentação na consciência dos escravos das sociedades caribenhas, que apesar de todas as violências às quais tais indivíduos estavam sujeitos, eles não deixaram de reconstruir ativamente suas maneiras de viver e, neste esforço, buscaram estabelecer continuidades com suas práticas culturais ancestrais. Através de tais ações, eles puderam experenciar de diferentes maneiras uma liberdade, negando, portanto,– mesmo que provisoriamente – sua 'condição' de escravo.[128] Segundo o autor:

---

tions, slaves commonly died of hunger, and a prime reason for *marronnage* – running away – was hunger. (...) It is essential to remember these facts to avoid giving the impression that the slaves ate whatever they liked, or that they often ate well." Sidney Mintz. *Tasting food, tasting freedom: excursions into eating, culture, and the past*. Boston: Beacon Press, 1996, p. 45.

127 *Loc. cit.*

128 "(...) liberdade poderia significar outras coisas para além da liberdade da crueldade, da agressão sexual, do trabalho exaustivo, impostos pela vontade e sadismo do seu senhor. Poderia significar liberdade para se mover, para casar, para escolher o seu próprio trabalho. Também poderia significar liberdade para escolher seus amigos, sua vestimenta e, sim, até mesmo sua comida." (...) "freedom could mean other things besides freedom from cruelty, sexual aggression, and exhausting labor, imposed by the will and sadism of the master class. It could mean being free to move about, to marry, to choose one's work.

> Diante da importância central da alimentação na vida de qualquer população, não é de se surpreender que aquilo que os escravos tinham para comer, aquilo que eles podiam produzir ou conseguiam apanhar para comer, e como eles criaram sua própria cozinha, tornou-se um dos alicerces de edificação da cultura escrava.[129]

No entender do autor, portanto, o ato de poder escolher o que iriam consumir em termos alimentares podia providenciar "um temporário, ainda que falacioso, senso de escolha, de identidade e, logo, de liberdade."[130] Tal como qualquer outro povo em situação de imigração forçada, os africanos, pautados em critérios de similitude, não deixavam de ter suas preferências em relação à diversidade de alimentos e animais que lhes foram impostos, escolhendo, quando possível, aqueles que reproduzissem com mais familiaridade o cotidiano deixado para trás. Neste processo de constituição de um novo repertório alimentar não há como negligenciar o papel de sua bagagem

---

It also could mean freedom to choose one's friends, one's clothing, and yes – even one's food." *Idem,* p. 34.

129 "Given the central importance of food in the lives of all peoples, it is not surprising that what the slaves got to eat, what they could produce or catch to eat, and how they came to create a cuisine of their own became building-block features of slave culture". *Idem,* p. 36.

130 "And yet this act of choosing to consume apparently can provide a temporary, even if mostly spurious, sense of choise, of self, and thereby of freedom". *Idem,* p. 13.

cultural. Assim, o que estava em jogo não era apenas o alimento em si, mas toda a constituição de sua identidade.

Como nos mostra Rubens Panegassi, em seu estudo acerca das representações europeias criadas sobre a cultura alimentar do Novo Mundo, as preferências são "simultaneamente, um dos mais importantes suportes das identidades culturais, bem como um dos instrumentos mais notáveis para a segregação social."[131] Ainda de acordo com o autor:

> ao passo que as preferências alimentares se encontram atreladas a códigos culturais, a exigência de uma escolha alimentar, frente a um repertório de gêneros bastante distintos daqueles tradicionais e conhecidos, enfim, a eleição ou a recusa deste ou daquele gênero encontra-se profundamente vinculada à produção de códigos que nivelem essas diferenças.[132]

Frente a tais considerações, é necessário ressaltar que os africanos escravizados eram agentes de suas próprias identidades e, quanto ao assunto que mais nos interessa neste trabalho, não deixaram de incorporar – em seus próprios termos e de maneira seletiva – os produtos e conhecimentos disponíveis. Ao trabalharmos nesse sentido, estamos lançando mão do conceito de transculturação, muito recorrente nos estudos de contato cultural

131 Rubens Leonardo Panegassi. *O mundo universal: alimentação e aproximações culturais no Novo Mundo do século XVI.* Dissertação de Mestrado.FFLCH-USP, São Paulo, 2008, p. 28.

132 *Idem,* p. 72

e que, segundo Robert Slenes, consiste na "apropriação seletiva e na reinterpretação da cultura do outro, tal qual empregado por todos os grupos envolvidos em uma dada situação de contato e conflito."[133]

Sob este ponto de vista, torna-se elucidativo que certos alimentos nativos tenham ocupado lugar secundário no repertório dos africanos e seus descendentes, tais como a batata-doce e a abóbora, enquanto outros obtiveram mais espaço, como é o caso do milho e da mandioca. Assim, o papel que ambos os gêneros ocuparam na dieta dos escraizados não pode ser dissociado de fatores de ordem cultural. Em primeiro lugar, temos que destacar o conhecimento prévio que muitos grupos já tinham desses alimentos. Tão logo os europeus iniciaram o "empreendimento colonial" moderno, perceberam as vantagens da

133 "(...) 'transculturation': the selective appropriation and reinterpretation of the culture of the 'other', as engagedin by all groups involved in a given situation of contact and conflict." Robert W.Slenes. "Saint Anthony at the crossroads in Kongo and Brazil.'Creolization' and identity politics in the Black South Atlanttic, ca 1700/1850" *in* Boubacar Barry, Elisée Soumonni, Livio Sansone. (eds) *Africa, Brazil and the construction of trans-Atlantic black identities*. Trenton. NJ, Africa World Press, 2008. p.210 Sobre as discussões teóricas no âmbito do contato cultural e transculturação ver: Gonzalo Aguirre Beltran. *El processo de aculturación: y el cambio sócio-cultural en Mexico*.México:Fondo de Cult. Económica, 1992, o capítulo de Paula Montero. "Índios e missionários no Brasil: para uma teoria da mediação cultural". *in* Paula Montero (org.). *Deus na aldeia: missionários, índios e mediação cultural*. São Paulo: Globo, 2006. Mary Louise Pratt. *Os olhos do Império: relatos de viagem e transculturação*. Bauru: EDUSC, 1999.

domesticação de certos alimentos americanos e iniciaram sua aclimatação do outro lado do Atlântico, tal qual ocorreu com a batata, o tomate, o feijão e – o que nos interessa aqui – o milho e mandioca.

É digno de nota que esses dois últimos alimentos caíram no gosto da cozinha de algumas regiões do continente africano, alterando profundamente suas características e história. Conforme mostramos em um trabalho anterior, vários são os motivos que podem explicar esse processo.[134] Embora não possamos, dentro dos limites impostos a esse trabalho, fornecer detalhes, cabe dizer que a aclimatação desses alimentos pode ser explicada pela similaridade que o milho tinha com o milhete (ou painço) e o sorgo (milho-zaburro) e a mandioca com o inhame, produtos já conhecidos e cultivados milenarmente por tais povos.

Além de serem indispensáveis no cardápio cotidiano, o painço, o sorgo e o inhame organizavam em torno de si várias atividades ligadas à reprodução da vida social. A similaridade do milho e da mandioca com estes alimentos certamente teria facilitado que eles fossem incorporados na dieta africana e servissem como alicerces para aquela cultura culinária pautada no consumo de papas e pirões, remetendo ao gosto e texturas familiares.[135]

---

134 Rafaela Basso. "*Avatí* na mesa no sertão: um pouco da história do milho na colonização da América portuguesa". *in* Myriam Melchior (org) *Gastronomia, cultura e memória: por uma cultura brasileira do milho.* Rio de Janeiro: Folio Digital: Letra e Imagem, 2017,. p. 66.

135 Um exemplo interessante da incorporação, que muitas culturas africanas fizeram desses gêneros americanos, pode ser encontrado no Golfo da Guiné, origem de parte considerável dos afri-

A despeito disso, a aclimatação das plantas americanas deve ser pensada "à luz da violência e dos imperativos do colonialismo do período, que, através da imposição de novos hábitos, atuou na desagregação e na reconfiguração dos costumes dos povos daquele continente".[136] Tendo isso em vista, bem como o papel da bagagem cultural africana, nos remeteremos, nas páginas seguintes, ao milho, ao feijão e à mandioca, que foram os principais itens impostos à die-

---

canos chegados ao continente americano e que tinha a base de sua alimentação pautada no painço, ao lado de outros cereais secundários.Assim que a presença europeia se intensificou por lá, muitos produtos americanos foram aclimatados. O milho, a partir daí, pouco a pouco, teria tomado o lugar do painço, bem como a mandioca do inhame. A importância que o cereal americano, por exemplo, passou a ocupar na culinária local seria tamanha que, de acordo com Dominique Juhé-Beaulaton, hoje em dia, ele está completamente integrado, por exemplo, no sistema de vida e pensamento das populações do Sul do Benin: "Les modes de preparation et de consommation du mais sont três divers, frais bouilli ou grillé, reduit em farine et cuit sous forme de pâtes, bouillies, fermentées ou non, bières. Cette céréale est maintenant complètement intégrée dans les systèmes de pensées, ce que les travaux d'Adande sur les usages du mais dans le sud du Bénin ont parfaitement montré. Cet auteur a recueilli um certain nombre de contes relatifs à l'apparition de cette céréale. Le mais aujourd'hui intervient même dans la composition des offrandes religieuses."Dominique Juhé-Beaulaton. "Alimentattion des hommes, des vodoun et des ancêtres: une histoire de céréales dans le golfe de Guinée. *in* Monique Chastanet, François-Xavier Fauvelle-Aymar, Dominique Juhé-Beaulaton (éds) *Cuisine et soci*été em Afrique: h*istoire, saveurs, savoir-faire*. Éditions Karthala, Paris, 2002.

136 Rafaela Basso. *op. cit.* 2017, p. 66.

ta das pessoas escravizadas de várias localidades do Brasil e não apenas de São Paulo, desde os idos coloniais.

No entanto, para além de encararmos a presença destes alimentos do ponto de vista simbólico e social, não podemos subestimar os fatores econômicos que explicariam sua generalização pelos quatro cantos do Brasil. De uma maneira geral, por envolver técnicas muito simples e prescindir de maiores cuidados, tanto em seus cultivos, como nos seus preparos culinários, esses produtos atendiam as demandas do escravismo brasileiro, fornecendo, sem muita oneração, uma comida calórica, consistente e barata. O milho, por exemplo, alimentava um grande contingente de escravizados sem comprometer mão de obra e espaço em sua lavoura, facilitando, assim, outras atividades produtivas. Mais do que isso, seu aproveitamento foi, conforme já mostramos em um estudo anterior:

> Estratégico nas demandas surgidas do tráfico negreiro. Nas transações mercantis com o continente africano, o milho foi utilizado como moeda de troca para aquisição de escravos, sendo igualmente responsável por garantir a sobrevivência deles na sua longa jornada de degredo pelo Atlântico.[137]

Como já tivemos oportunidade de mencionar, dentre tantos outros motivos que explicam sua rápida difusão na dieta dos africanos, o conhecimento prévio que a grande maioria tinha de tais culturas alimentares foi fundamental. Sidney Mintz comenta que:

---

137 *Idem*, p. 65

> Os alimentos dos escravos vieram de todas as partes do mundo. Alguns, tais como a mandioca, o milho e amendoins eram gêneros aborígenes cultivados no Mundo Novo que (como se pode notar) foram difundidos na África e se tornaram parte de algumas cozinhas africanas, retornando, então, africanizados ao Novo Mundo.[138]

Como apontado anteriormente em nossa pesquisa de mestrado, o milho, desde o século XVII, ocupava um papel estratégico na subsistência ordinária de moradores de São Paulo, que possuíam fácil acesso a este alimento para a sua subsistência e, sobretudo, de seus escravos (indígenas ou africanos).[139] Ao lado de suas prodigalidades produtivas, outra causa, que explica o fato do milho ter se firmado como principal gênero da alimentação dos escravizados, é a simplicidade e rusticidade de elaboração de seus produtos culinários.

Todos esses fatores, da mesma forma, explicam a presença disseminada do milho e de seus produtos no comércio de pequena monta nas ruas.[140] Vendido *in natura* ou

---

138 "The foods of the slaves came from all over the world. Some, such as cassava (*Manihot, esculenta*) maize (*Zea mays*) and peanuts (groundnuts) (*Arachis hypogaea*), were aboriginal New World cultigens, which (as it happened) diffused to Africa and become parts of some african cuisines, thereupon returning, africanized, to the New World." Sidney Mintz. *op. cit.*, p. 38.

139 Rafaela Basso. *op. cit.*, 2014a, p. 198.

140 O que não deixa de apontar para uma persistência, neste âmbito, de uma tradição autóctone. Não podemos esquecer que, como nos lembrou John Monteiro, os indígenas teriam sido os

como ingrediente de certos preparados culinários como a canjica, o cuscuz, o angu, o bolo, entre outros quitutes, ele atendia de prontidão as necessidades alimentares daqueles que circulavam pela trama urbana paulistana. Deste conjunto, parece certo que o angu foi um dos pratos mais associado as pessoas escravizadas.[141]

Confeccionado com a farinha de milho moída – hoje mais conhecida como fubá,– o angu, segundo alguns estudiosos, tinha uma preparação muito similar a de outros pratos difundidos por várias regiões da África que, da mesma forma, não requeriam nada além de farinha e água para o seu preparo.[142] Por essa simplicidade e por ser um prato substancial de amido e, portanto, fonte de energia

---

primeiros agentes das cozinhas móveis em São Paulo. A convivência forçada que os africanos tiveram com eles no cativeiro permitiu, certamente, um compartilhamento de experiências e saberes sobre os mais variados assuntos, em que, é claro, a alimentação ocupava um lugar de destaque.

141 Situação esta que não se diferenciava do que acontecia nas demais regiões da América Portuguesa, onde as preparações feitas a partir da farinha de milho, pilada ou moída, tinham um lugar de destaque na vida cotidiana da população pobre. No caso de São Paulo, esse produto já havia sido muito útil em um momento específico de sua história – após os descobrimentos auríferos –, quando a expansão de sua sociedade para as zonas interioranas trouxe a necessidade de se engendrar uma forma de subsistência abundante, rápida e barata, que só a farinação do milho podia proporcionar. Rafaela Basso. *op. cit.*, 2014a, p. 127.

142 Marie-José Tubiana. "Les preparations culinaires des céréales au nord du Tchad: polenta, bouillies, crepes, 'douceurs' et bières. *in* Monique Chastanet, François-Xavier Fauvelle-Aymar, Dominique Juhé-Beaulaton. *op. cit.*, p. 233.

para as longas e árduas rotinas de trabalho, o angu foi destinado ao regime alimentar das pessoas escravizadas. Embora este acepipe fosse muito rústico e prescindisse do sal em sua preparação, tal como a afamada canjica paulista, às vezes, ele podia ser incrementado com a mistura de algum tempero ou ingrediente disponível.[143]

Outro produto confeccionado com a farinha de milho e que, inclusive, teria se tornado muito emblemático na cozinha de São Paulo, foi o cuscuz. Tal preparação culinária – feita de farinha de milho, peixe ou crustáceos, legumes e palmito – constituía uma refeição muito comum entre os paulistanos e, embora remeta aos primórdios da formação da cozinha bandeirante paulista, segundo Câmara Cascudo, sua origem remonta à dieta dos africanos que habitavam o território da África Setentrional, da extensão do Egito ao Marrocos, e com os quais os portugueses tinham muita proximidade, mesmo antes de colonizar o continente americano.[144]

Tão logo desembarcaram no Novo Mundo, os africanos e lusitanos trouxeram tal receita em sua bagagem culinária. Apesar de ter sofrido adaptações regionais, essa acabou se ajustando às cozinhas mais modestas do Brasil pela "humildade do fabrico."[145] No caso de São Paulo, já

143 Rafaela Basso. *op. cit.*, 2014a, p. 151.

144 Do outro lado do Atlântico, o cuscuz era feito à base de farinha de trigo, sorgo, sêmola de arroz, milhete e, inclusive, do próprio milho americano, após o XVI. Luís da Câmara Cascudo. *História da alimentação no Brasil.* 3ªed. São Paulo: Global, 2004, p. 187-190.

145 *Idem*, p. 190.

encontramos indícios da presença desse prato nas áreas de sua alimentação no final do século XVIII.[146] Apesar disso, ele certamente ganhou mais notoriedade na dieta dos moradores da cidade quando o número de africanos escravizados aumentou de maneira significativa no ambiente urbano.

A presença do feijão, tal como a do milho, pode ser explicada pela simplicidade e rusticidade produtiva e culinária. Primeiramente, ele dispensava maiores cuidados no plantio, apresentava pouco tempo de cultivo e possuía grande durabilidade, ou seja, uma cultura alimentar fácil e pouco dispendiosa, indispensável para os agentes do pequeno comércio. Já em termos culinários, de maneira semelhante com o que ocorria com o milho, os africanos conheciam e cultivavam diferentes espécies de feijões desde a época pré-colonial, sem contar as lentilhas que constituíam uma importante fonte de proteína vegetal.[147] Tal como acontecia em São Paulo, tais leguminosas eram preparadas através do cozimento em água, servindo também para confeccionar sopas e papas.

146 "Notícia da 6ª prática e relação verdadeira da derrota e viagem que fez da cidade de São Paulo para as Minas do Cuiabá o Exmo sr. Rodrigo César de Meneses governador e capitão general da capitania de São Paulo e suas minas descobertas no tempo do seu governo, e nele mesmo estabelecidas" *in Relatos monçoeiros*. Introdução, coletânea e notas de Afonso E. Taunay. Belo Horizonte: Editora Itatiaia; São Paulo: Editora da Universidade de São Paulo, 1981, p. 117.

147 Bernard Rosenberger. "La consommation des céréales dans le Maghreb pré-colonial". *in* Monique Chastanet, François-Xavier Fauvelle-Aymar, Dominique Juhé-Beaulaton. *op. cit.*, p. 160.

Por fim, temos que falar da mandioca, a qual, apesar de ter um ciclo vegetativo longo e um processamento alimentar mais complexo se comparada às outras lavouras autóctones, sempre ocupou uma posição de destaque na dieta dos paulistanos, especialmente, porque a farinha de mandioca é produzida a partir dela. Produto este de alta durabilidade e fundamental na dieta da maioria da população desde os primórdios da colônia, principalmente por sua versatilidade culinária e pela sua utilização enquanto substituto da farinha de trigo na confecção de pães, mingaus, caldos, sopas, papas, entre tantas outras receitas que atravessaram o Oceano na bagagem dos europeus e, cumpre assinalar, dos africanos também.

Herdeiros de uma tradição culinária baseada no consumo de papas e líquidos, podemos imaginar o quanto os africanos lançaram mão desta farinha – produzida nos arredores da cidade e de grande circulação no mercado local – em seus preparos culinários. Dela, por exemplo, se confeccionava o pirão, muito comum em outros pratos africanos, como demonstraram os estudos presentes na coletânea *Cuisine et société en Afrique*, que compreende um amplo panorama sobre a alimentação do continente africano desde tempos pré-coloniais até os dias de hoje.[148]

Apesar de tanto a farinha de mandioca quanto a de milho serem os principais gêneros impostos aos escravizados, outras espécies alimentares podiam ser adquiridas, como já se disse, por conta própria, através do plantio, da

148 Edmond Bernus. "Céreale de base, céréales d'appoint chez les Touaregs sahéliens."*in* Monique Chastanet, François-Xavier Fauvelle-Aymar, Dominique Juhé-Beaulaton. *op. cit.*, p. 206.

caça, da pesca, da coleta, da compra e do roubo, atividades estas que melhoravam consideravelmente a dieta deles, como Mary Karasch argumentou.[149] Produtos como o feijão, o arroz, a abóbora e o amendoim teriam sido integrados em seu sistema alimentar, constituído, de maneira geral, de comidas preparadas à base de alimentos líquidos a pouco mencionados, além de raízes e bulbos assados e cozidos. Deve-se levar em conta também, o peso das bebidas fermentadas que podiam ser preparadas com palmeira de dendê, milho ou outros frutos.[150] Em relação à proteína

149 Mary Karasch. *op. cit.*, p. 198.

150 Para nos aproximarmos de um quadro geral da base da alimentação africana, a ideia foi focar essencialmente na pesquisa de autores que abordaram o tema na África centro-ocidental, origem dos principais grupos que desembarcaram no Brasil desde o início da colonização, embora isso nem sempre foi possível. Além da já mencionada coletânea, *Cuisine et société en Afrique: Histoire, saveurs, savoir-faire*, utilizamos o trabalho de Jack Goody, *Cocina, cuisine y clases: estúdio de sociologia comparada*, bem como do próprio livro *História da alimentação no Brasil* de Luís da Câmara Cascudo que dedicou uma parte em especial para analisar *a dieta africana*. Apesar de muitos produtos serem comuns em várias partes, como os tubérculos, os cereais e as leguminosas, pode-se observar, nessas obras, que as preparações culinárias se diferenciavam de acordo com as culturas regionais estudadas. Tendo isso em vista, buscamos nesse trabalho apenas estabelecer possíveis padrões, a fim de penarmos as práticas alimentares que, nas palavras de Flávia Portela, "foram trazidas de forma imaterial, transmutadas em resistência cultural na memória dos escravos (...)." Entretanto, sabemos que ao fazer isso, estamos reduzindo, e muito, a bagagem culinária trazida dos que vieram da África. *Gula d'África: o sabor africano na mesa brasileira*. Brasília: Senac, 2007, p. 11.

animal, do outro lado do Atlântico, os africanos já faziam uso dos peixes, do porco, da carne de vaca e de caça, que poderiam ser consumidos frescos, secos ou salgados.

Se pensarmos na geografia da cidade de São Paulo – à época margeada por matas e vários rios – e na mobilidade que as pessoas escravizadas tinham naquele espaço, não fica difícil imaginar as muitas opções de obtenção de viveres de origem animal: aves, lagartos, mariscos, camarões, etc. Entre as fontes de suprimento protéico, a carne de porco certamente também se destacava na alimentação dos escravizados, se comparada à carne bovina, cujo preço podia alcançar valores altos no mercado, como expusemos no terceiro capítulo. Em contrapartida, os suínos eram facilmente encontrados nos quintais de qualquer domicílio, até mesmos nas ruas da cidade, onde eram criados praticamente sozinhos, se alimentando com restos de comida e, especialmente, da quirera de milho.[151] Ao que tudo indica, isso seria um dos principais fatores para a carne fornecida pelos suínos ter se tornado item obrigatório nas mesas dos paulistas, principalmente dos menos favorecidos.

Em relação às bebidas, para acompanhar as refeições, podemos supor que as pessoas escravizadas, tal como a maioria da população, não consumiam nada além da água, para não mencionar a cachaça, habitual é claro, por fazer a vez de alimento no sustento dos cativos. Já no continente africano, o consumo de bebidas alcoólicas, em especial, as fermentadas, além da função fortemente social, era uma forma de obtenção de calorias baratas para complementar o regime alimentar. Prática que também podia ser encon-

---

151 Rafaela Basso. *op. cit.*, 2014a, p. 147.

trada nas mais diversas localidades do Brasil escravista. A centralidade desta bebida era tamanha que levou Mafalda Zemella a afirmar, a respeito do contexto das Minas, que poderiam faltar várias coisas dentro da rotina dos escravos, mas "jamais, poderiam passar sem uma dose diária de aguardente e sem um naco de fumo."[152]

Assim, acreditamos que muitas pessoas escravizadas utilizavam parte do dinheiro proveniente das atividades de ganho para suplementar sua dieta, melhorando a qualidade ou a quantidade dos alimentos ingeridos. Eles podiam comprar cachaça – a grande protagonista de suas práticas de sociabilidade –, além de quitutes já prontos, vendidos pelas quitandeiras para "enganar a forme", antes de conseguirem fazer uma refeição propriamente dita.

Parece ter ficado clara a preferência da população escravizada por certos tipos de pratos que prescindiam de técnicas muito sofisticadas ou uma grande variedade de utensílios para o seu preparo e/ou consumo. Quando existiam, tais utensílios eram feitos de materiais rústicos como cobre, cerâmica ou mesmo cestaria.[153] O resultado

152 Mafalda Zemella. *op. cit.*, p. 206.

153 Mary Karasch, em seu estudo sobre a escravidão urbana no Rio de Janeiro, não deixa de chamar atenção para os equipamentos utilizados pelas africanas, como também pela população pobre, para preparar e servir a comida tanto no espaço da rua, como da casa. Nota-se, tal qual o caso de São Paulc, que tais materiais eram muitos simples e rústicos: "Assim, panelas de cobre, leiteiras de estanho e barris de madeira, feito por artífices escravos, competiam com o barro simples produzido por artistas cariocas e usados pelos pobres e escravos. (...) Por fim, muitos escravos eram tão pobres que não usavam nem mesmo

teria sido uma culinária simples, em que se destacariam os cozidos e assados, preparados através do moquém ou das fogueiras simples, como tivemos a ocasião de ver pelas pedras de assar ou braseiros deixados pelas vendedoras nas calçadas ou em seus pontos de comércio que suscitaram a elaboração de várias posturas pelas autoridades urbanas.[154] Lembrando que tais técnicas de preparo das raízes e legumes – assados na brasa ou cozidos na água – também eram compartilhadas por muitas culturas africanas, podendo-se dizer o mesmo das proteínas animais, grelhadas na brasa, secadas ou salgadas.[155]

Tais aproximações culinárias certamente não evitaram que o repertório culinário aqui encontrado fosse reelaborado pelos africanos escravizados e seus descendentes e isso não só em São Paulo, embora não conseguiremos detalhar este processo devido ao recorte que selecionamos. Nosso intento foi apenas, ao cotejar tais contribuições, entender como a alimentação de rua paulistana foi se formando através de um complexo fenômeno de trocas, permanências e, sobretudo, de transformações culturais postas em práticas pelos responsáveis por sua produção

utensílios de cerâmica como pratos. Alguns entalhavam tigelas de madeira e cortavam cuias e cabaças para colocar comida, enquanto outros usavam conchas grandes como pratos. Faziam colheres de pau de vários tamanhos para pôr a comida nas vasilhas. Muitos outros ignoravam pratos e colheres e enfiavam seus dedos em um recipiente comum." *op. cit.*, p. 309-310.

154 *Papéis Avulsos*. vol. 25, p. 188.

155 Narys Et. Alaqui."Bouilies, pains, galettes et fours dans le sud du Maroc." *in* Monique Chastanet, François-Xavier Fauvelle-Aymar, Dominique Juhé-Beaulaton. *op. cit.*, p. 141.

e/ou distribuição em São Paulo nos fins do século XVIII e início do XIX.

O conhecimento que os africanos já tinham de algumas espécies alimentares certamente teria facilitado sua adaptação às condições do cativeiro. Isso é um fato muito relevante se pensarmos que, em nossa pesquisa documental, não tivemos menção à praticamente nenhum produto de origem africana, como o dendê, o inhame, o quiabo e o leite de coco. Situação diferente do que teria ocorrido no Rio de Janeiro ou na Bahia, onde o enraizamento mais antigo da escravidão pode explicar a presença de alguns destes produtos, como se observa na obra de Manuel Querino e Richard Graham para Salvador ou na de Mary Karasch que, apesar de não ser especificamente sobre alimentação, possui informações significativas a respeito da dieta dos escravos urbanos do Rio de Janeiro.[156]

Se os africanos e seus descendentes não podiam contar com produtos nativos de sua terra de origem, certamente lançaram mão dos que aqui estavam disponíveis, bem como de seus conhecimentos ancestrais ou daqueles depois apreendidos, para melhorar sua dieta e, porque não, sua própria condição de trabalho, já que, no ambiente que estamos estudando, quase todas as pessoas escravizadas desenvolviam alguma atividade relacionada à alimentação.

Levando isso conta, sua bagagem cultural certamente teria tido um grande papel no modo como eles se apropriaram de outras tradições culinárias ou mesmo

156 Mary Karasch. *op. cit.*, p. 285; p.314/ Richard Graham. *op. cit.*, p. 22. Manuel Querino. *A arte culinária na Bahia*. 3ª ed. São Paulo: Editora WMF Martins Fontes, 2011, p. 32.

influenciaram pequenas mudanças na cozinha, seja dos seus senhores ou dos novos estabelecimentos surgidos na cidade. Tais influências podem ter ocorrido nas maneiras como eles preparavam ou temperavam os pratos com as matérias primas que lhes estavam disponíveis. Cabe notar que isso são apenas hipóteses, as quais devem ser comprovadas ou refutadas por estudos posteriores.

Dessa forma, quando examinamos a cidade de São Paulo, tal como se apresentava no final do século XVIII e início do século seguinte, é notável a imensa variedade de pessoas obrigadas a conviver com outros grupos sociais. A mesma proximidade, que contribuía para a intensificação das trocas culturais, teria sido responsável pela busca de hábitos alimentares diferenciados, as quais poderiam ser usados como marcadores identitários. Lembremos que o reconhecimento social naquela sociedade era possibilitado pela posse de bens simbólicos, dentre as quais a alimentação e os utensílios envolvidos na sua produção, preparo e consumo, certamente ocupavam um lugar de destaque.

Contudo, nem sempre os paulistanos, mesmo os de melhor condição financeira, tinham como variar o seu repertório alimentar cotidiano. A saída encontrada, portanto, era reinventar ou reelaborar todo o complexo que envolvia suas práticas alimentares através da introdução de novos produtos ou mesmo de mudanças no cardápio, ao menos em ocasiões especiais, como nas festas ou finais de semana. Por fim, podemos propor que os habitantes de São Paulo mais abastados buscavam evitar ao máximo lugares como a rua, território, por excelência, dos considerados desclassificados sociais. Todos os dados apresentados no decorrer deste trabalho nos levam à conclusão de que o consumo de alimentos assumia um importante papel na configuração das hierarquias e identidades sociais na sociedade aqui estudada. Ou seja, alimentar-se na rua era encarada como uma opção precária voltada às camadas populares que por ali transitavam ou trabalhavam.

Considerações finais

A presente pesquisa se propôs a estudar a alimentação de rua paulistana entre fins do século XVIII e início do seguinte. Neste sentido, a ideia foi explorar esse fenômeno sob um duplo aspecto: como chave de entendimento para a sociedade de São Paulo e objeto de pesquisa em si. No que diz respeito ao primeiro, a ideia foi pensá-la como categoria explicativa capaz não só de dar conta do processo de transformação da cidade em seus vários âmbitos, sejam estes econômicos, sociais ou demográficos, como também de inserir nosso trabalho em um debate mais amplo da historiografia que, já há algum tempo, vem demonstrando a existência de uma dinâmica socioeconômica para a *urbe* paulistana desde o período colonial.

Já no que diz respeito ao segundo aspecto – enquanto objeto de estudo –, procurou-se mostrar como a alimentação de rua assumiu diferentes significados na cidade de São Paulo, sendo que alguns deles foram se transformando ao longo da época que aqui privilegiamos. Nesse sentido, acabamos, ao longo da pesquisa, alargando nossa própria concepção de alimentação, na medida em que percorríamos a cidade de São Paulo nas variadas fontes documentais. De fonte de subsistência econômica até novos meios para sociabilidade ou mesmo mecanismo de estabelecimento de identidades, a alimentação de rua adquiriu um papel fundamental para penetrarmos no plano do cotidiano daquela cidade, pois é nele que as transformações das diferentes esferas da vida urbana se concretizam, fato passível de ser estendido para a própria alimentação.[1] Tendo em vista essa multiplicidade de significações, nem sempre evidenciada na documentação, nos engajamos, ao longo das páginas precedentes, em perseguir este objeto efêmero, que aparece aqui e acolà, seja no âmbito dos registros históricos, seja no âmbito da definição epistemológica ou da realidade passada.Tal fato justificou os saltos temporais e também a justaposição das diferentes manifestações da alimentação ao longo do trabalho.

Assim, tendo em vista entender o que é alimentação de rua e como ela está inserida no fazer cotidiano de São Paulo, procurou-se abordar, desde o âmbito da produção, passando pelo abastecimento, até chegar à esfera do consumo, levando-se em conta suas formas de interação socioculturais e espaciais. Para contemplar o estágio inicial deste processo, nos dedicamos, no primeiro capítulo, à análise dos aspectos ligados à produção dos alimentos corriqueiros e indispensáveis na dieta urbana dos paulistanos. Assim sendo, foi possível visualizar a importância dos arredores no provimento dos víveres que seriam disponibilizados à população seja através do comércio ambulante, seja por meio daquele que tinha local fixo para sua realização. Além disso, a produção desenvolvida nos arredores teve papel fundamental no processo de mercan-

1 Henri Lefebvre. *A vida cotidiana no mundo moderno.* São Paulo: Editora Ática, 1991.

tilização da agricultura e da pecuária da região, cada vez mais integradas a uma economia de mercado e não apenas voltadas para a esfera do abastecimento local.

Vimos que, a partir da segunda metade do Setecentos, os projetos postos em prática pelos governadores da capitania, pautados no estímulo à produção agrícola de exportação e na dinamização do comércio, contribuíram para transformar a cidade de São Paulo em um ponto de passagem obrigatório dos cargueiros da indústria do açúcar e seus derivados, bem como de alimentos que se dirigiam às diferentes regiões do continente americano e, inclusive, ao próprio mercado atlântico. Esse novo cenário, que se configuraria na região, nos deixa diante de uma cidade cada vez mais integrada ao circuito comercial inter-capitanias nas décadas finais do período colonial e uma das principais causas deve ser imputada às atividades de produção, distribuição e consumo alimentar, entendidas aqui também como responsáveis por este quadro, pois em torno delas girava parte considerável da vida econômica e social paulistana.

A dinamização econômica de São Paulo, por sua vez, conduziu a um considerável aumento de sua população que, consequentemente, trouxe em seu bojo, a necessidade do desenvolvimento e alargamento de uma vasta rede de abastecimento com a incumbência de suprir as necessidades mais básicas de seus habitantes. Ou seja, o que estamos querendo mostrar é que a alimentação, enquanto categoria histórica, não surge ou é consequência das transformações socioeconômicas ocorridas em São Paulo. Pelo contrário, ela desponta concomitantemente aos processos de dinamização que se configurariam na região ou, quando não, contribui para o desenrolar dos mesmos, formatando e sendo formatada, nas palavras de Sidney Watts, pelas "forças de mercado, políticas públicas, hierarquias sociais e identidades culturais,"[2] ao mesmo tempo em que ressignifica o espaço e as redes de relações sociais na cidade.

Neste sentido, no primeiro momento da pesquisa, nos voltamos para as ruas paulistanas, onde se articulavam relações abrangendo todos os agentes envolvidos com o fornecimento urbano alimentar. Aspectos culturais e econômicos dos referidos grupos foram trazidos à tona, na medida em que nos ajudaram a elucidar os significados alcançados pela alimentação de rua em São Paulo e suas transformações ao longo do tempo. Portanto, no decorrer do capítulo 2, nos aproximamos do comércio de caráter ambulante, mostrando quais as influências presentes na organização deste setor e quem eram os agentes nele envolvidos. Em relação a este último ponto, privilegiamos as quitandeiras, pela sua importância no abastecimento tanto de alimentos prontos quanto de gêneros *in natura*.

Ainda em relação aos agentes envolvidos com o pequeno comércio alimentício – abordados nos capítulos 3 e 4 –, nos quais também estão inclusos os vendeiros, taverneiros e donos de botequins, a alimentação de rua era uma atividade que possibilitava a sobrevivência e a inserção de tais indivíduos dentro de uma economia mercantil. Os espaços sob vigilância direta das autoridades urbanas,

2 Sidney Watts. "Food and the Annales School". *in* Jeffrey Pilcher. (ed.) *The Oxford handbooks of food history*. New York: Oxford University Press, 2012, p. 18.

como o açougue público e as Casinhas, por sua vez, não deixavam de garantir ocupação e meios de sobrevivência para um extenso grupo de trabalhadores. Este grupo incluía desde aqueles responsáveis pelas atividades produtivas, tais como agricultores e criadores de animais, bem como os incumbidos pelo seu comércio – marchantes, vendeiros e ambulantes – até os funcionários da Câmara, os quais deviam fazer com que as produções/criações dos arredores chegassem na cidade, garantindo à sua população uma provisão alimentar segura e a preços justos.

No entanto, com o desenrolar do século XIX, a alimentação de rua foi adquirindo outros sentidos, relacionados aos novos espaços fixos que surgiram pouco a pouco dentro do núcleo urbano de São Paulo. Embora o tema do pequeno comércio de alimentos tenha bastante presença na historiografia, especialmente naquela do período colonial, grande parte dos estudos focam na hierarquização do tipo de atividade ou na atuação dos seus agentes envolvidos com elas, dando pouca atenção ao consumo realizado nesses espaços, sobretudo em termos de alimentos sólidos. Razão pela qual nossa proposta, a partir do 4º capítulo, buscou apreender as práticas alimentares que começaram a ser alicerçadas nesses espaços.

Por meio de um trabalho de entrecruzamento de vários tipos de fontes, buscamos recompor, na medida do possível, as mercadorias disponibilizadas, o seu público consumidor, a localização, assim como os proprietários destes estabelecimentos. Isto nos permitiu perceber a difusão de novas práticas de consumo, tanto dentro como fora dos lares paulistanos. Dos muitos exemplos apreendidos, o caso das novas bebidas – o café, o chá e o chocolate –

foi bastante emblemático. É de se notar ainda que, mesmo em relação às vendas e tabernas estabelecidas pelos quatro cantos da cidade, já na segunda metade do século XVIII, observou-se que elas não eram meras fornecedoras comerciais de alimentos e bebidas, pois se apresentavam, em fins do referido século, como locais de sociabilidade e encontros de pessoas com diferentes origens sociais.

A diferença para os novos espaços, que começaram a surgir na cidade a partir da década de 1820, é que esses tinham outro tipo de público consumidor. Enquanto as vendas e tavernas eram locais, por excelência, onde as classes menos favorecidas iam para se divertir ou comprar bebidas e comestíveis desde os idos do período colonial, as casas de pasto e outros espaços comerciais disponibilizariam aos segmentos com maior poder aquisitivo, que até então pouco frequentavam os espaços públicos, novos produtos e hábitos relativos ao comer e beber. Desta forma, como vimos, entre as principais razões para a difusão desses estabelecimentos no cenário estudado estão, além do crescimento e da diversificação econômica e demográfica da cidade, a afluência de estrangeiros de diferentes procedências europeias, os quais trouxeram, em sua bagagem, novidades no que diz respeito à alimentação. Eram eles, conforme notamos, os seus principais proprietários e que passaram a disponibilizar, no mercado local, novos produtos e preparações culinárias.

Porém, não perdendo de vista nosso interesse em apreender as transformações pelas quais a alimentação de rua passou, tivemos que levar em conta as dimensões espaciais e dos sujeitos envolvidos com esse fenômeno. Isso porque observamos que as metamorfoses são mais visíveis, durante grande parte do Oitocentos, no interior dos domicílios, em função dos tipos de fontes consultadas, começando timidamente a despontar, em nosso horizonte de pesquisa, no espaço público a partir da década de 1820. Outro ponto que precisamos ressaltar é o fato de que muitas das inovações vislumbradas nesse período estiveram restritas apenas aos segmentos mais favorecidos economicamente, passando ao largo da grande maioria da população de São Paulo, a qual fazia parte de suas refeições no ambiente da rua, pois não tinha tempo e condições para realizá-las em seus domicílios. Cabe lembrar que tais refeições eram baratas, rápidas e feitas com produtos de fácil acesso, obtidos geralmente de pequenas roças e produções domésticas ou mesmo através de atividades de coleta e pesca nas regiões circunvizinhas à área central da cidade.

E aqui, estamos diante de mais um dos sentidos que a alimentação de rua adquiriu no universo estudado, ligado ao seu atributo mais imanente: a de comida cotidiana. Entretanto, quando dizemos isso, estamos nos referindo à dieta de um grupo específico composto por uma população pobre – livre ou escravizada – que trabalhava nos mais diversos afazeres urbanos para angariar sua sobrevivência. Com o intuito de elucidar precisamente esse significado, optamos, na última parte deste trabalho, por circunscrever nossa análise à dieta daqueles que compunham o grosso da mão de obra responsável por prover a mesa dos paulistanos, tanto fora quanto dentro do universo doméstico: os africanos escravizados e seus descendentes.

Neste sentido, a alimentação de rua dava o duplo sustento de grande parte dessa população, tanto econômico quanto alimentar. Conforme se procurou mostrar, a maioria dos produtos comercializados nas ruas eram velhos conhecidos da cultura alimentar que muitos africanos escravizados foram obrigados a deixar para trás antes da travessia atlântica. Tal fato certamente teria contribuído para uma melhor adaptação à experiência da diáspora, além de ter-lhes permitido acessar suas memórias gustativas e reconstruir, na medida do possível, parte de sua identidade – esfacelada pela violência do degredo e do cativeiro – baseada em suas necessidades e preferências alimentares, conforme destacou, de maneira excepcional, Sidney Mintz em estudo já citado.

Isso não significa que as pessoas mais abastadas não comiam os mesmos alimentos que os africanos escravizados. Muito pelo contrário, os resultados alcançados por nossa pesquisa documental mostraram que os diferentes segmentos da população paulistana compartilhavam uma base alimentar comum, constituída de milho, arroz, feijão, farinhas (de mandioca e de milho), frutas e verduras de ocasião, carnes bovina, suína e aguardente. Basta observar as lavouras e/ou estoques descritos nos *Maços de População* ou arrolados nos inventários *pós-mortem* para perceber a profunda semelhança. Diante disso, quando podiam, os segmentos mais abastados não abriam mão de usar outros elementos associados à alimentação como estratégia de diferenciação social, não só frente aos povos culturalmente distintos, como africanos e indígenas (livres ou escravizados), mas também frente aos segmentos de menor poder aquisitivo.

Portanto, a alimentação podia, sempre que fosse conveniente, ser utilizada para expressar os limites e as hierarquias em relação a todas essas categorias sociais. Devemos lembrar que, como nos mostrou Jean Louis-Flandrin, o gosto alimentar enquanto categoria histórica – "tributária da cultura, meio social, espaço e tempo"[3] – assumia um importante papel na configuração das hierarquias e identidades sociais desde o período moderno. Nesse âmbito, o consumo de determinados alimentos, as maneiras à mesa, a posse de certos utensílios ou os espaços onde as refeições ocorriam podiam ser práticas que expressavam, de acordo com Leila Mezan Algranti, muitas vezes, as particularidades culturais e as identidades de quem as praticava.[4] Tal estratégia, sem sombra de dúvida, teria tido ressonância nas diversas partes do Império português desde os primeiros séculos, conforme tivemos ocasião de mostrar em nosso trabalho anterior de mestrado, "sobretudo entre a elite colonial, descendente de europeus. Mesmo separada pela imensidão do Atlântico, a sociedade que se desenvolvia na América mantinha muitas práticas e valores próprios da cultura do Antigo Regime."[5]

Assim, em uma sociedade excludente e hierarquizada como era a São Paulo do final do período colonial e início do Império, se nos lembrarmos dos valores que a rua agregava, não é de se estranhar que se alimentar neste espaço pode ter sido encarado como um marcador identitário e de hierarquias sociais, ajudando ou não os indivíduos a se sentirem inseridos em um determinado contexto. E supomos que esta seria uma das principais ra-

3 *Idem*, p. 14.

4 Leila Mezan Algranti. *op. cit.*, 2011 p. 270.

5 Rafaela Basso. *op. cit.*, 2014, p. 87.

zões de a comida preparada e vendida ao ar livre sempre ter ocupado um lugar marginal na predileção das pessoas de melhor condição financeira, já que era encarada como uma opção precária, associada à cultura dos segmentos sociais mais baixos daquela sociedade. O que nos leva à conclusão de que existia uma diferença nos significados da alimentação paulistana, dentro e fora dos domicílios. A este respeito, nos parece interessante lembrar que, desde seu surgimento no espaço urbano, a alimentação de rua foi lançada para um lugar marginal, permanecendo lá por um longo período – associada a uma série de estereótipos como a pobreza, precariedade e a insegurança alimentar –, fato este que explica o próprio desinteresse da academia pelo tema durante tanto tempo, conforme vimos no início deste trabalho.[6]

A análise e o confronto das fontes utilizadas aqui estão longe de permitir conclusões definitivas sobre a alimentação de rua paulistana, mas indicaram certos caminhos que nos permitiram reconstruir algumas práticas sociais presentes em São Paulo de fins do século XVIII e início do XIX, que vão muito além da comida propriamente dita.

6 Marina Calloni, *op. cit.*

Anexo: Tabela de Entrada dos Mantimentos no Mercado das Casinhas no mês de Agosto de 1827.

Dia	Nº*	Nomes e Observações	Capado 40	Feijão 10	Milho 10	Farinha 10	Arroz 10	Ave 20	Cavalo 20	Fumo 20	Total**
01	09	Ignácio Soares de Lara	10	1	1	2					$500
01	04	Frutuozo Pereira de Araújo	50			6					2$060
01	03	Pedro Roiz de Oliveira	25		14	16					1$300
01	07	Lourenço Peres de Camargo	59	26					2		2$660
01	08	Ignácio Furquim Bueno	30		4						1$240
02	02	Antônio Luis Leite Penteado	18 1/2	13	14	2					1$030
03	09	Mariano Pereira de Araújo	24								$960
03	11	Joaquim Alz de Oliveira	33			6					1$380
04	10	Manoel Roiz de Oliveira	11	1							$450

04	08	João Francisco Ramalho	11								$440
05	10	Antônio Machado	27	2							1$100
06	03	Custódio de Azevedo Nevez	4		2	2			1		1$220
07	03	Pedro Domingues	9		2						$380
08	08	Joaquim José	11			2					$460
09	09	Manoel Antunes Bomolhos	10		10	4					$540
10	09	Vicente de Moraes	27			18					1$260
11	05	Antônio Joaquim Gomes	39		2	2					1$600
11	05	José de Faria Felis	2		2				2		$140
12	11	Antônio Cardoso de Moraiz	60								2$400
12	11	Lourenço Justiano de Alvarenga	13								$520
13	05	Francisco Xavier Roiz	3	8							$200
13	05	Vicente de Morais	20								$800

13	01	Ignácio do Prado Bueno	17 1/2								$700
14	05	Joaquim da Silva	8								$320
15	09	José Pedro de Camargo	5 1/2		2						$270
16	03	Francisco Pires de Souza	22								1$880
17	05	Salvador Godoi	36	12	4						$340
18	06	Leonel de Morais Cardoso	15								$600
19	05	João Gomes dos Santos	13	2	4	4					$620
20	11	Leandro de Godoi	32								1$280
21	07	Joaquim José de Morais	24								$960
22	03	José de Oliveira e Souza	23	3		2					$970
23	06	Antônio Luiz Leite Penteado	10								$400

24	06	Pedro Antônio	4		10	4					$300
25	06	Joaquim da Cunha	2			8					$160
26	02	Pedro Roiz Penteado	12								$480
27	11	Salvador Roiz	16								$640
28	08	Antônio do Couto	13								$520
28	08	João da Silva	13								$520
28	02	João de Godoi	16								$640
28	02	Pedro, escravo de Breno Pereira de Araújo	42	3							1$710
29	11	Manoel Joaquim de Queiroz	16								$640
29	06	Antônio Luiz Leite Penteado		4	12						$160
30	04	Salvador Pinto	$5^{1/2}$								$220
31	11	José Antônio	16								$640
31	08	Lucas Antônio de Oliveira	21			2					$860
31	09	José Pedro de Camargo	13								$520
		SOMA TOTAL	859	72	83	92			5	3	36$990

* Correspondia ao número do quartinho alugado no dia. Já os nomes eram dos sitiantes/agricultores que levavam ao mercado na referida data seus produtos para a venda.

** O total do dinheiro corresponde ao imposto cobrado por cada animal/alqueire ou @ de mantimento que entrava no mercado. Tal rendimento era destinado a maior parte para as despesas do Senado da Câmara, ficando uma pequena quantia para o administrador do contrato, como se observa na anotação que acompanha a tabela abaixo:

Recedo do Ilmo Senhor Sargento Mor Manoel da Silva, a quantia tirada do rendimento do mês de agosto, total de 36$990 que me pertence, 4$068 e faço a entrega ao mesmo Ilmo senhor Sargento mor e procurador do nobre Senado a quantia de 32$922.

Joaquim Francisco Glz
(Administrador)
14/09/1827.[7]

7 *Papéis Avulsos. op. cit.*, vol 25, p. 340.

Fontes e Bibliografia

Fontes manuscritas

Arquivo Histórico Ultramarino. (Projeto Resgate)

Documentos manuscritos avulsos da Capitania de São Paulo. Catálogo 1 (1644-1830)

[D. 333]. Ofício do governador e capitão general da Capitania de São Paulo, Morgado de Mateus ao rei, dando conta do estado em que achou a Capitania. AHU, São Paulo, Cx. 5 doc. 18. (CD-ROM)

[D.348] Oficio do governador e capitão general da Capitania de São Paulo ao Secretário de estado da Marinha e Ultramar, Francisco Xavier de Mendonça e Furtado. AHU, São Paulo, cx.5 doc. 28. (CD-ROM)

Arquivo Histórico Municipal de São Paulo - Washington Luís

Fundo Câmara Municipal de São Paulo

Papéis Avulsos. 1808-1834 (vols.I- XXXIX)

Séries Alváras de Licenças. (1794-1796)

Grupo Conselho de Vereadores. (1783-1834)

Arquivo do Tribunal de Justiça do Estado de São Paulo

Inventários e testamentos não publicados

Processo 530- Luís Antonio de Sousa Queiroz (brig) 1819

Processo 229- Manoel Rodrigues Jordão (brig) 1828

Arquivo Público do Estado de São Paulo

Inventários pós-mortem e testamentos não publicados

Ordem 634 - Antônio Ribeiro Pires 1760

Ordem 546 - Inácia Maria Rodrigues 1768

Ordem 664 - Ana de Oliveira Montes 1765

Ordem 544 - Domingos João Vilarinhos 1766

Ordem 665 - Manoel Rodrigues Ferreira 1768

Ordem 663 - Vicente Ferreira Neves 1766

Ordem 668 - Bento de Oliveira Lima 1769

Ordem 686 - José Rodrigues Pereira 1770

Ordem 737 -José Pires de Almeida 1771

Ordem 654 - João da Mota Liver 1771

Ordem 652 - Manoel Francisco Domingues 1771

Ordem 631 - Antônio da Costa Rodrigues 1773

Ordem 640 - Francisco Coelho Aires 1776

Ordem 674- José da Costa Vale 1780

Ordem 664 - Francisco Pereira Mendes 1781

Ordem 726- Francisco Duarte do Rego 1782

Processo 1170 - Modesto Antônio Coelho Neto 1803

Processo 1197- Rosa Maria do Rozário Pedrosa 1803

Processo 1631- Manoel Cardoso de Abreu 1804

Processo 1090- Ana Francisca Novaes 1805

Processo 1587- Ana Maria de Assumpção 1806

Processo 1175- Maria Josefa Mendes da Silva 1806

Proceso 1894- Diogo José de Souza 1811

Processo 1895- Domingos Fernandes Lima	1812
Processo 1169 - José Pinto Tavares	1815
Processo 470- Bento Dias Vieira	1823
Processo 1185- Diogo José da Silva	1824
Processo 981- José Vaz de Carvalho	1825
Processo 1203- Antonio José Vaz	1825
Processso 472- Joaquim José dos Santos	1828
Processo 1091- Antônio José Vieira Barbosa	1831
Processo 307- Joaquim Dias Vieira	1835
Processo 548- João José de Alvarenga	1836
Processo 285- Francisco Leandro Leme de Moraes	1837
Processo 609- Pulqueria Maria de Barros	1837
Processo 531- Genebra de Barros Leite	1838

Maços de População. (1765-1836) Séries nominativas e de tabelas da população. Disponível *on-line* em http://www.arquivoestado.sp.gov.br/viver/recenseando.php

Mapas de Exportação dos produtos da cidade de São Paulo (1798-1822) Arquivo Público do Estado de São Paulo Disponível *on-line* em: http://www.arquivoestado.sp.gov.br/viver/recenseando.php

Ofícios Diversos da Capital. (1822-1833) Disponível *on-line* em http://www.arquivoestado.sp.gov.br/site/acervo/repositorio_digital/oficios_diversoshttp://www.arquivoestado.sp.gov.br/site/acervo/repositorio_digital/oficios_diversos

Passaportes e Requerimentos. (1808-1817) Ordem 320

Passaportes, requerimentos entradas e saídas de embarcações. (1818-1819) Ordem 321

Passaportes, requerimentos entradas e saídas de embarcações. (1820-1821) Ordem 322

Cátedra Jaime Cortesão-USP

Balança Geral do Comércio do Reyno de Portugal com os seus domínios e nações estrangeiras. 1796-1799. Biblioteca Nacional do Rio de Janeiro. Seção dos Manuscritos. (CD-ROM)

Fontes impressas

Cronistas, Viajantes e Memorialistas

ABREU, manoel Cardoso de. "Divertimente admirável para os historiadores observarem as machinas do mundo reconhecidas nos sertões da navegação das minas de Cuiabá e Mato Grosso". *in Roteiros e notícias de São Paulo colonial: 1751-1804*. Introdução e notas de Ernani Silva Bruno. São Paulo: Governo do Estado, 1977.

BARROS, Maria Paes de. *No tempo de dantes.* São Paulo: Paz e Terra, 1998.

BEYER, Gustavo *Viagem a São Paulo no verão de 1813*. 2ª.ed. Campinas: PUC, Instituto de Ciências Humanas, 1992.

BUENO, Francisco de Assis Vieira. "A cidade de São Paulo."*Revista do Centro de Ciências Letras e Artes de Campinas*, n.3, 1903.

D'ALINCOURT, Luiz. *Memória sobre a viagem do porto de Santos à cidade d Cuiabá*. Belo Horizonte; São Paulo; Itatiaia: Edusp, 1975.

FONSECA, Manuel da. *Vida do Venerável padre Belchior de Pontes da Companhia de Jesus.* São Paulo. Melhoramentos. s/d. (1752).

FREITAS, Affonso A de. "As casinhas." *Revista do Arquivo Municipal de São Paulo.* Publicação do Departamento de Cultura e de Recreação. São Paulo, vol.3, p.23-26, 1934.

GRAHAM, Maria. *Diário de uma viagem ao Brasil e de uma estada nesse país durante parte dos anos 1821,1822 e 1823.* São Paulo: Companhia Editora Nacional, 1956.

KIDDER, Daniel. *Reminiscências de viagens e permanência no Brasil. (Rio de Janeiro e Província de São Paulo) Compreendendo notícias históricas e geográficas do Império e de diversas províncias.* São Paulo: Livraria Martins, 1951.

MADRE DE DEUS, Frei Gaspar da. *Memórias para a história da capitania de São Vicente.* Belo Horizonte: Itatiaia; São Paulo: Edusp, 1975.

MARTINS, Antônio Egídio. *São Paulo antigo.* São Paulo: Secretaria de Cultura, Esportes e Turismo, [19--?].

MARTIUS, Carl Friedrich Von; SPIX, Johan Baptist Von. *Viagem pelo Brasil.* Rio de Janeiro: Imprensa Nacional, 1938.

MAWE, John. *Viagens ao interior do Brasil.* Belo Horizonte. Itatiaia; São Paulo: Edusp, 1978.

MÜLLER, Daniel Pedro. *Ensaio d'um quadro estatístico da província de São Paulo: ordenado pelas leis provinciais de 11 de abril de 1836 e 10 de março de 1837.* São Paulo: Typografia Costa Silveira, 1838.

SAMPAIO, Teodoro. *São Paulo no século XIX e outros ciclos históricos*. Petrópolis: Vozes, 1978.

SANT'ANNA, Nuto. "As casinhas: o primeiro mercado de São Paulo."*Revista do Arquivo Municipal de São Paulo*. São Paulo, vol.14, ano 2, 1935.

SAINT-HILAIRE, Auguste de. *Segunda viagem do Rio de Janeiro a Minas Gerais e a São Paulo (1822)*. Belo Horizonte. Itatiaia; São Paulo: Edusp,1974.

______. *Viagem pelas províncias do Rio de Janeiro e Minas Gerais*. 1ª ed. São Paulo: Companhia Editora Nacional, 1938.

______. *Viagem a província de São Paulo*. Belo Horizonte. Itatiaia; São Paulo: Edusp, 1976.

______. *Segunda viagem a São Paulo e quadro histórico da província de São Paulo*. Brasília: Publicações do Senado, 2002.

Correspondências oficiais

Documentos Interessantes para a História e Costumes de São Paulo. São Paulo: Escola Typographica Salesiana, 1904, vol. 15. (Diversos).

Documentos Interessantes para a História e Costumes de São Paulo. São Paulo: Typographia da Companhia Industrial de S.Paulo, 1896, vol. 19. (Correspondência do Capitão-General D. Luiz Antônio de Souza Botelho Mourão. 1767-1770).

Documentos Interessantes para a História e Costumes de São Paulo. São Paulo: Typographia Aurora, 1896, vol. 23. (Correspondência do Capitão-General D. Luiz Antônio de Souza Botelho Mourão. 1766-1768).

Documentos Interessantes para a História e Costumes de São Paulo. São Paulo: Escola Typographica Salesiana, 1903, vol. 42. (Correspondência de Martim Lopes Lobo de Saldanha 1775- 1777).

Documentos Interessantes para a História e Costumes de São Paulo. São Paulo: Typographia Andrade & Mello, 1903, vol. 43. (Correspondência de Martim Lopes Lobo de Saldanha 1774-1781).

Documentos Interessantes para a História e Costumes de São Paulo. São Paulo: Duprat & Cia 1924, vol. 46. (Ofícios do General Bernardo José de Lorena aos diversos funcionários da capitania 1788-1785).

Documentos Interessantes para a História e Costumes de São Paulo. São Paulo: Instituto Histórico e Geográfico de S. Paulo. 1937, vol. 55. (Correspondência oficial do capitão general Antonio José da Franca Horta 1802-1804).

Documentos Interessantes para a História e Costumes de São Paulo. São Paulo: Instituto Histórico e Geográfico de S. Paulo. 1937, vol. 56. (Correspondência oficial do capitão general Antonio José da Franca Horta 1804-1806).

Documentos Interessantes para a História e Costumes de São Paulo. São Paulo: Instituto Histórico e Geográfico de S. Paulo. 1937, vol. 57. (Correspondência oficial do capitão general Antonio José da Franca Horta 1806-1810).

Documentos Interessantes para a História e Costumes de São Paulo. São Paulo: Instituto Histórico e Geográfico de S. Paulo. 1937, vol. 58. (Correspondência oficial do capitão general Antonio José da Franca Horta 1808-1810).

Documentos Interessantes para a História e Costumes de São Paulo. São Paulo: Instituto Histórico e Geográfico de S. Paulo. 1937, vol. 59. (Correspondência oficial do capitão general Antonio José da Franca Horta 1810-1811).

Documentos Interessantes para a História e Costumes de São Paulo. São Paulo: Gráfica João Bentivegna, 1952, vol. 72. (Ofícios do capitão general D.Luiz Antônio de Souza Botelho Mourão 1765-1766).

Notícia da 6ª prática e relação verdadeira da derrota e viagem que fez da cidade de São Paulo para as Minas do Cuiabá o Exmo sr. Rodrigo César de Meneses governador e capitão general da capitania de São Paulo e suas minas descobertas no tempo do seu governo, e nele mesmo estabelecidas." *in Relatos monçoeiros*. Introdução, coletânea e notas de Afonso E. Taunay. Belo Horizonte: Editora Itatiaia; São Paulo: Editora da Universidade de São Paulo, 1981.

Documentação da Câmara Municipal de São Paulo

Actas da Camara Municipal de São Paulo. 1765-1770 São Paulo. Typographia Piratininga. vol. 15, 1919.

Actas da Camara Municipal de São Paulo. 1771-1176. São Paulo. Typographia Piratininga. vol. 16, 1920.

Actas da Camara Municipal de São Paulo. 1777-1782. São Paulo. Typographia Piratininga. vol. 17, 1920.

Actas da Camara Municipal de São Paulo. 1783-1788. São Paulo. Typographia Piratininga. vol. 18, 1920.

Actas da Camara Municipal de São Paulo. São Paulo. 1788-1796. Typographia Piratininga. vol. 19, 1921.

Actas da Camara Municipal de São Paulo. 1797-1809.São Paulo. Typographia Piratininga. vol. 20, 1921.

Actas da Camara Municipal de São Paulo. São Paulo. 1809-1815. Typographia Piratininga. vol. 21, 1921.

Actas da Camara Municipal de São Paulo. 1815-1822. São Paulo. Typographia Piratininga. vol. 22, 1922.

Actas da Camara Municipal de São Paulo. 1822-1826. São Paulo. Typographia Piratininga. vol. 23, 1922.

Actas da Camara Municipal de São Paulo. 1826-1829. São Paulo. Typographia Piratininga. vol. 24, 1922.

Actas da Camara Municipal de São Paulo. 1829-1830. São Paulo. Typographia Piratininga. vol. 25, 1922.

Actas da Camara Municipal de São Paulo. 1831-1832. São Paulo. Typographia Piratininga. vol. 26, 1923.

Actas da Camara Municipal de São Paulo. 1832-1834.São Paulo. Typographia Piratininga. vol. 27, 1923.

Registro Geral da Câmara Municipal de São Paulo. 1764-1795. São Paulo. Typographia Piratininga. vol. 11, 1920.

Registro Geral da Câmara Municipal de São Paulo. 1796-1803. São Paulo. Typographia Piratininga. vol. 12, 1921.

Registro Geral da Câmara Municipal de São Paulo. 1803-1808. São Paulo. Typographia Piratininga. vol. 13, 1921.

Registro Geral da Câmara Municipal de São Paulo. 1808-1813. São Paulo. Typographia Piratininga. vol. 14, 1922.

Registro Geral da Câmara Municipal de São Paulo. 1814-1819. São Paulo. Typographia Piratininga. vol. 15, 1922.

Registro Geral da Câmara Municipal de São Paulo. 1820-1822. São Paulo. Typographia Piratininga. vol. 16, 1922.

Registro Geral da Câmara Municipal de São Paulo. 1822-1824. São Paulo. Typographia Piratininga. vol. 17, 1922.

Registro Geral da Câmara Municipal de São Paulo. 1824-1826. São Paulo. Typographia Piratininga. vol. 18, 1922.

Registro Geral da Câmara Municipal de São Paulo. 1826-1828. São Paulo. Typographia Piratininga. vol. 19, 1923.

Registro Geral da Câmara Municipal de São Paulo. 1829-1830. São Paulo. Typographia Piratininga. vol. 20, 1923.

Registro Geral da Câmara Municipal de São Paulo. 1830-1831. São Paulo. Typographia Piratininga. vol. 21, 1936.

Registro Geral da Câmara Municipal de São Paulo. 1832. São Paulo. Typographia Piratininga. vol. 22, 1936.

Registro Geral da Câmara Municipal de São Paulo. 1833. São Paulo. Typographia Piratininga. vol. 23, 1937.

Registro Geral da Câmara Municipal de São Paulo. 1834. São Paulo. Typographia Piratininga. vol. 24, 1938.

Arquivo Edgard Leuenroth (AEL/UNICAMP)

Acervo de Microfillmes - Imprensa Periódica

O Farol Paulistano. (1827-1831). Microfilmes: 2342; 2343; 2344; 3754

O Novo Farol Paulistano.(1831-1834) Microfilmes: 2345; 2346

O Justiceiro. (1834) Microfilmes:1896

O Observador Constitucional. (1829-1832) Microfilmes: 1896; 3754

Obras de referência

BLUTEAU, Raphael. *Vocabulário Portuguez e Latino* (1712-1728). Coimbra. Disponível *on-line*: http://www.ieb.usp.br/online/index.asp.

SILVA, Antonio Moraes. *Diccionário de Língua Portugueza.* Lisboa: Literatura Fluminense, 1889.

SILVA, Maria Beatriz Nizza. (Coord.) *Dicionário da colonização portuguesa no Brasil*. Lisboa: Verbo, 1994.

Bibliografia (livros, teses e artigos)

ALGRANTI, Leila Mezan. *O feitor ausente: estudos sobre a escravidão urbana no Rio de Janeiro (1808-1822).* Petrópolis: Vozes, 1988.

_____. "Famílias e vida doméstica". *in* Souza, Laura de Mello e (org.) *Cotidiano e vida privada na América Portuguesa.* São Paulo: Companhia das Letras, 1997. (Coleção História da Vida Privada no Brasil, v.1)

_____. "Imagens sobre a mulher escrava no cotidiano do Rio de Janeiro. (1808-1822)". *Anais de história do Além-mar*. vol. 12, p. 181-198, 2001.

_____. "Aguardente de cana e outras aguardentes: por uma história da produção e do consumo de licores na América portuguesa". *in* Venâncio, Renato Pinto; Carneiro, Henrique. *Álcool e drogas na história do Brasil*. São Paulo: Alameda; Belo Horizonte: Editora PucMinas, 2005.

_____. "História e historiografia da alimentação no Brasil (séculos XVI-XIX)". *in* CAMPOS, Adriana Pereira [et.al.] (org.) *A cidade à prova do tempo: vida cotidiana e relações de poder nos ambientes urbanos*. Vitória: GM Editora;Paris: Université de Paris-Est, 2010.

______. "Tabernas e botequins: cotidiano e sociabilidades no Rio de Janeiro (1808-1821)". *Revista Acervo*. vol. 24, n.2, p. 25-42, 2011a.

______. "Dias gordos e dias magros: calendário religioso e práticas alimentares católicas em São Paulo e Rio de Janeiro (séculos XVIII e XIX)". *in* Feitler, Bruno; Souza, Evergton Sales (org.) *A Igreja no Brasil: normas e práticas durante a vigência das Constituições Primeiras do Arcebispado da Bahia*. São Paulo: Editora Unifesp, 2011b.

______. "À mesa com os paulistas: saberes e práticas culinárias (séculos XVI-XIX)". *in Anais do XXVI Simpósio Nacional de História – ANPUH*. São Paulo, 2011c.

______. "Refeições festivas e cotidianas em Portugal no século XVIII: as religiosas do convento de Nosso Senhora dos Remédios (Braga)". *in* Andrade, Marta Mega de; Sedrez, Lise Fernanda; Martins, William de Souza (org.) *Corpo: sujeito e objeto*. Rio de Janeiro: Ponteio Edições, 2012.

______. "A arte de cozinha e as plantas do Brasil séculos XVI-XIX". *in* Koury, Lorelai (org.). *Usos e circulação de plantas no Brasil séculos XVI-XIX*. Rio de Janeiro: Andrea Jakobson Estúdio, 2013.

______. "A botica colonial: apontamentos sobre saúde e alimentação na América portuguesa (séculos XVI-XVIII)". Texto submetido e aceito para integrar a coletânea Mesas Luso-Brasileiras" que reúne alguns dos trabalhos apresentados no III Colóquio Luso-Brasileiro de História e Culturas da Alimentação, Faculdade de Letras da Universidade de Coimbra, 2015.

______. "Alimentação e cultura material no Rio de Janeiro dos vice-reis: diversidade de fontes e possibilidades de abordagens". *Vária História*. Belo Horizonte, vol. 32, n. 58, p. 21-51, 2016.

ARAÚJO, Maria Lucilia Viveiros. *Os caminhos da riqueza dos paulistanos na primeira metade do oitocentos*. São Paulo: Hucitec, 2006.

______. "Lojas e armazéns das casas de morada paulistas". *Revista de História*. vol.160, p. 285-322, 2009.

ARRUDA, José Jobson de. *O Brasil no comércio colonial*. São Paulo: Ática, 1980.

ASFORA, Wanessa; SALDARRIAGA, Gregorio. "A decade of research in Ibero-America". *Food&History*. v. 10, p. 205-213, 2013.

______. *Apício: história da incorporação de um livro de cozinha na alta Idade Média*. São Paulo: Alameda, 2014.

AYMARD, Maurice."Pour l'histoire de l'alimentation: quelques remarques de méthode". *Annales. Économies, Sociétés, Civilisations*. v.30, n.2-3, p.431-442, 1975.

AZEVEDO, Aroldo de. "São Paulo: da vila quinhentista à metrópole regional". *Boletim Paulista de Geografia*. n.39, p.12-46, 1961.

BASSO, Rafaela. *A cultura alimentar paulista: uma civilização do milho? (1650-1750)*. São Paulo: Alameda, 2014a.

______. "Panen nostrum quotidianum: um ensaio sobre o trigo nos primeiros tempos na mesa dos paulistas." *in Anais eletrônicos do XXII Encontro Estadual de História da Anpuh-Sp*, Santos, 2014b.

______. "*Avatí* na mesa no sertão: um pouco da história do milho na colonização da América portuguesa". *in* Melchior, Myriam.(org) *Gastronomia, cultura e memória: por uma cultura brasileira do milho.* Rio de Janeiro: Folio Digital: Letra e Imagem, 2017.

BACELLAR, Carlos de Almeida Prado."Para conhecer os súditos d'EL Rey. As listas nominativas de habitantes nas terras do Brasil". *Revista Estudos Amazônicos* vol.9, n.1, 2013.

BARBUY, Heloisa. *A cidade-exposição: comércio e cosmopolitismo em São Paulo, 1860-1914.* São Paulo: Edusp, 2006.

BELLOTTO, Heloisa Liberalli. *Autoridade e conflito no Brasil colonial: o governo do Morgado de Mateus em São Paulo (1765-1775).* São Paulo: Conselho Estadual de Artes e Ciências Humanas, 1979.

BELTRAN, Gonzalo Aguirre. *El processo de aculturación: y el cambio sócio-cultural en Mexico.* México: Fondo de Cult. Económica, 1992.

BICALHO, Maria Fernanda. *A cidade e o império: o Rio de Janeiro no século XVIII.* Rio de Janeiro: Civilização Brasileira, 2003.

BLAJ, Ilana. *A trama das tensões: o processo de mercantilização de São Paulo colonial (1681-1721).* São Paulo: Humanitas/Fapesp, 2002.

BONOMO, Juliana Resende. "O tabuleiro afro-brasileiro: o abastecimento alimentar e a resistência das quitandeiras negras no Brasil do século XVIII." *in Anais eletrônicos do XXII Encontro Estadual de História da Anpuh-Sp. Santos,* 2014.

BORREGO, Maria Aparecida. *A teia mercantil: negócios e poder em São Paulo colonial (1711-1765).* São Paulo: Alameda, 2010.

______. "Comportamentos domésticos e dinâmicas sociais em São Paulo colonial." Comunicação apresentada no *I Colóquio Cultura e Educação na América Portuguesa.* Belo Horizonte, 2012. (texto cedido pela autora)

______; Félix, Rogério Ricciluca Matiello."Ambientes domésticos e dinâmicas sociais em São Paulo colonial". *Revista de História.* n.175, p.91-132, 2016.

BOXER, Charles. *O império colonial português.* Lisboa: Edições 70, 1969.

BRAUDEL, Fernand. "Retour aux enquetes." *Annales. Économies, Sociétés, Civilisations.* n.3, p. 421-424, 1961.

______. *Civilização material, economia e capitalismo. (séculos XV – XVIII).* Tradução Telma Costa. São Paulo: Martins Fontes, 1995.

BRESCIANI, Maria Stella. "As sete portas da cidade." *Espaço & Debates.* São Paulo: NERU, n. 34, p.10-15,1991.

______. "Permanência e ruptura nos estudos da cidade." *in* Fernandes, Ana; Gomes, Marco Aurélio de Filgueiras (org.). *Cidade e história: modernização das cidades brasileiras nos séculos XIX e XX.* Salvador: FAU-UFBA, 1992, p.11-26.

BRESSANIN, Marcelo. *A cidade entre as colinas: o olhar ilustrado e as paisagens urbanas paulistas, 1765-1822.* Dissertação de Mestrado. IFCH-UNICAMP, Campinas, 2002.

BRUEGEL, Martin; LAURIOUX, Bruno.(org.) *Histoire et identités alimentares em Europe.* Paris: Editions Hachette, 2002.

BRUNO, Ernani Silva. *História e tradições da cidade de São Paulo.* São Paulo: Hucitec. 1984,v.1 e 2.

BUENO, Beatriz Piccolotto Siqueira. "Tecido urbano e mercado imobiliário em São Paulo: metodologia de estudo com base na décima urbana de 1809". *Anais do Museu Paulista.* vol.13. n.1. p.59-97, 2005.

______. "Introdução ao Dossiê Caminhos da história da urbanização no Brasil colônia ". *Anais do Museu Paulista*. vol. 20, p. 11-40, 2012.

______. *Aspectos do mercado imobiliário em perspectiva histórica: São Paulo (1809-1950).*São Paulo: Edusp, 2016.

CALARESU, Melissa; Heuvel, Danielle Van Den. (ed.) *Food hawkers: selling in the streets from antiquity to the present.* New York, Routledge, 2016.

CALLONI, Marina. "Street food on the move: a socio--philosophical approach." *Journal of the science of the food and agriculture.* vol.93 p.3406-3413, 2013.

CAMILO, Débora. *As donas da rua: comerciantes de ascendência africana em Vila Rica e Mariana (1720-1800).* Mariana: ICHS/UFOP, 2009.

CAMPORESI, Piero. *O pão selvagem.* Lisboa: Editorial Estampa, 1980.

CAMPORESI, Piero. *Hedonismo e exotismo: a arte de viver na época das Luzes.* Tradução Gilson César Cardoso de Souza. São Paulo: Editora da UNESP, 1996.

CAMPOS, Pedro Henrique Pedreira. *Nos caminhos da acumulação: negócios e poder no abastecimento de carnes verdes para a cidade do Rio de Janeiro (1808-1835)*. São Paulo: Alameda, 2010.

CANABRAVA, Alice. "Uma economia em decadência: os níveis de riqueza na capitania de São Paulo.1765-1767". *Revista Brasileira de Economia*. vol.26, p.96-123, 1972.

CARPINTÉRO, Marisa Varanda Teixeira; Cerasoli, Josianne."A cidade como História." *História: Questões & Debates*. n.50, p. 61-101, 2009.

CARVALHO, Vânia Carneiro de. *Gênero e artefato: o sistema doméstico na perspectiva da cultura material – São Paulo, 1870-1920*. São Paulo: Edusp/Fapesp, 2008.

CASCUDO, Luís da Câmara. *História da alimentação no Brasil*. 3ªed. São Paulo: Global, 2004.

CAVALCANTI, Nireu. *O Rio de Janeiro setecentista: a vida e a construção da cidade da invasão francesa até a chegada da Corte*. Rio de Janeiro: Jorge Zahar, 2004.

CHASTANET, Monique; Fauvelle-Aymar, François-Xavier; Juhé-Beaulaton, Dominique. (éd.) *Cuisine et société em Afrique: histoire, saveurs, savoir-faire*. Éditions Karthala, Paris, 2002.

CHAVES, Cláudia Maria das Graças. *Perfeitos negociantes*: *mercadores das minas setecentistas*. São Paulo: Anablume, 1999.

COLLAÇO, Janine Helfst Leicht. *Sabores e memórias: cozinha italiana e construção identitária em São Paulo*. Tese de Doutorado. FFLCH-USP, São Paulo, 2009.

CORÇÃO, Mariana. *Os tempos da memória gustativa:bar palácio, patrimônio da sociedade curitibana (1930-2006).* Dissertação de Mestrado. UFPR, 2007.

DAMATTA, Roberto. *A casa e rua: espaço, cidadania, mulher e morte no Brasil.* São Paulo: Brasiliense, 1985.

DIAS, Maria Odila Leite da Silva. *Quotidiano e poder em São Paulo no século XIX.* São Paulo: Brasiliense, 1984.

DÓRIA, Carlos Alberto *A formação da culinária brasileira.* São Paulo: Publifolha, 2009.

DOUGLAS, Mary e ISHERWOOD, Baron. *O mundo dos bens: para uma antropologia do consumo.* Tradução Plínio Dentizien. Rio de Janeiro: UFRJ, 2004.

EL-KAREH, Almir Chaiban; BRUIT, Héctor H. "Cozinhar e comer em casa e na rua: culinária e gastronomia na Corte do Império do Brasil". *Estudos Históricos.* n.33, p.76-96, 2004.

FARIA, Sheila de Castro. *Sinhás pretas, damas mercadoras. As pretas minas nas cidades do Rio de Janeiro e de São João Del Rey (1700-1850).* Rio de Janeiro: UFF, 2004. (Tese de titular)

FARIAS, Juliana Barreto. "Ardis da liberdade: trabalho urbano, alforrias e identidades."*in* Soares, Mariza de Carvalho(org.)*Rotas atlânticas da diáspora africana: da baía do Benim ao Rio de Janeiro.* 2ª ed. Niterói: Editora da UFF, 2011.

FAVA, Nadia; Guàrdia, Manel; Oyón, José Luis. "Barcelona food retailing and public markets, 1876–1936". *Urban History.* vol. 43, n. 3, p. 454–75, 2016.

FERNANDES, Florestan. *Mudanças sociais no Brasil: aspectos do desenvolvimento da sociedade brasileira.* 3ª ed. São Paulo, Rio de Janeiro: Difel, 1979.

FIGUEIREDO, Luciano Raposo de Almeida; Magaldi, Ana Maria Bandeira de Mello. "Quitandas e quitutes: um estudo sobre rebeldia e transgressão femininas numa sociedade colonial. *Cadernos de Pesquisa*. São Paulo, vol. 54, 1985.

______. *O avesso da memória: cotidiano de trabalho da mulher em Minas Gerais no século XVIII.* Rio de Janeiro: José Olympio, 1999.

FISCHLER, Claude."A McDonaldização dos costumes."*in* Flandrin, Jean Louis; Montanari; Massimo. *História da alimentação.* Tradução de Luciano Vieira Machado e Guilherme J. F. Teixeira. São Paulo: Estação Liberdade, 1998.

FLANDRIN, Jean Louis. "A distinção do gosto." *in* Chartier, Roger (org.) *Da renascença ao século das luzes*. São Paulo: Companhia das Letras, 1999. (coleção *História da vida privada*, vol. 3)

FORSTER; Marc R; Mohring, Maren. "Introduction". *Food & History*, vol.7, n. 2, p. 1-12, 2009.

FRAGOSO, João Luis. *Homens de grossa aventura: acumulação e hierarquia na praça mercantil do Rio de Janeiro (1790-1830).* 2ªed. Rio de Janeiro: Civilização Brasileira,1998.

FREHSE, Fraya. *O tempo das ruas na São Paulo de fins do Império*. São Paulo: Edusp, 2005.

FREYRE, Gilberto. *Casa grande e senzala.* 21ª ed. Rio de Janeiro/Brasília: Livraria José Olympio Editora, 1981.

______. *Sobrados e mocambos: decadência do patriarcado rural e desenvolvimento urbano.* 14 ed., São Paulo: Global, 2003.

FURTADO, Junia Ferreira. *Homens de negócio: a interiorização da metrópole e o comércio nas minas setecentistas.* São Paulo: Hucitec, 1999.

GABACCIA, Dona; Pilcher, Jeffrey. "Chili Queens and checkered tablecloths: public dining cultures of italians in New York city and mexicans in San Antonio, Texas, 1870s-1940s". *Radical History Review.* n.110, p.109–26, 2011.

GIORDANO, Carolina Celestino. *Ações sanitárias na Imperial cidade de São Paulo: mercados e matadouros.* Dissertação de Mestrado. Puc-Campinas, Campinas, 2006.

GOODY, Jack. *Cocina, cuisine y clase: estúdio de sociologia comparada.* Tradução Patrícia Willson. Barcelona: Editorial Gedisa, 1995.

GOMES, Flávio dos Santos; Soares, Carlos Eugênio Líbano. "Negras-minas no Rio de Janeiro: gênero, nação e trabalho urbano no século XIX". *in* Soares, Mariza de Carvalho. (org) *Rotas atlânticas da diáspora africana*: da baía do Benim ao Rio de Janeiro. 2ª ed., Niterói: Editora da UFF, 2011.

GOMES, João Pedro. "Comida de rua na Lisboa moderna (séculos XVI e XVII)" *in Diz-me o que comes...alimentação antes e depois da cidade.* Lisboa: Fragmentos de Arqueologia de Lisboa, 2017.

GRACINDO, Ina. *Viagem ao mundo do chá.* Rio de Janeiro: Casa da Palavra, 2013.

GRAHAM, Richard. *Alimentar a cidade: das vendedoras de rua à reforma liberal (Salvador, 1780-1860).* Tradução Berilo Vargas. São Paulo: Companhia das Letras, 2013.

GUIMARÃES, Carlos Magno. "Os quilombos, a noite e aguardente nas Minas coloniais." *in* Venâncio, Renato Pinto; Carneiro, Henrique. Álcool e drogas na história do Brasil. São Paulo: Alameda; Belo Horizonte: Editora PucMinas, 2005.

HOLANDA, Sérgio Buarque de. "Movimentos da população em São Paulo no século XVIII". *Revista do Instituto de Estudos Brasileiros*. São Paulo, n.1, p.54-111, 1966.

______. *Monções.* 3ª ed. São Paulo: Editora Brasiliense, 1990.

______. *Caminhos e fronteiras*. 3ª ed. São Paulo: Companhia das Letras, 1994.

______. *Raízes do Brasil*. 26ª ed. São Paulo: Companhia das Letras, 1995.

KARASCH, Mary. *A vida dos escravos no Rio de Janeiro (1808-1850).* Tradução Pedro Maia Soares. São Paulo: Companhia das Letras, 2000.

KELLEY, Victoria. "The streets for the people: London's street markets 1850–1939". *Urban History* vol.43, n.3, p. 391-41, 2016.

KUZNESOF, Elisabeth Anne. *Household economy and urban development. São Paulo 1765 to 1836*. Boulder: London, 1986.

LAHON, Didier. "O escravo africano na vida economica e social Portuguesa do Antigo Regime." *Africana Studia*. v.7, p.73-100, 2004.

LANNA, Ana Lúcia Duarte."Cidade colonial, cidade moderna no Brasil: pontos e contrapontos." *in Herança, identidade e tendências da cidade latino americana*. Anais do IV Seminário de História da Cidade e do Urbanismo. vol.1. Rio de Janeiro: UFRJ/PROURB, 1996a.

______. *Uma cidade na transição. Santos: 1870-1913*. São Paulo: Hucitec; Prefeitura Municipal de Santos, 1996b.

LARA, Silvia Hunold. *Fragmentos setecentistas: escravidão, cultura e poder na America portuguesa*. São Paulo: Companhia das Letras, 2007.

LEFEBVRE, Henri. *A vida cotidiana no mundo moderno*. Tradução Alcides João de Barros.São Paulo: Editora Ática, 1991.

LENHARO, Alcir. *As tropas da moderação (o abastecimento da Corte na formação política do Brasil 1808-1842)*. Rio de Janeiro: Secretaria Municipal de Cultura, Turismo e Esportes, Departamento Geral de Documentação e Informação Cultural, 1993.

LIMA, Tânia Andrade. "Chá e simpatia: uma estratégia de gênero no Rio de Janeiro oitocentista." *Anais do Museu Paulista*. vol.5. p.93-127, 1997.

LOPES, Rodrigo Freitas. *Os currais do matadouro público:o abastecimento de carne verde em Salvador no século XIX (1830-1873)*. Dissertação de Mestrado, UFBA, 2009.

LUNA, Francisco Vidal; Klein, Herbert. *Evolução da sociedade escravista de São Paulo de 1750 a 1850*. São Paulo: Edusp, 2005.

MACHADO, Maria Helena. "Sendo cativo nas ruas: a escravidão urbana na cidade de São Paulo" *in* Porta,

Paula.(org.) *História da cidade de São Paulo:a cidade no Império.* São Paulo: Paz e Terra, 2004, v.2.

MADUREIRA, Nuno Luís. *Luxo e distinção: 1750-1830.* Lisboa: Editorial Fragmentos, 1990.

MAGALHÃES, Sônia Maria de. *A mesa de Mariana: produção e consumo de alimentos em Minas Gerais (1750-1850).* São Paulo: Annablume, 2004.

MARANHO, Milena Fernandes. *O moinho e o engenho*: São Paulo e Pernambuco em diferentes contextos e atribuições no Império colonial Português 1580-1720. Tese de doutorado. FFLCH-USP, São Paulo, 2006.

______. *A opulência relativizada: níveis de vida em São Paulo do século XVII (1648-1682).* Bauru: EDUSC, 2010.

MARCÍLIO, Maria Luiza. *A cidade de São Paulo: povoamento e população 1750-1850.* São Paulo: Edusp, 1974.

MARCONDES, Renato Leite. "O mercado brasileiro do século XIX: uma visão por meio do comércio de cabotagem."*Revista de Economia Política.* vol. 32, n.1, p. 142-166, 2012.

MARINS, Paulo Garcez. Sociabilidades paulistanas." *in Através da rótula: sociedade e arquitetura urbana no Brasil, séculos XVII a XX.* São Paulo, Tese de Doutorado. FFLCH-USP, 1999.

______. *Através da rótula. Sociedade e arquitetura urbana no Brasil, séculos XVII a XX.* São Paulo: Humanitas, 2001.

______. Vida cotidiana entre os paulistas: moradias, alimentação, indumentária. *in* SETUBAL, Maria Alice (org.). *Terra paulista: histórias, arte, costumes.* São Paulo: Imesp, 2004 .

MARTINS, Valter. *Mercados urbanos, transformações na cidade: abastecimento e cotidiano em Campinas, 1859-1908*. Campinas: Editora da Unicamp, 2010.

MARX, Murilo. *Cidade brasileira.* São Paulo: Melhoramentos: Edusp, 1980.

______. *Cidade no Brasil, em que termos?* São Paulo: Studio Nobel, 1999.

MATTOS, Regiane Augusto. *De cassange, mina, benguela a gentio da Guiné: grupos étnicos e formação de identidades africanas na cidade de São Paulo (1800-1850).* Tese de Doutorado. FFLCH-USP, São Paulo, 2006.

MATTOS, Renato de. *Política, administração e negócios: a capitania de São Paulo e sua inserção nas relações mercantis do Império português, 1780/1808*. Dissertação de Mestrado. FFLCH-USP, São Paulo, 2009.

______. *Política e negócios em São Paulo: da abertura dos portos à Independência (1808-1822).* Tese de Doutorado. FFLCH-USP, São Paulo, 2015.

MATTOSO, Kátia Maria de Queiróz. *Bahia: a cidade do Salvador e seu mercado no século XIX*. São Paulo: Hucitec/Prefeitura Municipal de Salvador, 1978.

MÉDICCI, Ana Paula. *Entre a "decadência" e o "florescimento":a capitania de São Paulo na interpretação de memorialistas e autoridades públicas (1782-1822).* Dissertação de Mestrado. FFLCH-USP, São Paulo, 2005.

MENESES, Ulpiano T. Bezerra de."A cultura material no estudo das sociedades antigas". *Revista de História,* São Paulo, n.115, p.103-117, 1983.

______; CARNEIRO, Henrique. "A história da alimentação: balizas historiográficas". *Anais do Museu Paulista.* vol.5, p. 9-91,1997.

MINTZ, Sidney *Tasting food, tasting freedom: excursions into eating, culture, and the past.* Boston: Beacon Press, 1996.

MONTANARI, Massimo. *A fome a abundância: história da alimentação na Europa.* Tradução André Doré. Bauru: EDUSC, 2003.

______. *Comida como cultura.* 2ª ed. Tradução Letícia Martins de Andrade. São Paulo: Editora do Senac, 2008.

______. "A cozinha, lugar da identidade e das trocas." *in O mundo na cozinha: história, identidade, trocas.* São Paulo: Estação Liberdade:Senac, 2009.

MONTEIRO, John Manuel. *Negros da terra: índios e bandeirantes nas origens de São Paulo.* São Paulo: Companhia das Letras, 1994.

______. "Dos campos de Piratininga ao morro da Saudade: a presença indígena na história de São Paulo". *in* Porta, Paula. (org.) *História da cidade de São Paulo*:a *cidade colonial.* São Paulo: Paz e Terra, 2004, v.1

MONTERO, Paula. "Índios e missionários no Brasil: para uma teoria da mediação cultural."*in* Montero, Paula (org.). *Deus na aldeia: missionários, índios e mediação cultural.* São Paulo: Globo, 2006.

MONTELEONE, Joana. *Sabores urbanos: alimentação, sociabilidade e consumo: São Paulo, 1828-1910.* Dissertação de Mestrado. FFLCH -USP, São Paulo, 2008.

MONTÓIA, Ana Edite. *Cidade e política: São Paulo no século XIX*. Dissertação de Mestrado. IFCH-UNICAMP, Campinas,1990.

MONT-SERRATH, Pablo Oller. *Dilemas e conflitos na São Paulo restaurada: formação e consolidação da agricultura exportadora. (1765-1802)*. Dissertação de Mestrado. FFLCH-USP, São Paulo, 2007.

MORSE, Richard. "São Paulo: raízes oitocenstistas da metrópole". *Anais do Museu Paulista*. vol 14, p.453-487, 1950.

______. *De comunidade a metrópole: biografia de São Paulo*. São Paulo: Comissão do IV Centenário da Cidade de São Paulo,1954.

MOTT, Luiz. "Subsídios à história do pequeno comércio no Brasil." *Revista de História*, vol. 53, p. 81-106, 1976.

MOURA, Denise Soares de. *Sociedade movediça: economia, cultura e relações sociais em São Paulo (1808-1850)*. São Paulo: Editora da Unesp, 2005.

______. "Relações de poder e interesses no comércio da carne na cidade de São Paulo (1765-1822)" *in* Moura, Denise Aparecida Soares de; Carvalho, Margarida Maria de; Lopes, Maria-Aparecida. *Consumo e abastecimento na história*. São Paulo: Alameda, 2011.

______. "De uma freguesia serra acima à costa atlântica: produção e comércio da aguardente na cidade de São Paulo (1765-1822)." *Topoi*, v. 13, n. 24, jan.-jun. 2012.

NAZZARI, Muriel. "Vanishing indians: the social construction of race in colonial Sao Paulo". *The Americas*, vol. 57, n. 4, p.497-524, 2001.

NOZES, Nelson."Vida econômica e finanças municipais da capital paulista na época imperial." *in* Porta, Paula. (org.) *História da cidade de São Paulo: a cidade no Império.* São Paulo: Paz e Terra, 2004, v. 2.

OLIVEIRA, Carlos Eduardo França de. "Entre o local e o provincial: os Conselhos Gerais de Província e as Câmaras Municipais, São Paulo e Minas Gerais (1828 -1834)" *in Almanack.* Guarulhos, n. 9, 2015.

OLIVEIRA, Maria Luiza Ferreira de. *Entre a casa e o armazém: relações sociais e experiência da urbanização. São Paulo, 1850-1900.* São Paulo: Alameda, 2005.

OSÓRIO, Helen. *O império português no sul da América: estancieiros, lavradores e comerciantes.* Porto Alegre: Editora da UFRGS, 2007.

PANEGASSI, Rubens Leonardo. *O mundo universal: alimentação e aproximações culturais no Novo Mundo do século XVI.* Dissertação de Mestrado.FFLCH-USP, São Paulo, 2008.

PANTOJA, Selma. "Conexões e identidades de gênero no caso Brasil e Angola. Séculos XVIII- XIX". *in X Congresso Internacional Cultura, Poder e Tecnologia: África e Ásia face à Globalização*, 2001a.

______. "A dimensão atlântica das quitandeiras". *in* Furtado, Júnia Ferreira (org.) *Diálogos oceânicos: Minas Gerais e as novas abordagens para uma história do império ultramarino português.* Belo Horizonte: Editora da UFMG, 2001b.

PETRONE, Maria Theresa. *A lavoura canavieira em São Paulo. Expansão e declínio (1765-1888)*. São Paulo: Difusão Europeia do Livro, 1968.

PETRONE, Pasquale, *Aldeamentos Paulistas*. São Paulo: Edusp, 1995.

PITTE, Jean-Robert. "Nascimento e expansão dos restaurantes."*in* Flandrin, Jean Louis; Montanari; Massimo. *História da alimentação*. Tradução de Luciano Vieira Machado e Guilherme J. F. Teixeira. São Paulo: Estação Liberdade, 1998.

PORTELA, Flávia. *Gula d'África: o sabor africano na mesa brasileira*. Brasília: Senac, 2007.

PORTO, Antônio Rodrigues. *História da cidade de São Paulo: através de suas ruas*. São Paulo: Carthago Editorial, 1996.

______.*História urbanística de São Paulo (1554-1988)*. São Paulo: Carthago Editorial,1992.

POULAIN, Jean-Pierre. *Sociologias da alimentação: os comedores e o espaço alimentar*. Tradução Rossana Pacheco Proença; Carmen Rial e Jaimir Conte. Florianópolis: Editora da UFSC, 2004.

PRATT, Mary Louis.*Os olhos do Império. Relatos de viagem e transculturação*. Tradução Jezio Hernani Bonfim Gutierre. Bauru: EDUSC, 1999.

QUEIROZ, Suely Robles Reis. *São Paulo*. Madri: Editorial Mapfre, 1992.

QUERINO, Manuel. *A arte culinária na Bahia*. 3ª ed. São Paulo: Editora WMF Martins Fontes, 2011.

QUIROZ, Enriqueta. *El consumo como problema historico: propuestas y debates entre europa e hispanoamérica.* México: Instituto Mora, 2006.

REIS FILHO, Nestor Goulart. *Imagens das vilas e cidades do Brasil colonial.* São Paulo: Edusp, 2000.

______. *São Paulo: vila, cidade, metrópole.* São Paulo:Bank Boston, 2004.

ROCHE, Daniel. *História das coisas banais: nascimento do consumo nas sociedades do século XVII ao XIX.* Tradução de Ana Maria Scherer. Rio de Janeiro: Rocco, 2000.

RODRIGUES, Jaime. *Alimentação, vida material e privacidade: uma história social de trabalhadores em São Paulo nas décadas de 1920 a 1950.* São Paulo: Alameda, 2011.

SALDARRIAGA, Gregorio; ASFORA, Wanessa. "Recent trends in food history research in ibero-america: 2014-2016. *Food & History*, v. 13, p. 285-290, 2016.

SAMARA, Eni Mesquita. *A família na sociedade paulista do século XIX (1800-1860).*Tese de Doutorado. FFLCH-USP, São Paulo, 1980.

SAMPER, María de los Ángeles Perez. "Espacios e prácticas de sociabilidad en el siglo XVIII: tertulias, refrescos y cafés de Barcelona". *Cuadernos de Historia Moderna*, n.26, p.11-55, 2001.

SANT'ANNA, Denise Bernuzzi de. "Transformações das intolerâncias alimentares em São Paulo, 1850-1920". *História: Questões e Debates.* n.42 p.81-93, 2005.

SANTOS, Maikon Rodrigues dos. *Cruzando o Atlântico: a construção da identidade Minas entre forras e escravas no pequeno comércio de Vila Rica, 1753 a 1797*. Dissertação de Mestrado. IFCH- Unicamp, Campinas, 2011.

SENNETT, Richard. *O declínio do homem público: as tiranias da intimidade*. Tradução. Lygia Araújo Watanabe. São Paulo: Companhia das Letras, 1988.

SILVA, Fabrício Herbeth Teixeira da. *Nas tramas da escassez*: o *comércio e a política de abastecimento de carnes verdes em Belém 1897-1909*. São Paulo: Alameda, 2013.

SILVA, Flávio Marcus da. *Subsistência e poder: a política do abastecimento alimentar nas Minas setecentistas*. Belo Horizonte: Editora da UFMG, 2008.

SILVA, Janice Theodoro da. *São Paulo, 1554-1880: discurso ideológico e organização espacial*. São Paulo: Moderna, 1984.

SILVA, João Luiz Máximo da. *Alimentação de rua na cidade de São Paulo (1828-1900)*. Tese de doutorado. FFLCH-USP, São Paulo, 2008a.

______. *Cozinha modelo: o impacto do gás e da eletricidade na casa paulistana 1870-1930*. São Paulo: Edusp, 2008b.

SILVA, Maria Beatriz Nizza da. *Cultura e sociedade no Rio de Janeiro (1808-1821)*. São Paulo: Nacional, 1978.

______; Bacellar, Carlos de Almeida Prado...[et.al.] (org.) *História de São Paulo colonial*. São Paulo: Editora da Unesp, 2009.

SILVA, Marilene Rosa Nogueira da. *Negro na rua: a nova face da escravidão*. São Paulo: Hucitec; Brasília: CNPq, 1988.

SILVA, Paula Pinto e. *Papagaio cozido com arroz: livros de cozinha e receitas culinárias no Rio de Janeiro do século XIX*. Tese de Doutorado. FFLCH-USP: São Paulo, 2007.

SLENES, Robert W. "Saint Anthony at the crossroads in Kongo and Brazil.'Creolization' and identity politics in the Black South Atlanttic, ca 1700/1850." *in* Barry, Boubacar; Soumonni, Elisée; Sansone, Livio. (ed.) *Africa, Brazil and the construction of trans-Atlantic black identities*. Trenton: Africa World Press, 2008.

______. *Na senzala, uma flor - Esperanças e recordações na formação da família escrava: Brasil Sudeste, século XIX*. 2ªed. Campinas: Editora da Unicamp, 2011.

SOARES, Lucas Jannoni. *Presença dos homens livres pobres na sociedade colonial da América portuguesa - São Paulo (1765-1775)*. Dissertação de Mestrado. FFLCH-USP, São Paulo, 2006.

TAUNAY, Affonso de E. *Historia colonial da cidade de São Paulo no seculo XIX*. São Paulo: Divisão do Arquivo Histórico, 1956.

______. *História da cidade de São Paulo*. Brasília: Senado Federal, 2004.

TAVARES, Georgia da Costa. "Marchantes: estratégias de mercado e redes de sociabilidade no comércio de abastecimento de carne verde carioca (1763-1808)." *Anais do XXVI Simpósio Nacional de História – ANPUH*. São Paulo, julho 2011.

______.*A atuação dos marchantes no Rio de Janeiro colonial. Estratégias e redes de sociabilidade no comércio de abastecimento de carne verde*. Rio de Janeiro: Secretaria Municipal de Cultura: Arquivo Geral da Cidade do Rio de Janeiro, 2012.

TELEGINSKI, Neli Maria. *Os dois lados do balcão: armazéns, bodegas e cotidiano em Irati/PR (1907-1970)*. São Paulo: Alameda, 2016.

THOMPSON, Edward Palmer. "A economia moral da multidão inglesa no século XVIII". *in Costumes em comum: estudos sobre a cultura popular tradicional*. Tradução Rosaura Eichemberg. São Paulo: Companhia das Letras,1998.

TOLEDO, Benedito Lima de. *São Paulo: três cidades em um século*. 2ª ed. São Paulo: Duas Cidades, 1983.

TORRÃO FILHO, Amilcar. *Paradigma do caos ou cidade da conversão?:a cidade colonial na América Portuguesa e o caso de São Paulo na administração do Morgado de Mateus*. São Paulo, SP: Annablume, 2007.

______. *Arquitetura da alteridade: a cidade luso-brasileira na literatura de viagem: (1783-1845)*. Tese de Doutorado. IFCH-UNICAMP, Campinas, 2008.

______. "*Biblioteca Mundi:* livros de viagem e historiografia brasileira como espelhos da nação." *in Projeto História. Revista do Programa de Estudos Pós-Graduados de História*, vol. 42, p.111-141, 2011.

VENÂNCIO, Renato Pinto; Furtado, Júnia Ferreira. "Comerciantes, tratantes e mascates" *in* Del Priore, Mary. (org) *Revisão do paraíso: os brasileiros e o estado em 500 anos de história*. Rio de Janeiro: Campus, 2000.

VILARDAGA, José Carlos. *São Paulo na órbita do Império dos Felipes:conexões castelhanas de uma vila da América Portuguesa durante a União Ibérica (1580-1640)*. Tese de Doutorado. FFLCH-USP, São Paulo, 2010.

VIOTTI, Ana Carolina de Carvalho. *Três palavras sobre o sustento dos escravos: Brasil, colônia de Portugal, 1633-1808*. Tese de Doutorado. Unesp, Franca, 2017.

WATTS, Sidney. "Food and the Annales School." *in* Pilcher, Jeffrey (ed.) *The Oxford handbooks of food history*. New York: Oxford University Press, 2012.

WISSENBACH, Maria Cristina Cortez. *Sonhos africanos, vivências ladinas: escravos e forros em São Paulo (1850-1888)*. São Paulo: HUCITEC/História Social-USP, 1998.

ZEMELLA, Mafalda. *O abastecimento da capitania de Minas Gerais no século XVIII*. Tese de doutorado. FFLCH-USP, São Paulo,1951.

Alameda nas redes sociais:
Site: www.alamedaeditorial.com.br
Facebook.com/alamedaeditorial/
Twitter.com/editoraalameda
Instagram.com/editora_alameda/

Esta obra foi impressa em São Paulo no outono de 2022. No texto foi utilizada a fonte Palatino Linotype em corpo 10,5 e entrelinha de 15,25 pontos.